인구정책 대전환
700일의 기록

추락에서 반등으로

인구정책 대전환
700일의 기록

주형환 지음

21세기북스

'고민은 치열하게, 정책 설계는 내실 있게, 실행은 효과적으로, 정책 피드백은 진지하게.'

2024년 2월, 대통령 직속 저출산고령사회위원회 부위원장으로 임명되고 난 뒤 2년 동안 견지해온 태도다. 인구 문제가 비록 내 전문 분야는 아니었지만 오랜 관료생활에서 얻은 믿음이 있었다. 해당 분야의 전문가가 아니더라도, 전문가를 비롯해 국민의 의견을 충분히 수렴해 고민에 고민을 거듭한 끝에 실효성 있는 정책을 만들고 이를 실행하면 반드시 변화를 이끌어낼 수 있다는 믿음이었다.

부임 직후 마주한 현실은 엄중했다. 합계출산율은 계속 떨어지고 있었고, 고령사회 대응도 효과적이지 못했다. 저출생과 고령화는 생산가능인구 감소와 복지비용 증대로 이어지고, 이는 곧 대한민국 경제사회 전반에 큰 타격을 줄 터였다. 하지만 시간이 없다고 조급해만 할 수는 없었다. 인구 문제 전문가들을 만나고 공부하면서 해결의 실마리를 찾아나갔다. 무슨 일이든 제대로 알지 못하면 넘어가지 못하는 게 타고난 성격이기도 하지만, 대한민국의 미래를 좌지우지할 인구 문제를 성마르게 대할 수는 없었다.

시급할수록 세밀하게 정책을 설계했고, 국민이 현장에서 느껴온

부조리를 정책에 반영해 현실과 정책의 괴리 폭을 줄여나갔다. 그렇게 2년 동안 온 힘을 다해 배우고 익혔고, 귀를 활짝 열고 들었으며, 정책이 국민 속으로 더 가닿을 수 있도록 국민과 함께 정책을 만들어나갔다.

일을 하면서 나에게 두 가지 목표가 생겼다. 이는 곧 임기 동안 꼭 해결해야 할 나의 과제가 되었다. 그리고 이 책은 스스로에게 내린 그 과제의 마지막 페이지다.

첫째, 인구 문제의 심각성, 빠른 대응의 필요성을 알리는 것이다. 일을 하면서 겪은 가장 큰 난관은 인구 문제에 대한 사회의 무관심이었다. 너무 가파르게 떨어지는 출산율로 저출생 문제에 대한 사회적 관심은 높았지만, '남의 일'로 여겨졌고, 고령화에 대한 위기의식은 미미했다. 부위원장으로 임명되고 현실을 들여다볼수록 우리가 직면한 인구 위기가 너무나 시급하게 해결해야 할 문제라는 걸 깨달았다. 하지만 인구 문제는 '중요하지만 급하지 않은', '언제고 해결해야 하지만 당장은 아닌' 의제로 치부되곤 했다. 당장 눈앞의 현안들에 치여 대한민국의 존망이 걸린 문제가 우선순위에서 밀려나는 모습을 보며, 이 위기의 절박함을 더 많은 이들에게 전해야겠다고 생각했다. 그것이 이 책을 쓰게 된 첫 번째 목적이다.

둘째는 언젠가부터 우리 국민 마음속에 자리 잡게 된 체념을 걷어내고 싶었다. 누구나 인구 위기를 해결해야 한다는 당위성에는 동의했지만, 인구 문제 해소에 주력하는 일은 해결할 수 없는 밑 빠진 독에 물 붓는 것처럼 여겨지고 있었다. "이미 늦었다", "돌이킬 수 없다"는 패배주의가 사회 전반에 스며들어 있었고, 부위원장으로 임명

될 당시 인구 문제 전문가들마저 합계출산율이 0.5명대로 추락할 것이라고 했다. 심지어 국가데이터처(구 통계청)에서도 2025년 합계출산율이 0.65명까지 떨어질 것이라는 어두운 전망이 지배적이었다.

그러나 우리는 지난 2년간 해결의 가능성을 눈으로 확인했다. 국민의 삶에 와닿는 정책을 만들고, 인구 위기의 심각성을 먼저 알아차린 사회 각계각층의 자발적인 노력이 더해지면서 인구 위기는 해결 가능하다는 점이 확실해졌다. 수치가 이를 증명하기 시작한 것이다.

부임 당시 0.72명이던 합계출산율은 2024년 9년 만에 반등하여 0.75명을 기록했다. 이 상승 추세는 계속 이어져 2025년 합계출산율은 0.8명으로 2년 연속 상승했고, 2026년 상반기에는 0.9명, 한 해 0.87명도 기대해볼 수 있는 상황이다. 2024년 6월 「저출생 추세 반전을 위한 대책」을 발표할 때 내세웠던 '2030년 1.0명'의 목표보다 큰 1.1명대도 기대해볼 수 있는 상황이 된 것이다. 인구 위기는 해결 불가능한 게 아니라 모두가 힘을 합하면 해결할 수 있다는 믿음을 가지는 일, 그것이 이 책을 쓰게 된 두 번째 목적이다.

저출산고령사회위원회 부위원장으로 일한 지난 2년을 두 단어로 정리하자면 '반전(反轉)'과 '전환(轉換)'이라고 할 수 있다. 저출생 추세를 반전시키기 위해 일과 가정이 양립할 수 있는 문화와 환경을 만들고, 주거 부담을 완화하며, 양육비용을 낮추는 정책들을 차례로 펼쳐나갔다. 아이를 낳고 기르는 비용은 줄이고, 부모가 아이와 함께할 시간은 늘려주는, 그 단순하지만 아이 키우는 부모에게는 무척이나 절실한 원칙을 정책의 중심에 뒀다.

이러한 정책 설계에서 중요한 것이 현장의 목소리였다. 난임 부부들의 절박한 이야기를 듣고 지원 제도를 전면 확대했다. "대한민국에서 태어난 아이는 혼인 유무와 관계없이 동등하게 대우받아야 한다"는 원칙 아래 비혼 출산에 대한 논의도 시작했다. 「저출생 추세 반전을 위한 대책」을 발표하기까지 재정 당국을 설득하고 전국을 돌며 청년과 부모, 난임 부부를 만났던 날들이, 무엇 하나 허투루 듣지 않고, 어떻게든 정책에 녹여내려 했던 날들이 지금도 선명히 기억난다.

저출생만큼 사회적 공감대가 크게 형성되지 않았던 고령사회 대응의 틀도 새롭게 마련하며 패러다임을 전환했다. 재가 중심의 돌봄 체계를 구축하고, 에이지테크를 통해 기술로 고령화에 대응하는 방향을 제시했다. 누구도 주목하지 않았던 치매머니 관리체계를 마련하고, 노인 연령 기준 재조정 논의를 시작한 것도 이 시기다. 또한 인구정책의 밖에 있던 이민정책을 인구전략의 한 축으로 재편했다. 단기 순환형 인력 활용에서 벗어나, 전문인력 중심으로 유입부터 정주, 통합까지 아우르는 체계를 구상했다.

모든 성과 뒤에는 사람들이 있었다. 부처 간 협의를 이끌며 「저출생 추세 반전을 위한 대책」을 89번에 걸쳐 수정하고 수정했던 직원들, 현장에서 정책을 실행한 지방자치단체와 유관 기관 파트너들, 저출생 극복 추진본부를 통해 힘을 보탠 경제계와 종교계, 학계와 방송계 모두가 이 변화를 함께 만들었다.

이 책은 이 모든 과정에 대한 기록으로 그 내용을 크게 세 부분으로 나눠볼 수 있다. 첫째는 앞서 언급한 부위원장으로 일하면서 인구전략과 정책을 수립하고 추진해온 과정의 기록으로서, 정책이 어떻게 기획되고, 어떤 저항을 넘어 실행되었으며, 어떻게 현장에 뿌리내

렸는지를 담았다. 두 번째는 이 모든 경험을 통해 내가 터득한 인구 전략의 향후 방향에 대한 고민으로 구성되어 있다. 지금 우리에게 주어진 5년이 향후 50년, 100년의 대한민국 인구 미래를 결정할 골든 타임이라는 절박한 인식 아래, 저출생과 고령화·이민 등 분야별 정책은 물론 경제·사회 전반의 변화를 아우르는 인구전략이 나아가야 할 길을 나름의 시각으로 정리했다. 세 번째는 그 과정에서 저출생·고령화·이민 등 인구 문제의 심각성과 주요 정책 이슈에 대한 사회적 관심을 환기하기 위해 각종 언론에 기고했던 칼럼들이다. 당시의 생동감을 그대로 전하기 위해, 또 기고 시점과의 시차가 크지 않은 만큼 출처와 함께 원문을 가급적 고스란히 실었다.

더불어 한 가지 미리 일러둘 것이 있다. 이 책에는 '저출산'과 '저출생'이 함께 등장한다. 둘은 엄밀히 다른 개념으로 저출산은 가임여성 한 명이 낳을 것으로 기대되는 평균 자녀 수, 즉 출산율을 기준으로 한 개념이고, 저출생은 한 해 태어나는 아이의 절대적인 수, 즉 출생률을 기준으로 한 개념이다. 왜 아이를 낳지 않는지를 이해하고 정책을 설계할 때는 출산율의 시각이, 인구 규모의 변화에 대비할 때는 출생률의 시각이 각각 필요하다. 이 책에서는 다만 주로 법령이나 기구 명칭처럼 공식 표기가 정해진 경우에는 '저출산'을, 정책 방향이나 사회현상을 서술할 때는 '저출생'을 주로 사용했다.

마지막으로 그간 함께해준 모든 분께 감사드립니다. 관계 부처에서 파견 나와 고생한 직원들, 오랜 시간 전문위원으로 헌신해온 동료들, 지역 현장의 파트너들 모두에게 빚을 졌다. 특히 이경희 전문위원에게 깊은 감사를 전한다. 보도자료부터 연설문, 칼럼, 그리고 이 책의 초고까지, 모든 말과 글의 가장 든든한 동반자였다.

이 책이 인구 위기 앞에 선 우리 모두에게 작은 불빛이 되기를, 우리가 걸어온 길이 누군가에게, 그리고 앞으로 올 이들에게 의미 있는 이정표가 되기를, 그래서 부디 포기하기보다는 희망하길 바란다.

2026년 1월
주형환

3부

초고령사회, 새롭게 판을 짜다

1장 노후를 지탱하는 세 기둥: 고용·돌봄·에이지테크

2장 복지에서 산업으로: 초고령사회의 새 질서

1부

3초(超)
위기 앞에서

01 저출산고령사회위원회 부위원장으로 임명되다

2024년 설 명절 마지막 날인 2월 12일, 대통령 직속 저출산고령 사회위원회 부위원장으로 임명되었다. 처음 임명 소식을 들었을 때 부터 걱정이 컸다. '저출생·고령화'라는 인구 문제는 당장 성과를 내기 어렵고, 특히 저출생 문제는 너무 심각해서 해법이 요원하게 여겨졌다. 힘든 일이라 주위에서도 만류하는 목소리도 높았고, 나도 그런 걱정에 고민이 컸다.

그러나 마음 한구석에서는 어려운 과제에 대한 도전의식이 싹텄고, '잘하면 반전의 모멘텀을 만들어낼 수 있지 않을까' 하는 기대도 일었다. 양가적인 심정 속에서도 부위원장으로 일하기로 결심하게 된 것은 공직에 몸담기로 했을 때부터 세웠던 신념 때문이었다. '지금 내가 사는 세상보다 나의 아이들이 살아갈 세상은 더 나은 세상으로 만들자'는 믿음은 30여 년이 넘는 공직생활 동안 나를 늘 더 앞으로 나아가게 하고 노력하게 하는 원동력이었다.

저출생은 결국 결혼과 출산을 주저하거나 하지 않는 것으로, 이는 미래에 대한 걱정과 부정적 전망 때문이다. 결혼과 출산, 육아를 하더라도 나의 온전한 일상이 유지되고, 우리 아이가 자라날 세상에 대한 기대가 살아 있다면, 한국의 출산율은 지금보다는 훨씬 더 나았을 것이다.

조금 더 나은 세상을 만들어가고 있다는 희망과 기대로, 가족들의 희생도 감수해가면서, '일벌레'라는 소리를 들어가며, 오랫동안 공직생활을 해왔는데, 더 나아진 현실을 만들지 못했다는 생각에 마음이 꿈틀했다. 어려운 문제라며 모두 만류하는 가운데에서도, 이것이 나의 신념을 달성하기 위해 다시 한번 주어진 기회라는 생각을 떨칠 수 없었다.

그렇게 나는, 내가 하더라도 쉽지 않을 거라는 '우려'와 내가 하면 그래도 변화가 만들어지지 않겠냐는 '응원' 속에서 저출산고령사회위원회 부위원장으로 일을 시작했다. 그달 14일 임명장을 받던 날, 너무 큰 문제를 맡게 된 것은 아닌가 하는 걱정과 그럼에도 '모두가 미래를 꿈꿀 수 있는 더 나은 세상을 만들겠다'는 포부를 담아 임명 소회를 밝혔다. 그러면서 나는 대통령실에 두 가지를 요청했다. 하나는 일하는 과정에서 잡음이 발생하더라도 양해해달라는 것이었고, 다른 하나는 정책을 잘 만들고 실행할 수 있게 적극적으로 지원해달라는 것이었다.

먼저 저출생·고령화 문제는 당장 대한민국의 존망을 좌우하는 절체절명의 의제였지만, 정부 내에서도 이에 대한 논의는 당장의 과제들에 치여 후순위로 밀리기 일쑤였고 여론 또한 매우 조용했다. 그

만큼 체념 상태이거나 당장의 문제로 여기지 않았던 셈이다. 그래서 판을 흔들 필요가 있었다. 특히 자문위원회의 특성상 관계부처 간 조정과 협력이 중요한데, 이 과정에서 조직 간 생각의 차이가 갈등이나 노이즈로 발현될 수 있다. 이것은 문제가 해결되는 과정이고, 저출생 문제를 부각시킬 수 있는 기회인 만큼 이에 대한 양해가 필요했다.

대통령실의 적극적인 지원은 출근 첫날부터 필요했다. 출근 첫날의 당황스러움이 기억난다. 일의 무게에 비해 조직의 규모가 너무 작았고 직급도 많이 낮았던 것이다. 저출산고령사회위원회 사무처가 사무국으로 축소되면서 1국 5과에 정원 23명의 조직이었다. 인원 중 15명은 1년 파견 후 돌아가는 구조의 부처 파견 공무원으로 실무를 담당하는 5·6급이 9명, 과장급 이상은 불과 6명이었다. 그리고 7명의 전문임기제 공무원이 있었다.

저출산고령사회위원회는 저출산·고령사회 기본법에 따라 저출산·고령사회 정책을 종합적으로 기획·조정·평가하는 기관이라서 실제 정책을 집행하는 각 부처에 정책을 제안하고, 부처 간 이견이 있는 사안에 대해서는 조정하며, 부처 시행 정책을 평가하는 등 각종 업무 조율 작업이 매우 중요하다. 그리고 그 조율과 협력, 조정의 대상은 해당 부처에서 각 정책을 담당하는 과장급 이상일 수밖에 없다. 부처와의 관계에서 정책을 평가하고 제안하고 조정하고 협력을 구하자면 과장급 이상을 상대로 업무를 해야 하는데, 이를 감안할 때 전반적으로 위원회 직원들의 직급이 너무 낮았고 인원도 적었다.

이 때문에 부위원장 취임 후 최우선 과제가 조직을 주어진 과제와 일의 성격에 맞게 개편하는 것이 될 수밖에 없었다. 일은 사람이 하기 때문이다. 일의 성격에 맞게 조직을 구성하고 각 자리에 그 일을 가장 잘할 수 있는 사람을 앉혀놓는 게 모든 일의 시작이며, 그래서 인사는 만사다.

이런 상황을 대통령실에 충분하게 설득하여, 저출산고령사회위원회를 1급이 처장인 사무처 체제로 돌려놓고 조직 규모와 구성을 일의 성격과 방식에 맞게 얼개를 짰다. 그 후 위원회에 파견을 보내는 관계부처에, 조직에서 일 잘한다고 인정받는 직원을 보내줄 것을 요청했다. 공무원 세계에서 오래 일을 하다 보니 부처별로 일 잘하는, 원하는 직원들을 추려낼 수 있었다. 문제는 그 직원들은, 원래 소속된 조직에서도 중책을 맡고 있거나 그럴 계획이어서 파견이 쉽지 않다는 점이다. 솔직히 파견을 요청한 직원 하나하나가 '나라도 파견을 보내기에는 너무 아까운' 인재들이었다.

2월 말까지는 조직을 만드는 데 주력했다. 출장을 가면서 기차 안에서 조직도를 그렸고, 주요 역할이 필요한 몇몇 자리는 원하는 직원의 리스트를 구성한 후 각 부처 장관들에게 일일이 전화로 협조를 구하고, 설득했다. 일부는 한 달이 넘게 줄다리기를 해서 겨우 설득에 성공하기도 했는데, 첫 저출산정책국 국장을 맡았던 기획재정부의 고광희 국장이 대표적이다. 과거에 내가 기재부에서 일하면서 같이 팀워크를 맞췄던 그를 꼭 데려오고 싶어서 당시 기재부 장관을 한참 설득해 겨우 데려올 수 있었다. 고마운 인사였다.

이렇듯 대통령실의 적극적인 지지와 많은 부처 장관들의 협조 덕분에 4월 초 기존의 1국 5개 과에서, 현재의 구조인 1처 3국 11과의 조직으로 확장할 수 있었다. 정원도 23명에서 42명으로 크게 늘었다. 물론 보건복지부 한 개 국인 인구아동정책관실 정원이 68명임을 감안할 때 여전히 부처의 국 하나보다도 작은 규모지만 나름 각 부처의 에이스들이 모이면서 생각한 과업들을 실행할 수 있는 모양새는 갖추게 되었다.

02 저출생, 문제를 풀다

정말 녹록지 않은 상황이었다. 부위원장으로서 처음 접하는 인구 관련 지표와 소식들은 하나같이 절망적이었다. 2024년 2월 말에 발표된 2023년 합계출산율은 0.72명으로 역대 최저치였고, 출생아 수도 처음으로 23만 명대로 하락했다. 국가데이터처조차 「장래인구추계: 2022~2072년」에서 2024년 합계출산율은 0.68명으로 줄고 2025년이 되면 0.65명으로 떨어질 것이라고 내다봤다. 당시 전문가들과 각종 통계의 전망만 보자면, 이미 세계 최저 수준인 한국의 출산율은 '날개 없이 추락하는 새'와 같았다. 나는 희망이라곤 찾기 힘든 절망적인 수치들을 매일같이 마주했다.

하지만 애초부터 정부가 하는 일이란, 정책이란 그런 것일지도 모른다. 어려움을 돌파하고 위기를 극복하며 절망을 희망으로 바꾸는 것, 어떻게든 문제를 해소하고 마는 것, 포기하지 않고 앞으로 나아가기 위한 노력이 바로 정책의 본질이라고 생각했다.

임명장을 받은 날부터 바로 직원들과 출산율 하락의 원인과 해법에 대해 논의하기 시작했다. 임명 소식을 들은 후 이틀 동안 한국은행 보고서를 비롯해 저출생·고령화 등 각종 인구 문제 보고서와 국내외 주요 기사들을 보면서 본격적인 공부를 시작했다. 우선 저출생 문제에 집중하기로 하고, 그 원인과 해법에 대한 큰 구상을 그려나가기 시작했다. 이때의 정책적 구상은 이후 약 1년 11개월의 시간을 거치면서 점차 구체화되고 정책명을 갖게 되었으며, 지금까지도 그 뼈대는 유지되어 정책의 중심축으로 작용하고 있다.

정책 구상의 첫 출발은 원인에 대한 엄밀한 분석이었다. 저출생을 흔히 각종 사회문제가 빚어낸 총체적 결과라고 말하듯, 저출생은 결혼과 출산, 육아 여건의 어려움 등 눈앞의 현실적 문제와 구조적 문제, 심리적 불안과 두려움이 복합적으로 작용하면서 나타나는 결과다. 따라서 각 원인의 결에 따라 대응 방향도 달라져야 한다. 우선, 당장 결혼과 출산, 육아의 직접 당사자들이 겪는 장벽과 부담을 낮추기 위한 직접적인 정책 처방이 필요하다. 즉 아이를 낳고 기르는 데 따른 경제적 부담과 기회비용을 줄여주는 것이 관건이다. 양육 부모의 비용을 낮추고, 결혼과 출산 진입의 장벽이 되고 있는 주거를 지원하며, 육아휴직이나 유연근무 등을 통해 일하면서 아이를 키울 수 있는 환경을 만드는 것이 핵심이다.

하지만 저출생은 단기적인 정책만으로는 해결할 수 없다. 한국은 특히 일자리 문제, 수도권 집중, 사교육비로 표출되는 과도한 경쟁 문화, 노동시장의 이중구조 등 사회 전반의 구조에서 기인한 문제도 크다. 그래서 시간이 걸리더라도 긴 호흡을 가지고 구조적 문제에 대한 해법을 마련해나가야 한다. 이러한 구조적 문제는 정부가 의지를 가지고 해결하려고 한다는 메시지를 국민에게 전달하는 것만으로도 중요한 정책 효과를 기대할 수 있다. 정부가 손을 놓고 있지 않다는 시그널은 정책에 대한 국민의 신뢰를 회복하고 미래에 대한 기대를 품게 하는 첫걸음이 되기 때문이다. 또한 저출생 문제는 단순히 제도나 재정적 유인만으로 해결되지 않는다. 결혼과 출산을 꺼리거나 주저하게 만드는 마음의 장벽, 그리고 가족과 생명에 대한 가치관의 변화는 저출생의 주요한 원인 중 하나다. 실제로 저출산고령사회위원회가 2024년 3월에 한 국민 인식 조사를 보면 출산 계획이 없는 이유 1위는 "임신·출산·양육이 막연히 어려울 것 같아서"였다. 국가데이터처 조사에서도 결혼을 긍정적으로 보는 청년이 10년 전보다 20%p 이상 줄었다. 불안이 영혼을 잠식하듯, 막연한 두려움이 출산을 가로막고 있는 것이다. 청년들은 당장 취업과 주거 마련 등 미래에 대한 불확실성과 완벽한 육아에 대한 강박을 가지고 있었고, 지금의 삶보다 내 아이가 살아갈 미래가 어려울 거라는 우려도 매우 컸다.

이렇듯 '막연한 불안'을 해소하자면 정책만으로는 한계가 크다. 북유럽처럼 양육비용이 낮아도 출산율이 감소하는 현실이 이를 방증한다. 그래서 저출생 문제 해소를 위해서는 '정책적 노력'과 함께 '사회적 인식 변화'가 함께 이뤄져야 한다. 문화 지체 현상처럼 사회 구성원의 인식과 가치관이 뒤따르지 않으면, 새로운 정책이 현장에서 제대로 작동하기 어렵다. 특히 장기적이고 구조적인 과제는 당장 효과가 눈에 띄지 않기 때문에, 지속적인 정책 자원 투입을 위해서는 국민의 공감과 정책에 대한 필요 인식이 반드시 선행되어야 하기 때문이다. 이러한 정책 구상은 당시로서는 적절한 체계를 갖추지 못한 포괄적 차원에 불과했지만, 이는 그해 6월에 발표하게 되는 「저출생 추세 반전을 위한 대책」의 밑그림이 되었다. 이 구상들은 가파른 저출생의 흐름을 늦추고 인구구조 변화의 충격을 완화하는 완화 전략(Mitigation)의 구체적 정책들이 되었다.

하지만 이러한 전략과 정책이 효과를 발휘하여 출산율이 상승한다고 하더라도 그 효과가 가시적으로 드러나기까지는 아이들이 성장해서 성인이 되기까지의 시간만큼인 20년 정도가 소요된다. 인구의 모수가 늘어나 출산율의 구조적 상승기까지는 시간이 필요하므로, 완화 전략과 더불어 달라진 인구구조에 맞춰 사회시스템 전반을 개혁하는 적응 전략(Adaptation)이 함께 가야 한다. 그래서 「저출생 추세 반전을 위한 대책」은 '완화와 적응'이라는 2대 전략, '정책·인식·거버넌스의 변화'라는 3C(Policy Change, Cultural Change, Governance Change) 대응 방향, '일·가정 양립', '양육 부담 완화', '주거 지원 확대'라는 3대 핵심 과제 등으로 구체화되었다.

돌이켜보면 임명장을 받을 당시의 정책적 구상이 내가 가야 할 길을 밝혀주는 등대가 되어준 것은 사실이었지만, 그 등대만으로는 걸음을 옮길 수 없었다. 그 길까지 길동무가 되어주며 앞으로 나아가게 한 데는 직접적 정책의 필요성을 제시해준 정책 당사자인 국민, 실증적 데이터로 구체적인 해법을 제안한 전문가들, 현장의 목소리를 생생하게 전달해준 정책의 수요자이자 공급자이기도 한 경제계·종교계·학계·방송계 등 사회 각계각층의 협조가 절대적이었다. 이들과 함께 길을 만들고 함께 걸어갔기에 정책이 만들어질 수 있었다.

03 함께 걷는 길

국민의 삶에서 시작하다

부위원장으로 일하면서 모든 첫 시작은 '국민'과 함께였다. 정책은 국민의 필요를 구체화하는 데서 출발해야 한다. 전문가의 분석이나 제안, 동참해줄 파트너와의 협력은 그다음 수순이다. 저출산고령사회위원회에서 일하면서 가장 먼저 바꾼 것도 바로 정책 설계 방식이었다. 문서나 이론 중심의 접근보다 실제 아이를 낳고 키우는 당사자의 목소리를 먼저 들어야 한다고 생각했다.

청년, 난임 부부, 맞벌이 부모, 한부모가구 등 다양한 계층과 여섯 차례에 걸친 정책 수요자 간담회를 진행했다. 청년들을 만난 자리에서는 저출생의 걸림돌에 대한 다양한 이야기가 쏟아졌다. 부모세대와 달리 청년세대는 안정되고 편안한 주거 없이는 결혼하기 어렵다는 이야기가 많았다. 당시 "결혼을 안 하면 안 했지, 부모세대처럼 단칸방에서 월세로 시작할 수는 없다. 최소한 버젓한 아파트에서 전세로라도 출발하고 싶다"는 어떤 미혼 청년의 이야기가 기억에 남는다. 이는 결국 결혼 여부를 결정하는 데 '주거 정책'이 얼마나 중요한지를 일깨워주는 말이었다.

또 아이를 보면 귀엽고 예뻐서 갖고 싶다는 생각을 하다가도 주변 언니나 친지들이 아이 키우는 고충을 토로하거나 방송에서 힘든 육아의 현실을 자주 접하게 되면 출산과 육아에 대한 마음이 싹 사라진다는 이야기도 있었다. 출산과 육아에 대해 긍정적 입소문보다 부정적 경험담이 더 많다는 현실은 정책 개선뿐만 아니라 인식 개선도 중요하다는 것을 깨닫게 했다. 이러한 이야기들은 지자체와 함께한 간담회에서도 일관되게 제기되었다. 정책 수요자들은 하나같이 결혼과 출산, 육아의 기쁨을 전하고 아이와 가족의 가치를 회복할 수 있는 방송에 대한 갈망이 크다고 전했다. 이는 단순한 제도 개선을 넘어 사회 분위기와 문화, 메시지의 전달 방식까지 포함한 종합적 접근이 필요하다는 사실을 확인시켜 주었다.

맞벌이 부모와 양육 가족과의 간담회에서는 마음이 무거워지는 이야기들이 많았다. 늦게까지 어린이집에 남아 있는 아이를 데리러 가야 했던 맞벌이 부부는 아이에 대한 안쓰러움과 늦은 시간까지 아이를 돌본 교사에 대한 미안함을 토로했다. 이는 부모가 온전히 져야 할 마음의 짐이 아니었지만, 현실은 그렇지 못했다.

결국 아동 돌봄시간의 확대와 비용 지원뿐 아니라 부모가 일찍 퇴근할 수 있도록 유연근무나 육아기 근로시간 단축을 현실화하고 돌봄교사의 처우도 함께 개선해야 한다는 점을 깨우쳐주었다.

난임 부부들의 이야기는 더욱 절박했다. 간담회와 현장 방문 등을 통해 몇 차례에 걸쳐 난임 부부의 의견을 들었는데, 이들은 하나같이 아이가 생기지 않는 스트레스에 비용과 시간 부담까지 이중고를 호소했다. 특히 여성의 나이가 만 45세가 되면 난임 지원의 본인부담률이 30%에서 50%로 늘어나는데, 이 기준이 주는 압박감이 컸다. 물론 이는 난임 치료에서 발생할 수 있는 여성의 건강 이상을 염려하고 연령이 높아지면서 임신 성공 확률이 낮아져 마련된 기준이었지만 수요자들의 생각은 달랐다. 여성의 건강권도 당연히 중요하지만, 스스로 이를 감수하고서라도 아이를 낳겠다는 의지가 있는 이들을 국가가 적극 지원해주어야 한다는 그들의 주장은 충분히 설득력이 있었다. 결국 보건복지부와 관계부처 차관회의에서 7시간에 걸친 장시간의 논의 끝에, 난임 시술 본인부담률을 연령 구분 없이 모두 30%로 인하하고 난임 시술 지원도 출산당 25회로 확대하여 사실상 지원 횟수 제한을 없애는 성과를 이끌어냈다.

사실 이는 효과성 측면으로만 보자면 더 효과적인 정책임은 틀림없었다. 아이를 낳지 않겠다는 대상의 마음을 돌려 출산을 긍정적으로 생각하게 만드는 것보다 이미 출산과 육아에 대한 마음이 있는 이들의 결혼과 출산을 지원하는 것이 더 정책 효과가 높기 때문이다. 실제로 OECD 국가 중에서 유일하게 3명대의 합계출산율을 유지하고 있는 이스라엘 대사, 프랑스와 독일 관련 부처 장관 및 전문가 등과의 만남에서도 아이를 낳겠다는 의지가 있는 이들을 지원해주는 것이 출산율을 높이는 데 훨씬 효과적이라는 제언이 많았다.

4월에는 대규모의 정책 의견 수렴을 위해 대국민 정책공모전을 진행했다. 총 2,196개의 아이디어가 모였고, 이 중 우수 아이디어로 선정된 '출산하면 더 큰 평수로 이사할 수 있는 임대주택', '유아 동반 배려 주차공간', '신생아 특례대출 완화' 같은 실용적 제안들은 실효성과 현장성에서 높은 평가를 받았다. 이것들은 수요자 간담회에 나온 의견들과 마찬가지로 6월에 발표한 「저출생 추세 반전을 위한 대책」에 실제 반영되었다.

정책 수요자의 참여는 정책 설계뿐 아니라 실행과 평가 단계에서도 이어졌다. 그해 10월에는 국민 정책 모니터링단인 '국민WE원회'를 발족하여 정책 평가에도 국민이 참여할 수 있는 구조를 만들었다. 이 또한 정책공모전에서 국민이 제안한 아이디어가 시작이었다. 국민WE원회에는 청년, 부모, 난임 경험자 등 320명이 참여해 총 96개 정책을 직접 평가하고 개선안을 제시했다. 정책이 수요자에게 도달하고 체감될 수 있으려면 설계 단계부터 진행, 평가까지 모든 과정에 국민의 관점이 녹아들어야 한다는 정책 철학이 제도로 구현된 것이다.

사회 각계와 손잡다

정책은 잘 만드는 것도 중요하지만 현장에서 잘 실행되어 국민이 체감할 수 있도록 하는 게 핵심이다. 이는 정부 혼자의 힘만으로는 안 된다. 중앙정부가 정책을 설계하고 추진하면 지자체가 이를 적극적으로 집행하면서, 현장에 맞게 개선해 부족한 부분은 지역 실정에 맞게 보완해야 한다. 또한 기업 등 경제계는 정책이 노동의 현장인

각 기업에서 실제로 적용될 수 있는 환경을 구축하고 기반을 마련해주어야 한다. 실제로 정부가 육아휴직급여를 높이고 단기 육아휴직 제도를 도입하더라도 직장 상사나 동료, 고용주의 눈치 때문에 쓸 수 없다면 무용지물이기 때문이다. 이는 결국 기업문화와 사회적 분위기를 바꾸는 것으로, 사회 각계각층의 협조 없이는 불가능한 일이었다. 이것이 부위원장으로 취임하자마자 쉬지 않고 사회 각계각층의 리더들을 만난 이유다.

부위원장으로서 일한 첫 달, 나는 안으로는 조직을 구성하고 정책을 구축해가면서 밖으로는 사회적 리더들을 만나 국가와 정책이 가야 할 방향에 대해 의견을 구하고, 힘든 길에 동무가 되어달라 협조를 요청했다. 과학적 분석과 통계적 경향성에서 만나기 힘든 희망을, 우리가 앞으로 걸어갈 힘을, 그분들을 통해 먼저 구하고자 했던 것 같다.

가장 먼저 찾은 곳은 종교계였다. 사회를 이끄는 정신적 지도자이자, 공동체를 가장 가까이에서 돌보는 이들이기 때문이다. 한편으로는 내 마음 한구석에서 희망을 찾고 싶은 마음이 발동했는지도 모를 일이다.

2월 말, 조계종 총무원장 진우스님을 시작으로, 장종현 한국교회총연합 대표회장, 이용훈 한국천주교주교회의 의장, 나상호 원불교 교정원장 등 4대 종교 수장들을 연달아 만나 지혜를 구했다.

종교는 달랐지만, 저출생의 가장 근본적 원인으로 모두 '가치관의 변화'를 먼저 꼽았다. '한강의 기적'이라고 불릴 만큼 짧은 기간 압축성장을 거치는 동안 한국 사회 전반에 지나친 개인주의, 물질만능주의, 과도한 경쟁문화가 확산되었고, 이로 인해 생명과 가족, 공동체의 가치가 무너졌다는 진단이었다. 이런 상황에서 아이를 낳고 기르는 비용이 날로 높아지면서 특히 젊은 층을 중심으로 결혼과 출산을 주저하거나 기피하는 경향이 강화됐다고 분석했다.

이에 종교계 지도자들은 사회문화와 인식의 변화를 강조했다. 무너진 가족과 생명의 가치를 다시 회복하여 모두가 귀한 삶을 온전히 인정받을 수 있는 사회를 만들어가는 일의 필요를 설파했다.

이러한 진단은 OECD의 분석과도 맞닿아 있다. OECD가 발표한 「한눈에 보는 사회 2024(Society at a Glance 2024: OECD Social Indicator)」는 정책적 대응만으로는 출산율 상승이 어렵다고 지적하면서, '가치관의 변화'를 출산율 하락의 원인으로 꼽았다. 보고서는 OECD 회원국들 합계출산율이 1960년 3.3명에서 2022년 1.5명으로 절반 이상 감소한 데는 주거와 노동시장의 구조적 제약뿐 아니라 결혼·출산·육아에 대한 부정적·선택적 인식 확산, 가족과 생명 가치의 하락 등도 주요한 원인이라고 분석했다. 젊은 층을 중심으로 개인의 삶의 의미, 자아실현 등의 가치가 부각되고, 좋은 부모가 되기 위한 사회적·문화적 요구 수준이 높아지면서 자녀를 적게 낳거나 아예 갖지 않는 결정에 이르게 된다는 것이다.

하루하루가 골든타임이었기 때문에 경제계와의 만남도 종교계와 거의 동시에 빠르게 이뤄졌다. 2월 말 손경식 한국경영자총협회 회장을 만나고, 3월부터 류진 한국경제인협회 회장, 김기문 중소기업중앙회 회장, 최태원 대한상공회의소 회장, 윤진식 한국무역협회 회장, 최진식 한국중견기업연합회 회장, 조용병 전국은행연합회의 회장 등 주요 경제단체 리더들을 연이어 만났다. 경제계는 육아휴직이나 직장어린이집 설치 및 운영, 유연근무 등 일·가정 양립 정책의 핵심 주체이자 실행자이기에, 제도만큼 중요한 환경 구축을 위해 누구보다 중요한 정책 파트너다.

인구가 감소한다는 것은 학령인구부터 군 병력, 생산가능인구 등 사회시스템의 기반이 되는 인적자원의 급감을 의미하고, 이에 따라 산업과 경제사회 전반의 지속 가능성에도 직격탄이 되는 문제다. 경제계는 오래전부터 인력 미스매치와 함께 인력 감소에 따른 대응책을 고심해왔던 덕에 그만큼 인구 문제의 심각성에 공감했고, 공동의 해법 마련에 대해 쉽게 뜻을 모을 수 있었다.

중요한 것은 이러한 활동이 그저 면담이나 간담회로 끝나지 않고 실질적 변화를 이끌어냈다는 점이다. 경제단체를 예방하면서 제안했던 저출산고령사회위원회와 경제단체 간 상시 소통창구인 '저출산 대응을 위한 경제단체 민·관 협의체'가 바로 3월에 출범했다. 정책 파트너로서의 경제계가 구체적 실행 주체로서 적극 동참하기 시작한 것이다.

불교계는 '나는 절로'라는 만남 주선 프로그램을 통해 인연과 가족의 소중함을 알리는 데 앞장섰고, 기독교는 자체 출산 지원금 지급부터 사회적 인식 개선 캠페인까지 안팎의 결혼·출산·육아 친화적 환경 구축에 힘을 보탰다.

카이스트는 선제적으로 3자녀 이상 가정 자녀들만 경쟁하여 입학하는 '다자녀 가정 특별전형'의 모델을 발굴해 추진했으며, 방송계에서는 대표적으로 KBS가 대한민국 언론사 최초로 '저출생위기

대응방송단'을 출범하고 "우리 아이 우리 미래"라는 슬로건 아래 '저출생위기대응 방송주간'을 운영하며 캠페인을 펼치고 특집방송을 집중 방영했다. 경제계와 학계, 방송계와 종교계를 아우르는 이러한 노력들은 8월 '저출생 극복 추진본부' 출범으로 결실을 맺었다.

'저출생 극복 추진본부'는 경제계, 금융계, 종교계, 방송계, 학계, 여성계 등 온 사회 주체들이 참여하는 순수 민간 차원의 풀뿌리 저출생 대응 조직으로서, 가족 친화적인 기업문화 조성과 결혼·출산·육아에 대한 사회적 인식 전환, 아이를 낳고 키우기 좋은 사회 구축을 위한 노력을 이어가고 있다. 이 흐름은 그해 11월 '중소기업 일·가정 양립 위원회'로 이어지기도 했다. '중소기업 일·가정 양립 위원회'는 중소기업중앙회가 주도하여 19개 범중소기업계 협회 및 단체가 함께 모인 위원회로 중소기업의 일·가정 양립 문화 제도 개선 및 문화 확산 노력을 펼치고 있다.

중앙과 지방의 하모니

저출생 대응은 결국 모두의 삶의 현장에서 실현되어야 하기에, 지자체와 중앙정부의 하모니가 매우 중요하다. 중앙정부가 큰 틀을 제공한다면, 지자체는 지역별 여건과 주민들의 요구를 반영해 상황에 맞게 적용하고 보완하며 지역 맞춤형 정책을 시행해 실질적인 변화를 만들어내는 역할을 할 수 있다.

저출생 문제에 있어 지자체와의 관계에 물꼬를 터준 것은 경상북도였다. 2024년 2월 20일 경상북도가 '저출생과의 전쟁 선포식'을 개최했다. 인구소멸로 가속화되고 있는 지방정부의 입장에서 저출생은 가장 치열한 전쟁의 현장이었던 셈이다. 경상북도는 저출생 해소를 위해 정책적 역량을 집중하기로 하고, 전쟁 선포식을 통해 지역소멸을 막아내기 위한 총력 대응을 선언했다. 산업통상자원부 장관 시절부터 인연이 있던 이철우 경북지사에게 축사를 요청받은 나는 취임 후 일주일도 되지 않아 바쁜 일정 중에도 그 자리에 참석했다. 당시 상황은 심각한데 공론화는 잘되지 않던 현실에 개탄하고 있던 중, '전쟁 선포식'은 심각성에 뜻을 같이하는 동지를 찾아 함께 이를 알릴 수 있는 절호의 기회였던 셈이다. 지자체의 협력을 이끌어낼 물꼬가 열린 것이었다. 지자체는 인구소멸의 직격탄을 맞고 있기 때문에 중앙정부의 적극적 활동을 매우 반기고 있었다.

이를 계기로 2024년 5월 전국 17개 시·도와 간담회를 열고 중앙과 지방의 협력체계를 공고히 다지기 위해 '저출산고령사회위원회-지자체 협의체'를 구성했다. 중앙정부와 지자체는 저출생 문제에 대해 함께 논의하고 국민 실생활에 밀접한 실효성 높은 저출생 대응정책 발굴에 뜻을 모으기로 합의했다. 협의체 발족 이후에는 인천을 시작으로 충남, 경북, 강원, 충북, 전남, 울산 등 전국을 돌면서 '전국 17개 시·도 순회 간담회'를 개최하고, 지역의 정책 수요자와 기업계 인사를 만났으며, 어린이집 등 현장을 방문하며 정책 공급자들과 현장의 목소리도 들었다. 이렇게 4차례에 걸쳐 '지자체 협의체 회의'를 개최하고, '전국 17개 시·도 순회 간담회'를 7번에 걸쳐 진행했으며, 그해 9월부터는 지자체에 이어 대한상공회의소까지 뜻을 보태면서 '지역소멸 대응 포럼'을 인천과 대전, 부산 등에서 릴레이 개최하는 등 실질적 협력을 이끌어냈다.

이러한 활동을 통해 각 지자체에서 추진해온 맞춤형 정책들이 상호 교류되며 더욱 확장할 수 있었고, 중앙정부와 지자체, 지역 경제 단체 간 협력으로 종합적 저출생 대응 방안도 마련할 수 있었다. 또 지자체에서는 중앙정부의 지지와 응원에 힘입어 더욱 다양한 방식의 정책적 실험들이 펼쳐지기도 했다.

실제로 저출산고령사회위원회가 전국 지자체별 우수 저출생 대응정책을 유형별로 분류해보니, 크게 네 가지로 나눠볼 수 있을 만큼 다양한 정책들이 진행되고 있었다. 첫째, 중앙정부의 지원정책을 보조하는 '추가 보완정책', 둘째, 각 지역의 특성을 반영한 '지역 맞춤형 지원정책', 셋째, 수요가 다양한 돌봄 사각지대 해소 등 '틈새 지원정책', 넷째, 출산부터 양육까지 아우른 '체감형 통합 지원정책'이다.

가장 대표 사례는 인천 남동구가 2019년 전국 최초로 시작한 '아빠 육아휴직 장려금'이다. 남성 육아휴직자에게 정부 육아휴직급여에 더해 장려금을 추가 지원해 육아휴직으로 인한 소득 감소를 줄여주는 제도로 전국 20여 개 지자체로 확산됐다. 광주광역시를 시작으로 서울·경기·경남에서 시행되던 조부모 돌봄수당은 이후 부산, 울산, 전남, 충남 등 총 8개 지자체로 확산됐다.

결혼의 가장 큰 걸림돌인 주거 지원에 있어서도 서울시의 '미리내집', 인천시의 '천원주택' 등이 주목받았다. 미리내집은 신혼부부에게 시세 대비 80% 이하로 전세 주택을 지원하는 제도로 신혼부부는 최대 10년, 여기에 출산 시에는 최대 20년까지 거주를 보장한다.

인천시의 천원주택 정책도 신혼부부에게 매일 1천 원씩, 월 3만 원의 저렴한 임대료로 최대 6년간 거주할 수 있도록 지원한다.

또 정책 체감도를 높이기 위한 정책 혁신도 눈에 띈다. 인천시의 '아이 플러스(i+) 시리즈'의 일환인 '아이 플러스 1억드림' 사업은 양육수당을 1세부터 18세까지 지원하면서 기존 정부 지원금을 합산해 총 지원액 1억 원을 명시하고 지원함으로써 부모들이 더욱 실질적인 혜택을 체감할 수 있도록 했다. 인천시의 아이 시리즈는 이외에도 임산부 교통비 50만 원 지원 등 출산 부부의 교통비를 지원하는 '아이 플러스 차비드림', 천원주택을 중심으로 한 '아이 플러스 집드림', 틈새 돌봄과 방학 무상 점심 지원 등의 사업을 엮은 '아이 플러스 길러드림' 등으로 확장되고 있다. 반가운 것은 이러한 정책 시행 후 2024년도 인천 출생아 수가 전년 대비 11.6%나 증가하며 전국 최고 상승률을 기록했다는 점이다.

지자체별 특성에 맞는 지원정책으로 정부정책을 보완하여 추진한 경우도 많다. 소상공인과 농어업인의 비중이 높은 지자체에서 이들에 대한 맞춤 결혼·출산·육아 지원을 강화하는 방식이다. 소상공인의 출산 지원을 위해 경북은 소상공인 출산 시 6개월간 월 200만 원의 대체 인력비를 지원하고, 부산과 광주는 3개월간 월 100만 원을 지원한다.

또 서울·인천·경남은 월 80만~90만 원의 출산급여를 지급하고, 대전과 광주는 소상공인이 아이 돌봄 서비스를 이용하면 본인 부담금을 6개월간 50만 원 지원한다. 경기, 경남 등은 농·어업인을 위해 90일간의 농가 도우미 비용을 지원하여 농촌 지역의 저출생 대응을 측면지원하기도 한다.

충남의 '아이키움뜰', 경북의 '119아이행복돌봄터', 광주의 '삼삼오오 이웃집 긴급돌봄', 서울, 경북, 포항, 부산, 전남 등에서 시행하는 등·하원 동행서비스와 아픈 아이 돌봄 서비스 등은 모두 부모들의 돌봄 부담을 덜어주기 위한 지자체의 새로운 정책들이다.

이 과정에서 정책은 같이 움직일 때, 정부나 지자체뿐 아니라 사회 각계각층에서 힘을 보탤 때 더 큰 효과가 발휘된다는 귀한 교훈을 얻었다. 현장의 이야기에 귀 기울이고 각자의 자리에서 손 내민 이들과 함께 걸었기에 인구 문제의 험로에서 지치지 않고 계속 앞으로 나아갈 수 있었다.

04 저출생 추세 반전을 위한 대책

시급하지만 신중하게

그럼에도 저출생의 시계는 나와 저출산고령사회위원회의 속도를 기다려주지 않았다. 취임 열흘 만에 2023년 합계출산율이 발표됐다. 역대 최저치인 0.72명. 결과는 모두의 예상을 벗어나지 않았다. 취임한 지 열흘밖에 되지 않았다는 변명은 이유가 될 수 없었다. "2023년 합계출산율 역대 최저치"라는 제목의 기사와 암울한 향후 출산율 전망 분석들이 쏟아졌다.

피하고 싶은 순간은 늘 예고 없이 찾아오는 법이다. 합계출산율 발표를 얼마 앞두고 청사 엘리베이터 앞에서 국무총리와 마주쳤다. 피할 수 없는 공간에서 총리는 "합계출산율이 점점 나빠지고 있는데, 빨리 대책을 마련해야 하지 않겠냐?"고 물었다. 나는 시간을 좀 달라는 요청밖에 할 수 없었다. 이 문제의 시급성과 무게감에 대해서는 너무나도 동감하기에, 나 또한 대책 마련을 서둘러야 한다는 데 동의했다. 다만 물도 급하게 먹으면 체하듯, 급하다고 대충 정책을 만들어 내놓는다면, 오히려 국민의 신뢰를 떨어뜨리고 상황만 더 악화시킬 뿐이었다.

그래서 우리는 일분일초를 아끼는 심정으로 순차적인 일들을 동시다발적으로 진행했다. 저출생의 원인을 정밀하게 분석하면서, 그동안 정책이 실기한 이유에 대해 살폈고, 주요 인구정책 선진 국가들의 정책 사례를 연구했다. 한편으로는 수요자와 공급자의 이야기를 들으면서 더 수요가 높고 공급에 적합한 정책을 만들어내는 일들을 병행했다. 이러한 활동들은 국내 여건의 특수성까지를 반영한 저출생 정책의 대응 방향으로 귀결되었다.

일을 진행하면서 취임 후 각계각층을 만나며 다져놓은 사회 주체들과의 협력체계가 매우 큰 힘이 되었다. 특히 역대 최저치를 계속 경신하고 있는 합계출산율로 인해 저출생 문제의 심각성이 신문·방송 등 언론, 학계, 경제계 등 온 사회에 확장되면서 더 나은 해법 모색을 위한 다양한 활동들이 동시다발적으로 펼쳐진 것이다.

나는 바쁜 일정 속에서도 거의 모든 포럼과 토론회 등 행사에 참여했다. 덕분에 저출생 문제에 대해 매우 빠르게 배우고 상황을 파악할 수 있었다. 그중 언론사 포럼에서는 OECD 수석연구원인 윌렘 아데마, 한국의 합계출산율 소식에 머리를 감싸며 "망했네요"라고 말한 영상 밈으로 유명해진 인구 문제 전문가 조앤 윌리엄스 교수 등 해외 석학들을 직접 만나 한국의 인구 문제에 대해 심도 깊은 논의를 펼칠 수 있었다.

물론 세계 각국의 사회문화적 맥락과 상황이 다르다. 한국은 전 국민의 50.1%가 국토 면적 12%에 불과한 수도권에 모여 살고, 주요 대기업과 입학 상위권 대학 등이 수도권에 집중되면서, 과도한 사교육을 낳고 경쟁이 심화되는 특수한 상황에 놓여 있다. 하지만 해외에서 성공과 실패를 거듭하며 검증된 정책들을 참고함으로써 우리 정책의 지형도를 넓히고 시행착오를 줄이는 데 큰 도움을 받았다.

대표적인 사례가 '육아휴직 제도'다. 당시 육아휴직급여는 전 기간 일률적으로 매월 150만 원을 지급하고, 총급여의 25%는 복귀 후에 지급하는 사후 지급금 방식으로 구성되어 있었다. 하지만 실제로 전체 기간을 다 사용하지 못하는 이용자들이 많았고, 소득 기여도가 상대적으로 높은 남성의 경우 경제적 부담 때문에 육아휴직을 짧게 쓰는 비율이 특히 높았다. 따라서 계단식, 즉 육아휴직 초기에 급여를 더 많이 지급하는 등 차등 지급 방식으로 바꾸면 더 효과적일 거라는 생각이 들었다.

하지만 실제 지급 방식을 바꾸는 것에 대해 거부감도 높을 수 있어 우려가 컸다. 이런 와중에 스웨덴, 일본 등 몇몇 국가들이 계단식으로 지급하고 있고, 만족도가 매우 높다는 것을 마침 방한한 OECD 한국 연례정책협의단과의 회의에서 확인하면서 확신을 갖게 되었고, 이를 「저출생 추세 반전을 위한 대책」 중 '육아휴직급여 확대 및 재설계' 과정에 반영했다.

이 정책에 따라 전체 육아휴직급여가 인상되고 사후 지급금은 폐지된 것은 물론, 육아휴직급여를 첫 3개월은 250만 원, 다음 3개월은 200만 원, 그 이후는 160만 원으로 시기별로 차등 지급하는 방식으로 개선했다. 글로벌 스탠더드에 부합하면서 국민의 체감도를 높일 수 있었던 가장 대표적인 사례다.

선택과 집중으로, 정책을 구체화하다

이처럼 실효성과 체감도를 높인 정책 요소들을 하나씩 다듬으면서, 저출생 대응정책의 기본 틀을 마련할 수 있었다. 정책 수요자들의 정책에 대한 수요를 기반으로, 걸림돌을 제거하고 디딤돌을 놓는 방식으로 저출생 대응에 도움이 되는 정책들을 총망라하고 거기에 국내외 전문가들의 연구, 각 부처와 지자체의 정책 실증적 경험들이 더해지면서 점차 구체화되었다.

정책보고서 초안이 만들어진 이후는 이를 현실화하기 위한 조정의 시간을 거쳤다. 아무리 좋은 정책이라도 예산이 너무 많이 소요된다면 할 수 없는 법이고, 직접 정책을 추진할 부처의 생각이 다르다면 이 또한 어렵다. 그래서 정책은 만드는 게 반이고, 각종 협의와 조정이 반이다.

다행히 당시 총선 국면에서 여야 모두 인구 문제를 1호 공약으로 제시하는 등 인구 문제의 심각성에 모두 동의하고 있었기에 국회와 대통령실의 지지와 실무 부처들의 적극적 협력으로 많은 정책 의제들이 정책화될 수 있었다. 부처 협의의 최종 관문은 기획재정부였다. 모든 정책은 예산이 소요되기 마련이고, 한정된 재원 속에서 우리 사업만을 고집하기는 어려운 형편인 것도 사실이다. 결혼·출산·육아에 대한 현금성 지원과 세제 지원 확대 등에 대해 특히 재정 당국의 우려가 컸다. 이에 우리는 과학적인 분석으로 효과를 입증하고 정책의 필요를 계속 설득해나갔다. 결국 대통령실 정책실장과 경제부총리, 그리고 내가 만나 삼자 간 협의를 거친 끝에 상호 양보를 통해「저출생 추세 반전을 위한 대책」안에 대한 최종 합의를 도출할 수 있었다.

하지만 그것이 끝이 아니었다.「저출생 추세 반전을 위한 대책」은 관계부처의 다양한 정책들이 망라된 만큼 예산 규모가 상당해서 '재정전략회의'에서 별도로 논의되어야 할 사안이었다. 5월에 열리는 재정전략회의에 참석했다. 이 자리에서도 여전히 저출생 대응 예산에 대한 회의적인 시선이 존재했다.「저출생 추세 반전을 위한 대책」을 모두 추진하자면 추가로 소요되는 예산이 적지 않았는데, 당시 기조는 세수 부족에 따라 재정지출 증가를 최소화하자는 것이었다. 특히 정책 효과가 단기간에 가시화되기 어려운 저출생 대응사업은 후순위로 밀릴 수밖에 없는 형국이었다.

그러나 국민이 없다면, 나라와 정부가 있을 수 없다. 나는 대한민국의 존립을 위협하는 구조적 위기가 된 지금의 저출생 상황을 설명하면서 인구 문제의 심각성과 강력한 정책 추진의 필요성을 강조했다. 나는 필요하다면 다른 사업을 구조조정해서라도 저출생 대응을 강력하게 추진해야 한다고 설득했다. 그것이 어렵다면 인구 대응을 위한 특별복권이나 증세까지도 해야 한다고 생각한다면서, 필요한 지출을 늘려야 한다고 강력하게 주장했다.

이러한 문제에 맞닥뜨리면서 우리는 정책의 핵심이 되는 예산 구조를 다시 들여다봤다. 당시 저출생 관련 단골 뉴스 중 하나는 투입되는 예산은 날로 늘어나는데 출산율은 계속 떨어지고 있다는 것이었다. 한 해 50조 원에, 그동안 300조 원 이상의 예산이 투입됐다는 식의 뉴스가 계속 확대되면서 정책에 대한 신뢰도를 떨어뜨리고 있었다. 새로운 정책을 만들면서 선택과 집중의 기준은 투입되는 예산 대비 정책의 효율성이 되어야 했다. 예산에 대한 분석을 통해 효과 중심으로 재구조화를 하는 것은 저출생 대응에 강력한 지원이 필요하다는 논리와 당위성을 만들어내는 과정이기도 했다.

이에 「저출생 추세 반전을 위한 대책」을 준비하는 과정에서 한쪽에서는 저출산고령사회위원회와 한국개발연구원(KDI)이 함께 저출생 예산에 대한 분석과 평가 작업을 진행했다. 그 결과 2023년 저출생 관련 예산 47조 원 중 저출생 대응에 직결된 사업 예산은 23조 5,000억 원으로 추산됐다. 이 중 국민이 가장 필요로 하는 일·가정 양립 분야 예산은 2.0조 원(8.5%)에 불과했고, 아동수당과 보육료 지원 등으로 양육 부문이 대부분(20.5조 원, 87%)을 차지했다. 나머지 예산의 상당 부분은 기금에서 지출되어 규모는 크지만 사실상 이차보전 성격의 사업들로 구성된 주거 지원 사업이며, 직접 관련 없는 사업도 다수였다. 예산만 많아 보일 뿐, 수요에 비해 부족해서 정책 효과가 날 수 없는 상황이었던 것이다. 특히 한국적 상황에서 중요도가 높은 일자리, 수도권 집중, 사교육비 등 구조적인 문제에 대한 대응도 크게 미흡하다는 것을 확인할 수 있었다.

이는 OECD가 회원국의 사회보장정책 수준을 비교하기 위해 발표하는 「OECD 공공 사회복지 지출 보고서(Social Expenditure)」를 보면 더 분명하게 확인할 수 있다. OECD가 2025년 4월 공표한

「2025년도 보고서(Social Expenditure Update 2025)」에 의하면 한국의 가족 분야 복지 지출은 2021년도 기준 GDP 대비 1.5%로, OECD 평균 2.3%에 비해 여전히 큰 격차로 낮고, 전체 38개 회원국 중 30위에 불과했다. OECD 출산율 꼴찌인 우리나라의 가족 지출이 아직도 확연하게 낮은 것으로, 우리가 가야 할 길은 여전히 멀다.

「저출생 추세 반전을 위한 대책」 발표

이렇게 수많은 조율과 협의, 우여곡절을 거치며, 2024년 6월 19일 드디어 「저출생 추세 반전을 위한 대책」이 발표되었다. 이 대책은 과거 정책에 대한 분석과 반성, 해외 주요국의 사례를 바탕으로 저출생 정책의 패러다임 전환을 선언하고, 초저출생 추세를 반전시켜 2030년까지 합계출산율 1.0명을 회복하겠다는 목표를 내세웠다.

「저출생 추세 반전을 위한 대책」은 앞서 간단하게 언급한 대로, 저출생의 원인부터 직접적 원인과 구조적 원인으로 명확히 구분해서 분석했다. 저출생의 직접적 원인은 크게 첫째는 아이를 낳고 기르는 부담과 기회비용이 커진 것이며, 둘째는 생명과 가족, 공동체의 가치에 대한 인식이 달라진 때문이다.

해당 대책에서는 부모의 부담과 기회비용을 줄이고, 일하면서 아이를 키울 수 있는 양육 환경 구축에 집중하는 3대 핵심 분야와 구조적 문제에 대한 '정책적 대응'에 정부의 역량을 집중하면서, 또 다른 원인 중 하나인 결혼과 출산, 육아에 대한 긍정적 인식을 확산하는 '사회인식 변화' 활동도 병행하는 내용이다.

우선 국민이 가장 필요로 하고 효과가 검증된 '일·가정 양립'에 역점을 두면서, '양육 부담 완화', '주거 안정' 등의 3대 핵심 분야를 선택하고 정책역량을 집중하는 '선택과 집중' 전략을 취했다. 아울러 좋은 일자리 창출, 수도권 집중 완화, 사교육비 부담 경감 등 구조적 대책은 범정부적으로 '인구비상대책회의' 등을 통해 긴 호흡을 갖고 꾸준히 과제를 발굴하면서 대응책을 마련한다는 구상이었다.

수요자의 요구가 가장 높았던 '일·가정 양립 지원' 분야에서는 단기 육아휴직(연 1회 1주 단위, 최대 2회)을 도입하고(2026년 7월 시행), 육아휴직 급여를 대폭 인상(월 150만 원 → 최대 월 250만 원)했다. 또 눈치 보지 않고 육아휴직을 사용할 수 있도록 기존에 출산휴가 및 육아기 근로시간 단축근무 시에만 지급하던 대체인력지원금을 '육아휴직'까지로 확대하고, 지원수준도 월 80만 원에서 120만 원으로 대폭 인상했으며, 2026년부터는 140만 원까지 확대되었다. 육아휴직의 경우 대체인력지원금이 0원에서 월 140만 원이 된 셈이다. 아울러 육아휴직자 및 육아기 근로시간 단축자의 업무를 대신한 동료에게 보상을 지급하는 사업주에게는 월 20만 원의 '동료 업무분담 지원금'도 신설했다. 이 동료 업무분담 지원금은 2026년부터 월 60만 원으로 대폭 확대됐다. 이러한 지원정책들은 휴가·휴직이 필요할 때 유연하게, 소득 걱정 없이, 눈치 보지 않고 사용할 수 있도록 하고, 중소기업 부담은 확실히 덜어주기 위한 지원 방안이다.

양육 부담을 덜어주기 위해서는 3~5세 실질적 무상교육·보육을 실현하고, 유보통합(유아교육과 보육의 통합)을 통해 유치원·어린이집 이용시간을 확대(기본 8시간 + 추가 4시간)하는 동시에, 교사 대 영유아 비율도 현재보다 개선하는 한편, 초등 대상 늘봄학교(방과후 초등학생들을 저녁 8시까지 학교에서 돌봐주는 정책)를 2026년까지 전 학년으로 확대하는 등 0~11세까지 교육·돌봄을 국가가 확실하게 지원한다. 아울러 시간제 보육서비스 제공 기관을 확대하는 등 틈새 돌봄을 촘촘하게 보장하고, 아이돌보미 공급을 대폭 확대하며, 외국인 가사관리사 도입도 확대하는 등 돌봄 서비스도 다양화하였다.

마지막은 결혼의 가장 걸림돌로 뽑히는 주거 부담을 대폭 줄여주는 내용이다. 출산 가구에 대한 주택 공급을 연 7만 호에서 12만 호 이상으로 확대하고, 그린벨트 해제 등 신규 택지 발굴(1.4만 호), 신혼부부 특별공급 물량 확대(3.6만 호 → 4.6만 호) 등을 통해 신혼·출산·다자녀 가구에 대해 주택 공급을 대폭 늘리는 중이다.

주택 공급만큼 주택을 마련할 목돈 지원도 중요하다. 이에 신혼부부 대상으로 시중 주택담보대출보다 낮은 금리를 제공하면서, 출산 시 추가로 0.2%p 더 금리를 인하해주는 '신생아 특례 주택구입·전세자금 대출'이 시행 중이다. 신생아 특례대출로 불리는 이 금융상품은 접수일 기준 2년 이내 출산한 무주택 가구를 대상으로 소득·대출기간에 따라 특례금리 1.8~4.5%가 5년간 적용된다.

하지만 이는 2024년 발표한 「저출생 추세 반전을 위한 대책」을 정책 여건 등에 따라 다 반영하지는 못한 것으로 당초 계획에서는 2024년 중 소득기준을 1.3억 원에서 2억 원으로 높인 후 2025년에 2.5억 원까지 더 상향하고, 출산에 따른 추가 금리 혜택도 최대 0.4%p까지 높이고자 했다. 그러나 2025년 새 정부의 부동산 가격 폭등 방지 대책 차원에서 신생아 특례대출의 부부 합산 소득기준

2.5억 원 인상과 최대 0.4%p의 출산 추가 우대금리 제공은 보류되었다.

그런데 정책만으로는 결혼과 출산에 대한 부정적 인식과 가족과 공동체에 대한 달라진 가치관을 바꾸는 데는 한계가 있다. 필요한 것은 가족에 대한 소중함과 공동체와의 유대감을 기반으로 "왜 아이를 낳아야 하지(Why do I have a baby)?"라는 질문에 "아이가 행복"이라고 답할 수 있는 사회문화를 마련하는 일이다. 이를 위해 경제, 종교, 언론계, 지자체 등과 함께 일·가정 양립이 가능한 사회문화를 만들고 출산과 육아를 환영하고 긍정하는 인식을 확산하는 '사회인식 변화'를 병행하면서 범국가적 역량을 결집해나가자고 제안했다.

이 모든 과정을 담은 최종 보고서는 무려 89차 버전에 이르렀다. 89개 버전에 이르기까지 어느 것 하나 단순한 수정은 없었다. 3월 하순, 「저출생 추세 반전을 위한 대책」이라는 이름의 첫 보고서가 만들어진 이후 89번이 넘는 조정과 협의의 과정이 있었던 것이다. 들어갔던 사업이 부처와의 협의 과정에서 빠지기도 하고, 예산 문제로 규모가 조정되기도 했다. 문구 하나가 문제가 되어 부처와 며칠간 협의를 벌인 일도 허다했다. 그 모든 과정이 그 버전 안에 녹아 있다. 그 지난한 과정을 거치고 오랜 날들을 야근하며 함께해준 동료 직원들이 있었기에 가능한 일이었다. 완성된 보고서는 결과를 떠나서 온전히 직원들의 '피·땀·눈물'과 같은 결과물이었고, 그렇기 때문에 더더욱 좋은 결과를 만들어내야 한다는 압박이 동시에 느껴졌다.

다행히 정책이 발표되자 반응이 좋아 안심이 되었다. 신문 1면에 대서특필되고 방송 뉴스 메인에 소개될 만큼 발표 정책은 큰 관심을 받았다. 정책의 배경과 내용이 자세히 소개되었고, 과거보다 나아졌다는 기대와 사회가 함께 힘을 보태는 게 중요하다는 제언을 담은 사설도 실렸다. 그간의 노력을 모두 보상받는 기쁨 뒤로 정책이 잘 이행될 수 있도록 철저하게 관리해야 한다는 사명감이 밀려왔다. 물 들어올 때 노 젓는 심정으로, 발표 후 단 하루 쉴 새 없이 바로 정책을 알리고 설득하는 과정에 돌입했다. 경제계·종교계·언론계가 정책을 설명할 수 있는 자리를 만들어줬고, 가능한 한 모든 자리에 참석해서 정책을 피력했다. 달라진 정책 패러다임을 안내하고, 어떤 혜택을 직접 받게 되는지, 어떤 걸림돌들이 걷어졌는지를 설명했다. 이 과정에서, 정책을 준비하는 과정에서부터 구축해놓은 민간 거버넌스의 도움이 매우 컸다.

당시 정책을 준비하던 시점, 또 하나의 화제는 기업들의 출산 지원금 지급이었다. 2024년 2월 부영그룹이 출산 직원에게 1억 원의 통큰 출산 지원금을 지급한다고 발표하고 2021년도 출산까지 소급 적용해 지급했다. 이를 시작으로 이미 출산장려금 등 다양한 출산 혜택을 제공하던 기업들은 혜택 규모를 더 늘렸고, 새롭게 출산 지원에 나서는 기업들도 늘어나기 시작했다. 그러면서 화두로 떠오른 게 출산장려금의 세금 문제였다. 기업의 앞선 활동을 장려하면서 출산 가구의 부담을 덜어주기 위해 정부는 출산장려금을 전액 비과세하기로 3월 발표했다. 이런 상승작용으로 기업들의 가족 친화적인 경영이 더욱 확산되기 시작했다. 많은 기업이 아이를 돌볼 시간을 늘리고, 비용은 지원하며, 각종 서비스로 편의성도 높이는 다양한 가족 친화제도로 직원들의 일·가정 양립을 지원했다. 특히 일부 대기업은 사내를 넘어 중소기업과 소상공인 등을 대상으로 결혼·출산·육아의 부담을 낮추고 아이 키우기 좋은 나라를 만드는 데 힘을 보태기도 했다.

「저출생 추세 반전을 위한 대책」 중 하나인 '상생협력지원금'이 대표 사례다. 이 정책은 대기업과 중소기업이 함께 어린이집을 설치하고 운영할 수 있도록 지원하는 제도로 중소기업 근로자의 육아 부담을 줄이고 일과 가정의 양립을 돕는 것을 목표로 한다.

신한금융그룹은 처음으로 대중소상생협력재단에 대체인력 문화 확산 지원금 100억 원을 출연하여 중소기업 근로자가 육아휴직을 했을 때 정부가 지원하는 대체인력 지원금 120만 원 외에 최대 6개월 간 200만 원을 추가 지원함으로써 제도의 확산을 불러왔고, 대기업과 중소기업이 함께할 수 있는 기틀을 제공했다.

정부의 정책은 사실상 최소한의 기반이다. 기업 등 경제계가 한 발 더 나아가 통 크게 지원하고, 상사·동료·고용주 눈치 보지 않고 일·가정 양립제도를 쓸 수 있는 환경을 만들어줄 때, 또 지자체가 중앙정부의 지원에 더해 중앙정부의 손길이 미치지 못하는 틈새를 찾아내고 지역 상황에 맞춰 지원을 보완해줄 때 국민이 체감할 수 있는 변화가 만들어질 수 있다.

「저출생 추세 반전을 위한 대책」 발표 시 '인구비상사태'를 선언하면서 국민에게 한 약속이 하나 더 있다. 인구비상사태에 준하여 매달 인구비상대책회의를 열어 정책이 현장에서 잘 실행될 수 있도록 이행상황과 실제 성과를 점검하고 문제가 있는 정책은 개선하며 필요한 정책은 새롭게 개발해 보완하는 한편 지자체, 경제계, 종교계,

방송계, 학계 등 온 사회의 동참과 협력을 이끌어내겠다는 것이었다.

그 약속은 정책 발표 이후 1년이 넘어 새 정부의 출범 전까지 계속됐다. 2025년 7월까지 총 14번의 인구비상대책회의를 통해 매월 이행상황을 꼼꼼히 점검해, 발표한 정책이 빠르게 시행될 수 있도록 밀어붙였다. 이 과정에서 고비용 등 고질적인 결혼 '스·드·메'(스튜디오, 드레스, 메이크업)의 문제 해소를 위해 결혼 준비대행사의 약관을 점검하고, 불공정 약관을 개선하기 위한 공정거래위원회의 직권조사에 이어 가격 공개에, 표준계약서 제정까지 결혼을 앞두고 스·드·메로 인해 겪는 어려움을 해소하고 있다.

또 다자녀의 공항 이용 편의를 높이기 위한 지원정책들도 추가로 발굴하여 추진했다. 저출산고령사회위원회는 인천국제공항공사, 한국공항공사 등과 협약하여, 3자녀 이상 다자녀 가구는 우선 출국할 수 있도록 하는 다자녀 가구 패스트트랙을 도입했다. 그 외에도 많은 추가 정책들을 계속 발굴하며 달라지는 상황에 맞춰 정책이 계속 유효하게 작용할 수 있도록 시스템을 구축했다.

정책은 만드는 것만큼 현장에서 잘 시행될 수 있도록 체크하고 점검하며 평가하고 환류하는 일이 중요하다. 국민의 정책 체감도를 높일 수 있도록 살아 움직이는 유기적 정책으로 구현했을 때 더 큰 효과를 발휘할 수 있기 때문이다.

이에 저출산고령사회위원회는 「저출생 추세 반전을 위한 대책」을 점검할 수 있는 15개의 핵심 성과지표를 마련하여 매월 인구비상대책회의를 통해 점검하고 있으며, 2025년 처음으로 2024년도 사업 평가 결과를 예산 심의 과정에 반영할 수 있도록 재정 당국에 전달했다. 평가 결과가 향후 사업의 지속과 통·폐합, 예산의 증액 및 감액 등을 결정하는 중요한 요소가 되도록 환류 시스템을 본격화한 것이다. 2024년 신설한 인구정책평가센터를 통해 앞으로도 학령기 전·후의 돌봄 서비스와 중앙정부와 지자체의 현금성 지원의 효과성을 높일 수 있는 구체적 방안 등을 계속 계속 강구해나가야 할 것이다.

05 고령사회를 준비하다: 초고령화 대응 방향

초고령화 대응 방향

「저출생 추세 반전을 위한 대책」 과정을 다시 돌아보면서, 오히려 아쉬운 마음이 더욱 큰 건 '고령화 대책'이다. 저출생 문제는 오랜 시간 동안 사회적 과제로 인식되어왔기에, 위기의식에 대한 국민적 공감이 상대적으로 넓게 퍼져 있었고, 해법 마련을 위해 사회 각계가 머리를 맞대는 데도 주저함이 적었다. 각자가 할 수 있는 역할을 자발적으로 찾으려는 분위기도 강했다.

실제 정책에 있어서도 그동안의 「저출산·고령사회 기본계획」이 실질적으로 저출산 중심으로 구성되면서, 정책 방향과 구체적 대책들에 대한 논의가 상대적으로 활발하게 이루어졌고 추진기반도 촘촘히 마련되어 있었다. 특히 저출생으로 인한 학령인구 감소와 인력난, 소비 위축 등의 문제들이 이미 교육계와 경제계 등 다양한 분야에서 가시화되기 시작한 만큼, 모두가 공동의 위기의식을 가지고 협력체계를 갖추는 데 큰 이견이 없었다.

반면 초고령화 문제에 대해서는 아직 국민적 공감대가 저출생만큼 높지 않고, 고령화를 바라보는 시각도 제각각이며, 인식의 온도 차도 꽤 크다. 문제는 한국이 지금 세계에서 가장 빠른 속도로 늙어가고 있다는 점이다. 한국은 2024년 12월, 예상보다 빠르게 65세 이상 인구가 전체 인구의 20%를 넘는 초고령사회에 진입했다. 이는 고령화사회 진입 후 24년, 고령사회가 된 지 7년 만으로 세계 최단기간이다. 고령화사회에서 초고령사회가 되기까지 미국이 94년, 프랑스는 150년이 걸린 변화를 우리는 한 세대 안에 경험하고 있는 것이다.

이는 단순히 낮은 출산율 때문이 아니라 베이비붐 세대의 오랜 기간에 걸친 고령인구 진입에 따른 결과다. 특히 일본과 비교해보면 그 차이를 더욱 뚜렷하게 볼 수 있는데, 일본의 베이비붐 세대인 '단카이 세대'(1947~1949년생)는 전후 단 3년 동안 집중적으로 급증했다. 이에 비해 한국은 1955년부터 1974년까지 약 20년에 걸쳐 장기간의 베이비붐이 이어졌는데, 이들이 오랜 기간 대규모로 고령층에 진입하면서 고령인구가 폭발적으로 증가하고 있다.

그럼에도 초고령화의 심각성에 대한 사회적 인식은 여전히 낮은 수준이다. 아직까지는 다른 OECD 국가들에 비해 젊은 인구의 비율이 높고, 많은 인구가 몰린 도시에 청년 인구비율이 높기 때문에 체감이 잘 안 되는 탓이다. 하지만 불과 20년 뒤인 2045년이면 한국은 고령인구 비중이 37.3%로 치솟으며, 전 세계에서 가장 고령화된 국가가 될 것으로 예상된다. 속도와 규모 면에서 압도적 변화다.

이에 따라 「저출생 추세 반전을 위한 대책」 발표 후 즉각적으로 초고령화 대응정책 마련에 돌입했다. 저출생 대책과 마찬가지로, 과거 정책에 대한 분석과 반성, 해외 주요국의 사례를 바탕으로 준비하여 2025년 1월 「초고령화 대응 방향」을 발표했다. 해당 대책은 '지속 가능한 대한민국'을 비전으로 '건강하고 활기찬 노후'를 정책 목표로 삼고 정책 수요자가 가장 필요로 하는 고용과 소득, 돌봄과 주거, 기술·산업의 3대 분야에서 실천 가능한 대응 과제를 발굴하고, 장기적으로는 사회·문화적 인식과 관행 변화를 위한 노력도 함께 추진하는 구조다.

먼저 '고용과 소득' 분야에서는 고령자들이 계속 일할 수 있는 환경을 조성하고 안정적인 노후소득을 보장하는 데 방점을 두었다. 일할 의지와 능력이 있으면 연령에 관계없이 계속 일할 수 있도록 고용환경을 개편하는 한편, 이에 맞추어 현재 사실상 일률적으로 되어있는 65세 노인 기준 연령을 단계적으로 조정하는 안이다.

노인 기준 연령 상향 조정을 위해서는 다양한 정책적 과제가 검토되어야 한다. 현재 법적 정년은 60세이나 연금 수급 개시연령은 63세(2033년까지 65세)로 퇴직 시점과 연금 수급이 시작되는 사이의 소득 공백이 발생하고 있다.

이를 위해 65세까지는 일할 수 있도록 '계속고용'을 제도화하고 장기적으로는 정년 연장 또는 정년 폐지를 지향하되, 단기적으로는 선택적 재고용 후 의무 재고용 또는 정년 연장을 도입하는 단계적 접근 방안을 준비했었다. 예컨대 일정 기간 동안(예: 3년)은 정년 이후에 선별적으로 재고용할 수 있도록 기준을 마련하고, 이후에는 의무적 재고용 또는 정년 연장 제도 도입 의무를 부과하는 방식이다. 더불어 생계 걱정 없이 안정적인 노후를 지낼 수 있도록 공적·사적 연금의 역할을 조화롭게 분담하여 노후소득을 안정적으로 보장하는 등 일할 수 있는 기간은 늘리고, 소득은 안정화하는 전략을 동시에 추진할 필요가 있다.

'돌봄·주거' 분야에서는 고령자들이 이른바 AIP(Aging In Place), 즉 살던 지역에서 계속 거주하면서 건강한 노후를 보낼 수 있도록 '지역사회 중심 통합돌봄체계'를 구축하는 것이 핵심이다. 재가 중심, 지역 중심, 공공 중심의 서비스 확대를 위해 건강 단계별 재가서비스를 대폭 확충하고, 이미 100만 명을 넘어섰고 빠른 속도로 증가하고 있는 치매 환자의 폭증에 대비하여 치매 예방과 관리도 강화한다. 기존에 65세 이상 취약계층을 대상으로 지원되던 안전 확인이나 가사서비스 등 노인 맞춤 돌봄 서비스도 지원 대상을 일상 돌봄이 필요한 노인으로 대폭 확대 중이고, 병원 동행, 식사 및 영양관리 등 특화서비스를 추가하여 보완한다.

장기요양 수급자의 재가서비스도 확대 추진하고 있다. 주·야간 보호, 방문 요양, 방문 목욕, 방문 간호, 단기 보호 등 6종에서 고령자 수요가 높은 이동 지원 등 신규 서비스를 추가 확대해 다양한 수요에 대응해나가고 있다.

가파르게 치솟는 치매 인구에 대응하기 위해 치매노인에 대해서는 돌봄 공백이 발생하지 않도록 주·야간 보호서비스 이용 가능 시간을 현행 주 3일에서 최대 주 5일로 확대하고, 종일 방문 요양 이용 횟수도 월 22회에서 24회로 늘렸다.

고령자들이 독립적이고 안전하게 생활할 수 있도록 고령 친화적인 주거환경을 구축하고 이동·교통 인프라도 강화한다. 아파트 등 공동주택 거주 비율이 매우 높은 한국의 주거문화를 고려하여, 공동주택 건축 시 고령자를 위한 무장애시설과 식사·청소 등의 서비스를 제공하는 '고령 친화 주택' 건설을 일정 비율 이상 유도한다.

이를 위해 공동주택 신축 및 재건축 시 일정 비율 이상의 고령 친화 주택을 건설하면 용적률 상향 등 인센티브를 제공할 필요가 있다. 또 분양 시에는 입주자가 선택할 수 있는 품목에 안전손잡이 등 무장애시설도 추가하고, 지자체가 필요 시 일정 규모 이상의 신규 공동주택에 공용 식당을 설치토록 정할 수 있는 규정도 신설해야 할 것이다.

'기술·산업' 분야는 에이지테크(Age-Tech) 기반의 실버산업을 미래의 핵심 성장 동력으로 육성하는 전략이 중심이다. 최근 고령인구는 단순한 돌봄의 대상이 아니라 기술 수용성과 소비 여력이 높은 '액티브 시니어'로 빠르게 변화하고 있다. 이에 따라 기존의 고령 친화 산업도 AI, 로봇, 바이오 등 첨단기술과 융합하면서 고령자의 삶의 질을 높이는 혁신적인 에이지테크 제품과 서비스로 고도화되고 있다.

이뿐만 아니라 에이지테크는 다양한 사회적·경제적 도전과제 해결에도 도움이 된다. AI 기반의 모니터링 시스템과 로봇 기술로 돌봄 인력 부족 문제를 완화하고, 돌봄 서비스의 효율성을 높여 인력 의존도를 줄이면서 비용 절감에도 기여한다. 돌봄 종사자의 과중한 업무 부담이 경감되면서 돌봄의 질은 높이고, 종사자의 근로환경은 더 좋아진다. 나아가 고령자의 웨어러블 디바이스와 바이오센서를 활용한 건강관리로 건강수명을 연장하는 등 긍정적 파급효과가 크다.

특히 에이지테크 산업은 기술혁신과 소비시장 창출, 글로벌 진출 등 성장 잠재력이 높아 그간 사회적 부담으로만 인식되어온 고령화 문제를 혁신하여 경제성장 기회로 만들어가고 있다.

이에 정부는 아직 초기 단계인 국내 에이지테크 산업을 수출 성장 산업으로 발전할 수 있도록 시장 형성 및 확대에 마중물 역할을 적극적으로 수행할 필요가 있다. 이를 위해 정부는 2025년 3월 조기 산업화 가능성, 국내 산업기반 및 부가가치 창출 전망 등을 종합적으로 고려하여 5대 중점 분야를 선정하고, 해당 분야에 대한 기술 투자, 규제 완화, 실증 인프라 확대, 초기 수요 창출 등 전 주기에 걸쳐 지원하는 '에이지테크 집중 육성 방안'을 발표하였다. 5대 중점 분야는 ① AI 돌봄 로봇, ② AI 기반 웨어러블·디지털 의료기기, ③ 치매 등 노인성 질환 치료 및 치료제, ④ 현장 수요가 높은 줄기세포를 활용한 면역세포 치료 등과 같은 항노화·재생의료, ⑤ 스마트 홈케어 등이다.

정책적 상상력

고령화 정책을 준비하면서 특히 초점을 둔 것은 첫째, 고령화 문제에 대한 낮은 사회적 인식을 끌어올리고, 둘째, 기존의 틀을 넘어서는 정책적 상상력을 발휘하는 것이었다. 고령화는 결국 모든 세대가 맞닥뜨릴 미래의 문제임에도 불구하고, 사회 전반에 걸친 위기의식은 매우 부족하여 전 사회적 공론장이 형성되지 못했다. 기존 정책도 부처별로 산발적으로 추진되면서 복지나 일자리 지원에 국한되는 경우가 많아서 종합적이고 장기적인 대안 마련에 걸림돌로 작용했다. 또한 세대 간의 견해와 이해 차이, 노인 빈곤 문제 등 복합적인 근본적 문제와 노인에 대한 의료와 돌봄 등 즉각적 과제 사이에서 효과적인 밸런스 조정도 부족했다.

심각한 초고령화 상황과 열악한 고령화 정책 여건에 대응하기 위해서는 기존의 틀을 넘어서는 정책적 상상력이 절실하다고 판단했다. 고령층의 건강, 일자리, 사회적 역할, 세대 간 연대와 공존을 함께 고려한 다층적 접근이 필요하며, 이를 통해 통합적이고 지속 가능한 고령사회 대응전략을 설계할 수 있다. 이런 관점에서 새롭게 초고령화 대응정책 이슈로 부상한 것이 '치매머니'와 '에이지테크'다.

치매머니는 고령 치매 환자가 보유한 자산을 의미하는 것으로, 경제적 의사결정이 어려운 상태에 놓인 치매 환자의 자산은 사실상 동결 상태에 놓인다. 이는 가정의 경제적 어려움을 가중시키고, 동시에 투자와 소비도 위축하여 거시경제에도 심각한 영향을 준다. 이러한 '돈맥경화' 현상은 일본과 미국 등 우리보다 앞서 고령화가 시작된 나라에서는 이미 사회문제로 대두되어 다양한 연구와 대책 마련이 추진되고 있는 의제이다.

그러나 한국에서는 이와 관련된 정확한 현황조차 분석된 적이 없는 실정이었다. 국내 치매 환자가 100만 명을 육박하는 상황에서 치매머니에 대한 체계적인 실태 파악과 정책 대응이 시급하다고 판단했다. 하물며 우리나라는 치매 환자 수의 추정조차 조사마다 다른데,* 2023년 보건복지부가 발표한 「치매 역학조사」 결과를 보면 2025년 치매 환자 수는 97만 명에 이를 것으로 추정된다.

이에 저출산고령사회위원회는 2025년 5월 건강보험공단과 국세청, 서울대 건강금융센터를 설득해 '국내 치매머니'에 대한 사상 첫 전수조사를 진행했다. 조사 결과 2023년 기준 국내 65세 이상의 고령 치매 환자는 약 124만 명에 달했고(모든 상병 기준 치매 진단 코드(F01-F03, G30)를 진단받은 65세 이상 모든 환자), 이 중 자산을 보유한 비율은 전체의 61%인 약 76만 명으로 추산됐다. 이들이 보유한 소득 및 재산 등 총자산은 GDP 6.4% 수준인 154조 원에 달하는 것으로 나타났다. 1인당 평균 자산 2억 원 규모로, 치매 환자가 차지하는 자산의 비중이 결코 작지 않음을 보여주었다. 이는 치매로 인한 자산의 동결이 실물경제에 얼마나 직접적이고 중대한 영향을 줄 수 있는지를 명확히 보여주는 수치였다.

해당 조사 결과는 언론과 사회 각계에 큰 반향을 일으켰고 치매 환자의 자산을 체계적으로 관리해야 한다는 정책적 공감대가 빠르게 확산되었다. 이에 저출산고령사회위원회는 관계부처 및 전문가 등과 함께 치매 발병 단계별로 치매머니를 체계적이고 전문적으로 관리할 수 있도록 하는 종합대책 마련에 착수했다. 이번 조사를 시

---

* 국내 정부 기관들이 발표하는 치매 환자 통계는 대표적으로 ① 「대한민국 치매 현황」(복지부·중앙치매센터), ② 「치매 역학조사 및 치매 실태 조사」(복지부)가 대표적이며, 최근 저출산고령사회위원회가 분석한 ③ 「치매 고령자 자산규모 분석(치매머니)」 자료가 있다. 이 중 매년 발표되는 「대한민국 치매 현황」은 주상병(主傷病)만 포함하고 있고, 「치매 환자 역학조사」는 유병률을 적용하는 등 각 통계의 집계 방식의 차이로 인해 치매 환자 수가 상이하게 제시되고 있다. 따라서 정부 치매 통계에 대한 신뢰성과 일관성을 확보하기 위해서는 통계된 기준으로 집계 방식 등을 표준화할 필요가 있다.

작으로 매 1년 치매머니의 자산규모 변동을 주기적으로 추적하고, 민간신탁제도 개선 및 활성화 방안, 치매 공공후견 확대 방안, 공공신탁 도입 방안 등 치매머니에 대한 체계적인 관리 지원 대책을 마련해 2026년 발표 예정인 「제5차 저출산·고령사회 기본계획」(향후 인구전략기본법으로 법 개정 시 「1차 인구전략기본계획」으로 변경 가능)에 반영하기 위해 준비했다.

고령화와 저출생 문제 해결을 위해 기술과 산업을 융합하는 에이지테크(Age-Tech)와 임신 지원 기술(Fertility-Tech) 등 이른바 '인구기술(Population-Tech)'도 문제로만 여겨지는 인구 문제를 새로운 기회와 산업으로 재해석한 정책적 상상력의 결과물이다.

에이지테크는 고령자의 건강과 생활을 지원하고 돌봄을 보완하는 동시에 신성장 동력으로 작용한다. 특히 2045년이면 국민 10명 중 4명이 65세 이상, 이 중 2.5명은 의료·돌봄 필요가 매우 높은 75세 이상 노인이 되는 우리나라에서, 폭발적 증가가 예상되는 의료·요양·돌봄 비용을 낮추는 데 꼭 필요한 산업이기도 하다. 또 임신 지원 기술은 AI 기반 배아 분석으로 체외수정 성공률을 높여 난임 부부에게 희망을 제공하는 등 저출생 문제 해결에 직접 기여한다.

이처럼 AI 등 첨단기술의 융합이 저출생·고령화라는 인구 문제 해결을 위한 핵심 전략 자원으로 부상하고 있다. 따라서 '인구기술'의 가능성을 적극 발굴하고 정책과 연결하고 확장을 촉진하는 것이 필요하다. 정부는 앞서 언급한 '에이지테크 집중 육성 방안'을 중심으로, 인구기술 정책에 대한 적극 발굴 및 지원을 시작하고 있다. 현재 연 3,900억 원으로 추산되는 에이지테크 R&D 투자 규모를 대폭 확대하고, 제품 고도화를 위한 약 3,000억 원 규모의 '에이지테크 플래그십 프로젝트'를 본격적으로 추진 중이다. 더불어 기술 실증과 인증제도 개선, 개인정보 활용 확대 등 맞춤형 규제 완화, 장기요양보험 급여의 대상 확대와 상한 인상, 해외시장 진출 지원 등을 통한 초기 시장 진출 확대 등 전 주기 지원을 추진해야 한다. 이와 함께 가임력 보존 및 보조 생식술의 효과성 향상 등 임신 지원 기술 개발에도 2025년부터 5년간(2025~2029년) 455억 원의 예산을 우선 투입하기로 했다.

이러한 혁신적 정책의 실현을 위해서는 정부의 노력만으로는 한계가 있고, 민간의 동참과 협력이 필수적이다. 저출산고령사회위원회는 2025년 5월, 기업, 학계, 연구기관 등이 참여하는 '에이지테크 민관 얼라이언스'를 출범시키고 기술·산업·연구 주체 간의 협업구조를 체계적으로 구축하고자 했다. 다만 이러한 노력에도 불구하고, 초고령화 대응에 있어 아쉬운 지점은 여전히 존재한다. 저출생 대책에 비해 고령화 문제는 사회적 공감대가 아직 충분히 형성되지 못했으며, 그로 인해 민관의 협력체계 구축 속도도 더딘 상황이다. 특히 에이지테크와 같은 기술산업 외에도, 노인 연령 기준 조정이나 국민연금 구조 등 더 굵직한 사회적 논의가 필요한 과제들이 여전히 산적해 있다. 이러한 구조적인 이슈들에 대해서는 중장기적인 시야에서 전 사회적 논의의 장을 지속적으로 확대하고, 다수의 이해당사자가 원만하게 합의할 수 있는 방향을 도출해가는 절차가 무엇보다 중요하다. 그러자면, 저출생 문제와 같이 다양한 사회 주체들이 이 주제를 가지고 중론을 형성하고 본격화하기 위해 적극 나서서 의견을 개진하고 각자의 역할들을 찾아가려는 노력이 필요하다.

06 반등, 그리고 다음

9년 만의 출산율 반등

「저출생 추세 반전을 위한 대책」이 발표된 이후 2024년 하반기부터 조심스러운 긍정 신호들이 감지되기 시작했다. 정책 발표 전후로 각 3개월의 시차를 두고 국민의 결혼·출산·육아에 대한 인식을 비교하기 위해 진행한 조사에서, 9월 조사가 이전 3월 조사 대비 결혼에 대한 긍정 인식이 높아졌고, 자녀의 필요성에 대한 공감도 증가했으며, 자녀가 없는 미혼·기혼 남녀 모두 출산 의향이 높아지는 경향이 확인되었다. 정책 발표 후 조금씩 합계출산율 반등이 나타나더니 마침내 2024년도 합계출산율 상승이라는 결과로 나타났다.

최근 결혼·출산과 관련하여 긍정적인 인식 변화도 관찰되고 있다. 2025년 8월에 실시한 '결혼·출산·양육 인식조사' 결과, 2024년 3월 1차 조사와 비교할 때 미혼 남녀의 결혼 의향은 3.5%p, 자녀가 없는 남녀의 출산 의향은 7.6%p 증가한 것으로 나타났다. 특히 자녀의 필요성에 대한 인식은 61.1%에서 70.8%로 큰 폭으로 증가했다.

2025년 2월 발표된 2024년 합계출산율은 0.75명을 기록하며, 2015년 이후 무려 9년 만에 처음으로 반등했다. 출산율 추이를 자세히 보면 더욱 고무적이다. 전국 17개 시·도 중 14곳에서 출산율이 상승했고, 특히 정책 발표 이후인 4분기에는 모든 시·도에서 출산율이 증가했다. 출산율 반등의 핵심 주체인 30대의 출산율이 크게 개선됐고, 20대 후반 연령대의 출산율 하락세도 확연히 둔화되었다. 동시에 혼인 건수도 통계 작성 이래 가장 큰 폭으로 증가하면서 출산율 반등의 기반을 견고히 했다.

출산율 반등의 원인을 세밀히 분석해보니 세 가지 주요 요인을 찾아낼 수 있었다.

첫째, 혼인 증가다. 팬데믹 이전에는 평균 2.5%씩 감소하던 혼인 건수가 2024년에는 전년 대비 14.8%나 늘었다. 2025년 4월까지도 전년 같은 기간 대비 7.5% 증가했다. 이는 주요 출산 연령층 여성 인구의 증가나 팬데믹에 따른 결혼 지연 효과를 고려하더라도 분명한 반전의 흐름이다.

둘째, 정책 효과다. 2024년 발표한 「저출생 추세 반전을 위한 대책」 등 정책 효과가 실질적으로 작용한 것이다. 가임 여성 수의 증가 폭과 팬데믹 지연 효과를 뛰어넘는 혼인 건수와 출생아 수 증가를 통해 이를 확인할 수 있다. 대표적으로 2024년 신생아 특례대출 요건 완화와 한도 확대 발표 후 약 11개월 지나면서 출산율이 증가하는 모습은 저출생 정책이 실효를 거두고 있음을 시사한다.

셋째, 국민 인식의 긍정적 변화다. 2025년 8월 인식 조사 결과 결혼에 대한 긍정적 인식 응답은 74.5%, 자녀가 있어야 한다는 인식은 70.8%로 2024년 3월 1차 조사 당시 각각 70.9%, 61.1%에 비해 뚜렷이 상승했고, 무자녀 기혼 부부와 미혼 남녀의 출산 의향도 뚜렷이 높아졌다. 이는 정책 효과가 실질적인 인식 변화로 이어지고 있음을 보여주는 결과라고 분석할 수 있다.

이런 반등 흐름은 2025년에도 이어져 연간 출생아 수가 25만 4,457명으로 전년 대비 6.8% 증가하며 역대 세 번째 높은 증가율을 나타냈다. 특히 2025년 상반기 출생아 수는 12만 6,539명으로 전년 동 기간 대비 7.9% 증가하면서 2015년 이후 10년 만에 첫 반등을 기록하기도 했다. 이 상승 추세는 2026년에도 계속되면서 0.87명 수준까지 오를 것으로 예상된다. 정책의 이름대로 실제 저출생 추세의 반전이 시작되고 있는 것이다.

여전히 거센 맞바람

출산율 반등의 조짐은 분명 반가운 소식이지만, 우리는 이제 겨우 첫발을 뗐을 뿐이다. 한국의 출산율은 여전히 OECD 국가 중 압도적 최하위로, 2018년 0명대에 진입한 후 7년째 이를 벗어나지 못하고 있다. 초저출생과 초고령화로 생산가능인구가 빠르게 감소하고 있으며, 약 900만 명 규모의 2차 베이비붐 세대(1964~1974년생)의 은퇴가 본격화되면서 인력난은 더욱 심화될 전망이다. 여기에 AI 등 첨단기술의 빠른 발전은 노동시장과 생산성에 구조적 변화를 일으키고 있다.

게다가 최근의 상황도 만만치 않다. 아직도 여전한 혼인 시기의 지연, 둘째 자녀 이상의 출산 기피 등은 출산율 상승을 방해하고 있고, 경기 부진에 더해 수도권을 중심으로 주택가격이 다시 오르는 등 결혼·출산을 가로막는 맞바람이 거세게 나타나고 있다. 이로 인해 미래 불확실성이 커지고, 여기에 완벽하게 육아해야 한다는 강박과 나 때보다 내 아이가 살아갈 미래가 더 나쁠 거라는 우려가 겹쳐지면서 젊은 층의 심리적 불안과 압박도 매우 높은 상태다. 특히 주택가격 상승에 대처하고자 마련된 부동산 시장 억제 기조가 '신생아 특례대출 소득요건 완화'의 한도를 다시 축소하는 등 결혼과 출산, 육아 대상자의 주거 지원정책에도 영향을 미치면서 실질적인 지원이 주춤한 것도 우려 요소다.

「저출생 추세 반전을 위한 대책」이 목표로 삼은 '2030년까지 합계출산율 1명'을 달성하자면, 매년 5% 이상 출생아 수가 늘어나야 한다. 2018년부터 2023년까지 출생아 수가 매년 약 6%씩 감소해온 것을 고려하자면, 하락 추세를 돌려 다시 5% 상승까지 이어가는 반전이 결코 만만한 과제일 리가 없다.

그럼에도 최근 출산율 반등에 대한 기대감이 퍼지면서, 저출생 문제에 대한 긴장감이 다소 느슨해진(complacent) 것이 아닌가 하는 우려가 크다. 대표적으로, 저출생 대응을 강화하기 위한 전담 조직 신설 논의는 2024년 말 여야 합의로 예산조정권을 가진 부처로 가닥을 잡았으나, 최근 그 논의가 흐지부지되고 있어 안타깝다.

현실적으로, 저출생 대응은 이제 막 본격적으로 첫 단추를 채웠을 뿐이다. 많은 부모가 여전히 아이를 낳고 키우며 일하는 것이 어렵다고 느낀다. 이는 단순히 일·가정 양립 정책만으로는 해결 불가능한 복합적 과제다. 사내 문화와 같은 보이지 않는 장벽 때문에 제도를 자유롭게 활용하지 못하는 직장인들이나 정책 바깥에 놓인 플랫폼 노동자와 1인 자영업자 등 정책 사각지대도 많다. 주거의 장벽은 여전히 높고 양육비와 돌봄 부담도 크다. 원하는 어린이집이나 유치원에 입소하는 데 드는 대기기간도 길고, 돌봄의 질도 여전히 개선될 필요가 있는 등 당연한 문제들조차 아직 제대로 해소되지 않은 상태다.

더 큰 문제는 시간이다. 출생아 수는 부모가 될 수 있는 인구 모수의 영향을 받기 때문에, 출산율 반등에도 불구하고 가임 여성의 모수가 줄어들면 실제 출생아 수 증가는 제한적이다. 2027년부터는 30~34세 주요 출산 연령층 여성 인구가 본격적으로 감소하기 시작하면서 구조적 제약이 뚜렷해질 전망이다.

'역풍장범(逆風張帆)'이라는 말처럼 거센 맞바람을 이길 길은 맞바람을 향해 돛을 높이 세우고 더 강하게, 더 끈질기게, 더 속도감 있게 앞으로 나아가는 방법뿐이다. 그래서 지금은 안도할 때가 아니라 오히려 박차를 가해 더 멀리 더 힘차게 나아가야 할 시점이다.

'정책적 대응'과 '사회적 인식 개선'을 병행하면서 과도한 수도권 집중, 높은 사교육비 등 우리만의 두드러진 구조적 문제에 대해 해법을 제시하고, 장시간 근로 관행 완화와 재택근무, 시차출퇴근제 등 유연근무를 활성화하는 한편, 육아휴직의 실질적·제도적 사각지대 해소 등 제도적 기반도 더 보완하고 강화해야 한다. 또 배우자의 출산휴가를 늘리고 육아휴직 사용을 유도하여 가정 내 육아·가사 분담을 촉진하는 동시에, 직장에서도 채용부터 배치, 임금, 승진 등 모든 과정에서의 성차별적 요소를 없애는 등 인사제도 전 과정에서 양성평등을 확립해나가야 한다. 중요한 것은 꾸준한 긴장감과 이 문제를 꼭 해소하겠다는 의지다. 확고한 의지로 흔들림 없이 정책을 실행함으로써 정부가 국민의 신뢰를 얻고 청년세대 등 국민 모두의 미래에 대한 기대감을 높이는 것이 무엇보다 중요하다.

세계에서 가장 빠른 수준으로 진행되는 초고령화에 대한 대비도 더 강력하게 준비하고 서둘러야 한다. 2024년 말 초고령사회에 진입하면서 저출산고령사회위원회는 주요 3대 정책 분야를 중심으로 한 「초고령화 대응 방향」을 발표했지만, 이는 첫 시작에 불과하다. 지금보다 더 강력한 정책 드라이브가 절실하다. 초고령사회 진입은 우리가 직면한 가장 중대한 도전과제로 단순한 복지나 일자리 수준의 대응을 넘어 근본적인 전환과 혁신을 요구하고 있다.

이를 위해서는 우선 비효율적인 사회보장시스템을 조정해 지속가능하면서 모두가 합리적인 보장을 받을 수 있게 '사회 모델' 혁신이 이뤄져야 한다. 계속고용과 연금, 장기요양, 건강보험 등을 효율성 높게 혁신하여 재정의 지속 가능성을 높여야 한다.

이는 산업경제 전반의 생산성을 높이는 '성장 모델(Growth Model)'과 함께 이뤄져야 한다. '성장 모델'은 '사회 모델'의 든든한 뒷배로서 70만 명에 육박하는 청년 니트(NEET)와 여성, 고령자 등 가용 인력자원의 활용을 최대한 높이면서 과감한 구조 개편과 산업 구조조정을 통해 AI와 바이오를 중심으로 신성장 동력을 육성하여 초고령사회를 지탱할 경제의 힘을 높여나가는 혁신형 성장 모델이다.

달라진 인구구조에 대한 적응도 중요하다. 설령 초저출생 추세가 완전히 반전된다고 하더라도 누적된 인구구조 변화 양상은 당분간 지속될 수밖에 없다. 이미 늦춰진 출생아 수의 회복이 당장 인구구조를 반전시킬 수는 없기 때문이다.

현재 속도와 변화 양상을 감안하면, 향후 10년이 마지막 골든타임이다. 거대 인구집단인 1차 베이비붐 세대(1955~1963년생)의 후기 고령층 진입과 숙련도 높은 2차 베이비붐 세대(1964~1974년생)의 본격적 은퇴 시기가 맞물리면서 산업 전반에 심각한 인력난이 예상된다. 이를 외국 인력으로 보완하려는 시도 역시 쉽지 않다. 주요 인력 송출국인 동남아시아 국가들조차 출산율이 하락하고 자국의 경제성장이 맞물리면서 인력 유출이 계속 확대되기는 쉽지 않아 보인다. 게다가 이미 적극적인 이민정책을 시행 중인 선진국들의 인재 확보 경쟁도 치열해지고 있다. 그럼에도 한국의 이민정책은 여전히 제자리걸음을 반복하고 있다.

이제는 이민정책을 단순한 외국인 노동력 확보 수단에서 벗어나 인구정책의 핵심축으로 전환해야 할 시점이다. 급격한 인구 감소와 구조적 인력 부족이라는 거대한 흐름 앞에서 더 이상 과거의 외국 인력 정책으로는 대응할 수 없고, 저출생 정책이 성공한다고 해도 당분간 인구 축소가 불가피한 상황이기 때문이다. 장기적인 관점에서 국가 지속 가능성을 확보하려면, 출산율 제고 노력과 함께 체계적인 이민전략 수립과 실행이 반드시 병행되어야 한다. 이민 확대 정책은 단순한 노동력 보완 수단이 아니라 대한민국의 지속 가능성과 미래 경쟁력을 제고하기 위해 유입-정주-통합의 전 과정을 아우르는 방식으로 전환이 필요하다. 이민은 국가의 생산성과 산업 경쟁력을 높이는 동력이자, 지역사회의 활력을 회복하고 다양성과 포용성을 확산시키는 사회 혁신의 촉매가 될 수 있다.

물론 그 근간에는 일·가정 양립, 주거와 양육 부담 완화 같은 기본적인 결혼·출산·양육 친화적인 환경을 만들어가는 정책들의 일관된 추진이 전제되어 있어야 한다. 이 모든 것들이 맞물렸을 때 출산율도 자연스럽게 반등하고 가용 인력을 최대한 활용할 수 있는 여건이 만들어지면서 인구 위기 회복의 실마리도 찾을 수 있다. 어렵게 만들어낸 긍정의 불씨를 키우기 위해 더 강력하게 나아가야 한다.

더 강도 높게, 더 속도감 있게, 더 지속적으로

그래서 5차 기본계획을 제대로 수립하는 것이 중요하다. 급속한 인구구조 변화의 흐름을 늦추기 위한 완화 전략(Mitigation)과 변화된 구조에 국가가 빠르게 적응해 지속 가능성을 높이는 적응 전략(Adaptation)을 동시에 강력하게 추진해야 한다.

이러한 문제의식을 바탕으로, 앞서 발표한 「저출생 추세 반전을 위한 대책」과 「초고령화 대응 방향」을 기본 뼈대로 삼아 향후 5년간 적용될 「제5차 저출산·고령사회 기본계획」을 준비해야 한다. 이번 계획은 초저출생, 초고령화, 초기술 사회라는 또 다른 의미의 '3초(超)의 시대'를 맞아 다음과 같은 3대 분야별 정책 방향, 2대 핵심 원칙을 중심으로 총체적이고 장기적인 인구전략을 담아내야 할 것이다.

우선 초저출생 정책 분야에서는 어렵게 만들어낸 출산율 반등 모멘텀을 지속적으로 이어가기 위해 육아 부담을 획기적으로 줄이는 정책에 초점을 맞추고자 한다.

가장 시급한 과제는 일·가정 양립 기반을 확고히 다지는 일이다. 제도 바깥에 놓인 1인 자영업자나 플랫폼 종사자 등도 육아휴직을 쓸 수 있도록 정책 사각지대를 해소하고, 유연근무 확대, 배우자 출산휴가와 육아휴직 강화, 단기 육아휴직 활성화 등을 통해 부부가 함께 육아하는 구조를 정착시켜야 한다.

양육 부담 완화를 위해서는 현재 7세까지만 지급하는 아동수당을 단계적으로 18세까지로 확대하고, 많은 부모가 토로하는 '대기· 비용·공백·불안'의 4대 걱정을 확 줄이는 촘촘한 양육·돌봄망을 구축해야 한다. 어린이집 입소와 아이 돌봄 서비스 대기시간을 획기적으로 줄이고, 초등학교까지 무상교육·돌봄을 단계적으로 확대하는 등 '원할 때, 부담 없이, 원하는 만큼' 양질의 돌봄을 제공하는 게 핵심이다.

결혼과 출산 결정 요소인 주거비 부담 완화를 위해서는 신혼부부 등을 대상으로 한 타깃형 주택 공급이 관건이다. 특히 양질의 임대주택을 늘리고, 청약조건 등에 있어서 출산으로 인한 페널티를 메리트로 바꿔나가야 한다.

특히 한국에서 더욱 심각하게 작용하는 수도권 집중, 노동시장 이중구조, 과도한 사교육비로 표출되는 경쟁문화 등 구조적 원인에 대해서도 관계부처와 협력하여 실질적인 해법을 마련해야 한다. 사회 전반에 퍼진 팽배한 물질만능주의, 개인주의로 인한 결혼과 출산에 대한 부정적 인식을 전환하기 위해 넛지(Nudge)식 홍보 캠페인도 지속적으로 펼쳐나가야 할 것이다.

초고령화 정책 분야는 빠른 변화에 대응하기 위해 지속 가능한 초고령사회 대응체계 구축에 초점을 맞추어야 한다.

고용·소득 분야 측면에서, 사회적 합의 기구인 경제사회노동위원회를 통해 계속고용 제도화 방안을 조속히 합의하고 단계적인 실천 로드맵을 마련해야 한다. 2033년에는 국민연금 수급 개시연령이 65세로 상향 조정되는 점, 제도 연착륙을 위한 단계적 시행 등을 감안할 때 조속히 합의안을 도출하는 것이 중요하다.

또 계속고용이 제대로 제도화되고 안착되려면 고령자의 노동 공급 시간에 맞춰 임금체계를 유연하게 개편하고 국민연금·건강보험·고용보험·산재보험의 4대 보험도 고령자의 고용 특성에 맞춰 가입요건과 보험료 부담 등을 개선해야 한다.

특히 정부 지원금이 없었다고 해도 고용했을 인력에 지원금을 지급함으로써 발생하는 예산의 손실, 즉 사중손실을 최소화하기 위해 다양한 고령자 고용보조금들에 대해 유효성을 엄밀히 평가해 관련 제도를 통폐합하거나 재설계하고 재취업·창업·이직·전직 지원 체계 내실화 등도 병행 추진해나가야 한다.

노인 돌봄 및 주거 분야는 지역사회 계속 거주(AIP) 실현을 위해 ① 시설 → 재가 중심, ② 가족 → 공공 책임, ③ 분절적 → 지역사회 통합으로 체계를 완전히 바꾸고, 사후 치료 및 돌봄보다 예방 및 조기진단을 강화하는 방향으로 의료·요양 및 돌봄체계를 전반적으로 혁신해야 한다.

이렇게 하자면 중앙정부와 지자체 간 효과적인 역할 분담과 민간의 적극적인 동참이 필요하다. 중앙정부는 관련 제도를 기획·조정·평가하여 전국적으로 균일한 서비스를 보장하고, 실제 서비스는 지자체가 담당하도록 해야 한다. 이를 위해 지자체에 적절한 권한과 책임, 재원을 배분해야 한다. 동시에 공적 돌봄만으로는 급증하는 수요를 감당하기 어려운 만큼, 역량 있고 자격을 갖춘 민간사업자가 서비스를 제공할 수 있도록 제도적 환경과 여건을 조성하여 민간의 적극적인 참여를 유도해야 한다. 아울러 질병 발생 후 치료 중심으로 운영되는 건강보험, 장기요양보험 등을 사전예방과 조기진단도 지원 가능하게 개편함으로써 중장기적으로 저비용·고효율의 체계로 전환해야 한다.

에이지테크 산업에서는 기존에 선정된 5대 중점 분야에 대한 전주기 지원체계를 확대 발전시켜 나가야 한다. R&D 투자 확대와 스타트업·벤처 펀딩 등 다양한 방식의 지원을 늘리고 규제 완화 및 실증 지원, 초기 수요 창출 등을 보다 구체화하고 지속 추진해나갈 필요가 있다. 특히 에이지테크는 돌봄의 효율성을 높여 날로 심각해지는 돌봄 인력난을 해소하는 데도 도움이 된다. AI·IoT·스마트홈 기술을 활용해 고령자의 안전·건강·이동을 지원하면 재가 돌봄이 가능해지고 요양시설의 인력 부족과 돌봄 인력의 업무 부담을 동시에 줄이는 한편, 맞춤형 실시간 돌봄도 가능하게 할 수 있다.

피할 수 없는 인구 감소의 흐름에 따라 이민 확대와 생산성 향상 전략도 병행되어야 한다. 이를 위해 여성·장년·고령자의 경제활동 참여를 확대하고, 우수한 외국인 인력을 확보할 수 있는 정책을 수립해야 한다. 우선 여성의 경제활동 참여를 제고하기 위해서는 유연근무 활성화, 장시간 근로 관행 개선, 직장 내 양성평등 확립 등을 통해 일하는 방식을 개선하고 일·가정 양립을 실현하는 것이 중요하다. 앞서 언급한 계속고용 등은 중장년의 인력 확대를 촉진할 수 있는 좋은 방안이다.

이민정책 또한 외국인 유입을 포함한 종합적 관점에서 인구 위기의 해법으로 모색해야 한다. 그간 제조업·농업 등 분야의 단기 노동력 확보 중심으로 운영되어오던 외국 인력 정책을 산업 수요에 따라 고·중·저숙련 인력을 모두 포괄하는 유연한 인력 유입체계로 전환하고, 인구 문제의 관점에서 유입부터 정착, 사회통합까지 전 주기를 관리하는 통합적 이민정책을 마련할 때다.

초기술사회 정책 분야는 인구구조 변화에 대한 기술 기반의 대응 전략을 제시한다. 앞서 설명한 에이지테크 산업을 집중 육성하는 것은 물론 난임 예방부터 임신 성공률 끌어올리기까지 가능한 임신 지원 기술은 미래 인구 문제를 해결하는 데 있어 핵심 동력이 될 것이다. 특히 우리나라는 기대수명이 2012년 80.9세에서 2022년 82.7세로 10년 만에 1.8세가 늘어나는 동안 건강수명은 65.7세에서 65.8세로 0.1세 증가에 그치는 등 유병기간이 길어지는 상황에서 바이오, 헬스케어 기술은 고령자의 건강수명 연장에도 크게 기여할 수 있다. 이 분야에 대한 전 주기적 투자를 통해 연구개발이 실증을 거쳐 시장 형성으로 이어질 수 있는 생태계를 조성하고, 이를 한국 경제의 중심축으로 삼아야 한다.

이 모든 정책을 이끄는 원칙은 두 가지로 '국민과 함께' 만들어야 하고, '철저한 정책 평가 및 환류 체계'를 구현해 제대로 만들어야 한다.

첫 번째, 5차 기본계획은 '국민과 함께' 설계해야 한다. 단지 정책 수립 과정에서 의례적으로 국민의 의견을 듣는 수준을 넘어 기획부터 실행, 평가까지 전 과정에 국민이 참여하는 구조를 만들어 국민이 정책 파트너로서 정책의 처음부터 끝까지 함께하는 '국민 참여의 열린 기본계획'이 되어야 한다.

인구 문제는 세대와 계층, 지역을 막론하고 전 국민이 영향을 받는 만큼 다양한 삶의 현장에서 정책이 출발해야 한다. 그렇게 만들어진 정책이 현장에서 제대로 구현되고 지속 가능하게 개선되기 위해서는 정책 수립 단계에서 벗어나 기획과 실행·평가, 전 과정에 걸쳐 국민이 참여할 수 있는 구조를 마련해야 한다. 이는 정책 전 과정에서 국민을 정책의 동반자로 삼겠다는 의지이기도 하다.

그 하나로 2024년에 이어 2025년에도 국민공모를 통해 중고생 100명, 대학생 150명 등 총 250명의 청소년·청년들이 참여하는 '미래세대 국민WE원회'가 7월 출범했다. 또 저출산고령사회위원회 민간위원에도 미래 인구 문제의 가장 중요한 당사자인 청년과 청소년이 참여하도록 하고 그 비율도 높여나가야 한다.

두 번째, 5차 기본계획은 '철저한 평가 및 환류 체계'를 정책 시스템 전반에 내재화함으로써 빠르게 변화하는 환경에 능동적으로 대응하고, 정책의 수립과 실행이 유기적이고 유연하게 이루어질 수 있는 기반을 마련해야 한다. 정책은 늘 현장과 일정한 간극을 가질 수밖에 없다. 중요한 것은 그 간극을 얼마나 빠르게 인식하고 효과적으로 보완하느냐이다. 특정 정책이 실제로 얼마나 효과를 내고 있는지, 어떤 부분에 개선이 필요한지를 시행 단계부터 실시간으로 파악하고 즉시 수정할 수 있는 평가 및 환류 체계는 그래서 더욱 중요하다.

이에 따라 5차 기본계획에서는 정책 평가체계를 전면 재정비하여, 정책 시행 초기부터 현장의 반응과 데이터를 적극 수집하고 그에 기반하여 개선 방안을 즉시 도출하고 적용할 수 있는 체계를 전면적으로 구현하는 게 필요하다. 이를 위해서는 단순한 합계출산율 수치만으로는 정책 성과를 제대로 평가할 수 없기 때문에 건강수명 연장, 노인 빈곤율 감소, 노인 자살률 감소 및 아동 행복도 향상 등 종합적인 사회지표를 포괄하는 다차원적 성과체계를 구축해야 한다. 이행 실적은 물론 정책이 기대했던 성과를 평가하여 그 결과를 정책에 즉각 반영하는 순환적 환류 구조도 마련해야 한다. 그래야만 정책이 실질적인 효과를 거둘 때까지 계속 보완되며 발전해가는 유기적 정책 시스템 구현이 가능해진다. 철저하게 평가하고 즉각 반영하는 환류 체계를 통해 달라지는 환경에 맞춰 진화하는 정책이 만들어질 수 있다.

이러한 총체적 인구 문제 대응은 비단 합계출산율 상승이라는 숫자만을 목표로 하지 않는다. 온갖 사회적 문제가 총체적 빚어낸 결과로서의 '저출생 문제'에 대한 확고한 대응은 그 문제들을 하나하나 해소하는 과정이다. 그렇기 때문에 저출생 대응을 위한 모든 노력은 가정과 직장에서의 양성평등의 기반을 마련하고, 국민 개개인의 삶의 질은 높이면서, 결과적으로는 대한민국의 지속 가능성을 키우는 일로 귀결된다. 그러므로 더욱더 이 모든 과정은 정부 혼자 할 수 없다. 지자체, 경제계, 종교계, 시민사회, 신문과 방송 등 언론계가 모두 참여하는 협력 거버넌스 체계가 작동해야 정책이 뿌리 깊게 현장에 정착하고 실행될 수 있다. 이를 위해 구성·운영되었던 민간의 자발적 거버넌스인 '저출생 극복 추진본부'를 비롯하여 에이지테크 산업의 육성을 위해 모인 '에이지테크 민관 얼라이언스', 위원회가 운영한 국민 정책 모니터링단인 '국민WE원회', 저출산고령사회위원회와 17개 시·도가 저출생 대응을 위해 머리를 맞대는 '저고위-지자체 협의체', 7개 경제단체가 함께하는 '민관협의체' 등 다양한 협력체계들이 더욱 확장되어야 한다.

중앙정부와 지자체 간의 유기적 협조체계 역시 더욱 강화될 필요가 있다. 저출산고령사회위원회는 향후 5차 기본계획의 실행 과정에서 주요 지자체와 연계한 지역 맞춤형 실천계획을 동시에 설계하여 지역 격차를 최소화하고, 지역사회에 밀착한 인구 대응체계를 마련해나가야 할 것이다.

2부

초저출생,
추세를 반전하다

1장

9년 만에
출산율이 반등한 이유

01 3초(超)의 위기

초저출생

합계출산율 하락은 전 세계적인 추세다. OECD 평균 합계출산율은 1984년에 인구를 유지하기 위해 필요한 출산율인 대체출산율(2.1) 미만으로 떨어졌으며, 2022년에는 1.51명 수준까지 하락했다.

그중에서도 우리나라 저출생 추세는 절대적인 수준과 상대적인 속도 측면에서 모두 가장 빠르게 악화되고 있는 상황이다. 과거 1970년에 4.53명을 기록했던 합계출산율은 불과 13년 만에 대체출산율 미만까지 하락했고, 2018년 0명대를 기록한 후 2024년 전년 대비 0.03명이 늘어 0.75명, 2025년 전년 대비 0.05명이 늘어난 0.80명을 기록하며 2년 연속 상승했지만, 8년째 0명대에서 벗어나지 못하고 있다.

합계출산율 하락의 영향으로 1970년에 101만 명이었던 출생아

▶출생아 수 및 합계출산율 추이

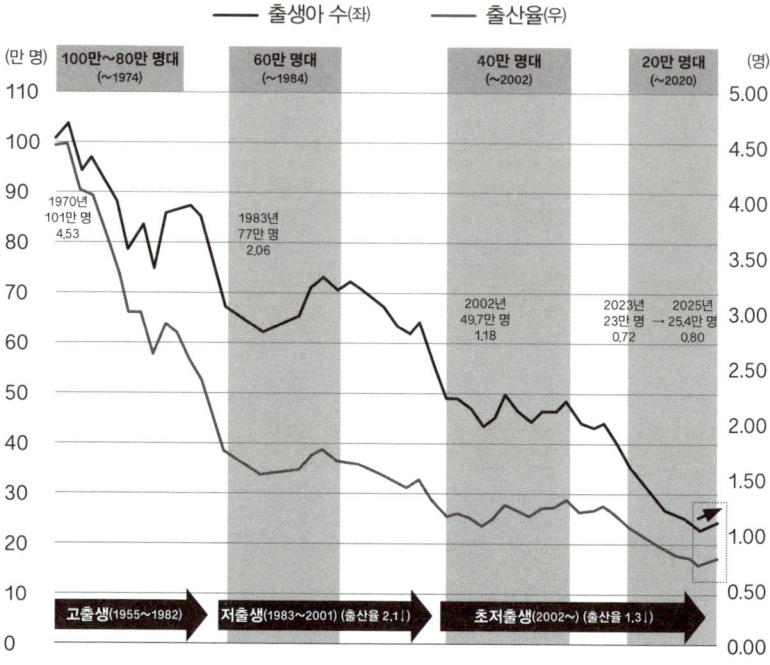

* 국가데이터처, 「인구동향조사」(KOSIS)

수는 불과 50여 년 만에 1/5 수준으로 감소하여 2023년 23만 명이되었다. 국가데이터처의 「장래인구추계」에 따르면 이러한 추세를 반영할 때 2052년에는 출생아 수가 10만 명대가 될 것으로 전망된다.

초고령화

한국은 2024년 12월 예상보다 빠르게 65세 이상인구가 전체 인구의 20%를 넘는 초고령사회에 진입했다. 이는 고령화사회 진입 후

24년, 고령사회가 된 지 7년 만으로 세계 최단기간이다.

프랑스(154년), 영국(96년), 독일(76년) 등 주요 선진국들이 고령화사회 진입 후 초고령사회에 도달하기까지 70~150여 년이 걸렸고, 고령화 속도가 빠르다는 일본도 35년이 걸렸다는 점을 감안할 때, 우리나라의 고령화 속도는 압도적으로 빠르다.

이러한 압도적 속도의 초고령화는 장기간 지속된 초저출생과 기대수명 증가, 거대 인구집단인 베이비부머의 진입이 맞물리면서 발생했다.

한국의 기대수명은 2000년 76.0세에서 2021년 83.6세로 7.6세나 증가해 같은 기간 일본(3.3세 증가한 84.5세)이나 미국(0.4세 감소한 76.4세)에 비해 훨씬 더 빠르게 늘어난 것을 확인할 수 있다. 또 베이비붐 세대의 고령인구 진입과 관련해 약 705만 명에 달하는 1차 베이

▶ **주요국 고령사회 및 초고령사회 도달 연도 및 소요 연수**　　　　(단위: 년)

국가	65세 이상 인구 비중 도달 연도			고령사회 도달 소요 연수 (7% → 14%)	초고령사회 도달 소요 연수 (14% → 20%)
	7% 고령화사회	14% 고령사회	20% 초고령사회		
프랑스	1864	1979	2018	115	39
독일	1932	1972	2008	40	36
일본	1969	1994	2004	25	10
대한민국	2000	2018	2025	18	7
영국	1929	1975	2025	46	50
미국	1942	2014	2029	72	15
중국	2000	2021	2032[†]	21	11

† UN Population Division Data Portal
* 국가데이터처, 「2023 고령자통계」

비붐 세대(1955~1963년생)가 2025년 기준 62~70세로 후기 고령 진입을 앞두고 있으며, 2차 베이비붐 세대(1964~1974년생)는 2024년부터 60세에 도달하여 약 954만 명의 고령층 진입이 10년에 걸쳐 진행되고 있다.

초인구절벽

이러한 초저출생과 초고령화는 초인구절벽으로 이어진다. 총인구는 2020년 5,184만 명을 정점으로 하락 국면에 진입하였으며, 2100년에는 절반 이하인 2,440만 명으로 급감할 것으로 전망된다. 향후 75년간 매년 현재 세종시 인구 규모와 비슷한 약 36만 명이 감소하게 되는 것으로, 1년에 도시 하나가 사라지는 셈이다.

인구 감소가 지속되면서 우리나라 노동시장의 위축은 불을 보듯 뻔하고, 학교와 군대의 위축도 불가피하다.

일자리를 가질 수 있는 생산가능인구(15~64세)의 감소는 2019년 3,763만 명을 정점으로 감소세가 시작됐다. 국가데이터처 전망에 따르면 생산가능인구는 2020년대에는 연평균 약 33만 명씩 줄고, 2030년대에는 감소 폭이 연평균 52만 명 수준으로 커지면서, 2100년에는 1/3 수준인 1,183만 명이 될 것으로 추정된다.

총인구 감소와 함께 인구구조도 급변할 것으로 예상된다. 2022년 기준 고령인구 비율은 17.4%로 OECD 평균(18.0%) 수준이었으나, 이후 급속히 증가하여 2050년에는 인구 중 10명 중 4명 이상이 고령자로 예상된다. 즉 고령인구 비율이 40%를 초과하면서 전 세계

▶ 총인구 및 연령계층별 인구구성 추이

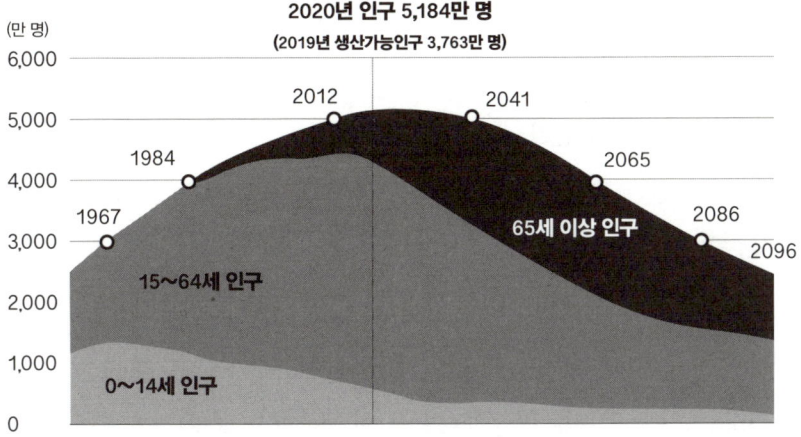

2020년 인구 5,184만 명
(2019년 생산가능인구 3,763만 명)

* 국가데이터처, 「장래인구추계」(KOSIS)

▶ 우리나라 연령계층별 인구구성비

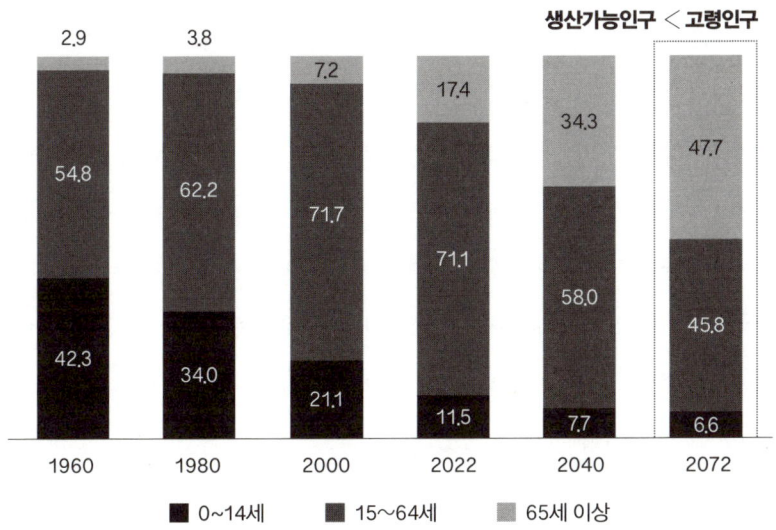

* 국가데이터처, 「장래인구추계」(2022~2072년)

에서 가장 높은 수준이 될 전망이다. 또한 2023년 노년부양비(생산가능인구 100명당 고령인구 비)는 25.8이었는데 2066년이 되면 100을 초과하여 생산가능인구 1명이 고령자 1명을 부양해야 하는 상황이 초래될 것으로 전망된다.

이와 같은 총인구 급감 및 인구구성 급변은 경제, 사회, 교육, 안보, 지역 등 국가 전반에 걸쳐 위기 상황을 불러올 것으로 우려된다.

한국개발연구원(KDI)은 생산가능인구 감소로 인해 산업인력이 부족해져 2040년 이후 우리나라 경제성장률이 0%대에 진입할 수 있다는 연구 결과를 발표하였으며, 한국은행은 2040년 이후 경제가 마이너스 성장 국면에 진입할 수 있다는 의견을 제시하였다.

인구 감소는 학교에도 큰 변화를 불러오고 있다. 초·중·고 학생 감소에 따라 대학은 이미 모집인원보다 입학 대상 학생 수가 적어진 형편이다. 2023년 초등학교 취학 대상자(만 7세)는 42.7만 명에서 2033년 21.5만 명으로 절반으로 줄어들 전망이다. 인구가 집중되어 있는 서울에서도 이미 인구 감소로 인해 서울 내 유치원, 초·중·고등학교 학급 수가 1,000개 이상 사라진 것으로 나타났다. 학령인구 감소에 따른 것으로 2024년 유치원, 초·중·고등학교와 특수학교 등 학생 수는 83만 6,593명으로 4년 전보다 9% 감소했고, 이로 인해 최근 5년간 총 38개 학교가 폐교했으며, 사립유치원은 8.46%인 83곳이 문을 닫았다. 2028년이 되면 전국 어린이집과 유치원 3곳 중 1곳은 문을 닫을 것이라는 예측도 있다.

군 병력 감소도 치명적이다. 초저출생기에 접어든 2002년생 이후 출생자의 군 입대 시기가 도래하면서 병역자원이 급감하여, 현재 유지하고 있는 병력 50만 명 선이 곧 무너질 것이라는 우려가 크다. 입대가 가능한 만 20세 남자 인구는 2020년 33만 2,000명에서, 2020년생이 입대 대상자가 되는 2040년이 되면 15만 명 이하로 뚝 떨어져 '병력 40만 명 선'도 유지하기 어려울 것으로 전망된다.

2047년에는 전국 모든 시군구가 소멸위험 단계로 접어들 것이라는 우려도 제기되고 있으며, 무엇보다 노인부양비가 급증하면서 국민연금, 국민건강보험, 장기요양보험 등 복지시스템의 지속 가능성도 위협받는 실정이다.

02 저출생,
처음부터 다시 시작하다

정부는 이러한 엄중한 현실 인식하에 지난 6월 '인구 국가 비상 사태'를 선포하고 「저출생 추세 반전을 위한 대책」을 발표하였다. 인구구조 변화는 근본적으로 초저출생 현상에서부터 기인하므로 무엇보다도 시급히 초저출생 추세부터 반전시켜야 하는 상황이기 때문이다.

「저출생 추세 반전을 위한 대책」 수립에 앞서 정부는 저출생의 원인을 면밀히 파악하고, 그간 대책의 한계를 분석하는 한편, 출산율 반등에 성공한 나라들의 정책 사례를 점검하여 시사점을 도출했다.

우선 저출생의 직접적인 원인을 분석해보니 결혼 자체가 줄어들거나 늦어지고, 결혼을 하더라도 아이를 덜 낳거나 늦게 낳고, 아예 낳지 않으려는 경향이 커진 것으로 나타났다. 이러한 현상의 가장 큰 이유는 아이를 낳고 기르는 부담과 기회비용이 커지고, 가치관이 변화했기 때문이다. 양육비와 주거비 부담이 과중한 데다 일자리마저

변변치 않고, 일·가정 양립도 제대로 되어 있지 않은 현실은 청년들이 결혼과 출산을 주저하고 기피하게 만들었다.

하지만 조금 더 들어가 보면 저출생은 구조적 문제의 산물이다. 좋은 일자리가 부족하고, 그나마도 수도권에 집중되어 있는데 소수의 좋은 일자리를 얻기 위해 좋은 학교에 들어가야 하다 보니 입시경쟁으로 사교육비 부담이 급증한다. 수도권에 인구가 집중되다 보니 집값이 상승하고 물리적·정신적 경쟁 압력도 극심해져 결혼과 출산을 더욱 어렵게 만드는 것이다.

그러나 그간 우리나라의 저출생 대응은 뒤늦은 대응으로 적시에 정책 전환에 실기했고, 경제·사회 구조적 차원의 접근 없이 현상 대응적인 정책의 틀을 벗어나지 못했다. 민간을 포함한 범국가적 역량 결집을 통해 사회·문화적 인식 변화에 대응하는 데도 미흡했다. 출산율 반등에 성공한 주요 국가 사례 분석을 통해 정책 대응과 사회 인식 변화가 병행되었다는 점도 확인했다.

정부는 이러한 내용을 중심으로 저출생의 직접적 원인에 집중하면서 저출생을 완화(mitigation)하기 위해 「저출생 추세 반전을 위한 대책」으로 속도감 있게 정책을 추진하고, 범사회적 역량을 동원한 사회적 인식 개선에 돌입했다. 이어, 산업구조 재편과 노동생산성 제고, 이민정책 전환과 고령자·여성 등 경제활동 참여 확대 등 당면한 인구변화에 적응(adaptation)하기 위한 중장기적 대책 마련을 위한 논의를 시작했다.

초저출생의 원인

한국 사회에서는 여전히 출산이 결혼을 전제로 이루어지는 경우가 대부분이기 때문에, 혼인 감소와 결혼 시기의 지연은 초저출생의 직접적 배경이 되고 있다. 우선 혼인 건수는 2013년 32.3만 건에서 2023년 19.4만 건으로 급감했고, 평균 초혼 연령은 2013년 남성

▶**혼인율 추이 및 연령대별 미혼율**

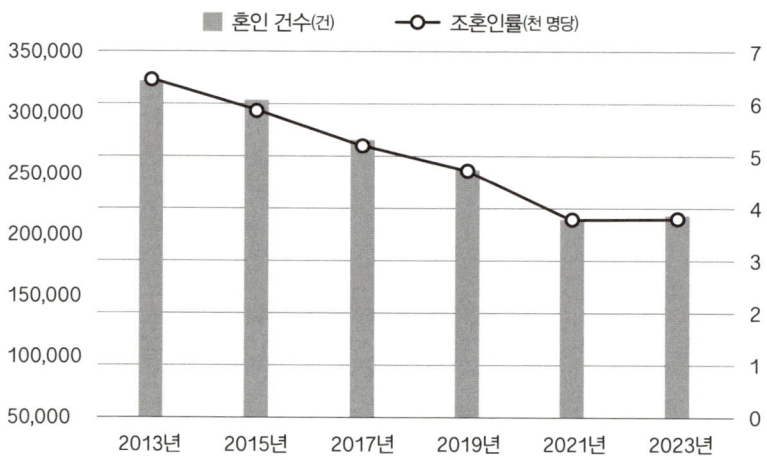

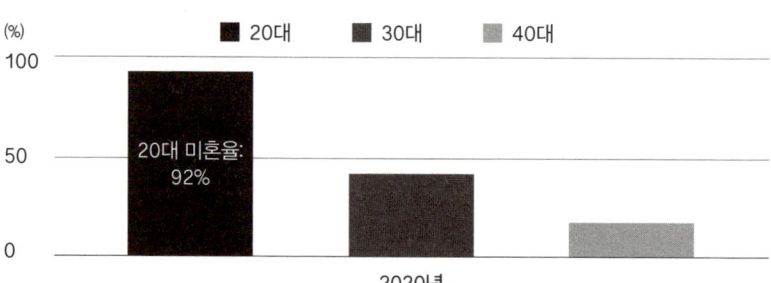

* 국가데이터처, 「인구동향조사」

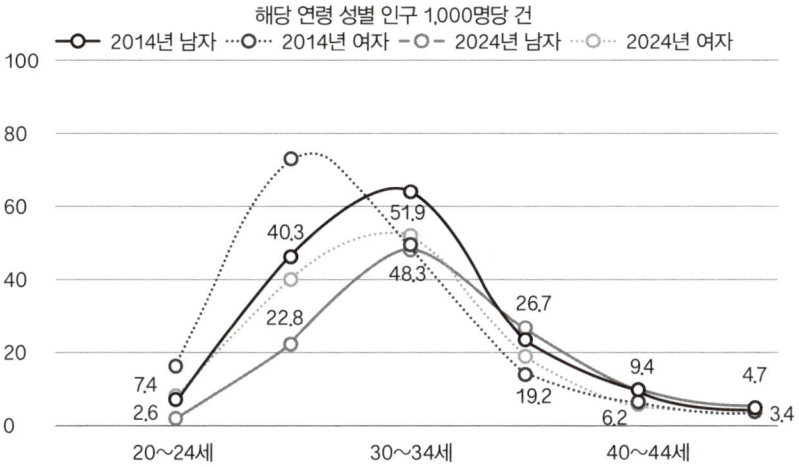

▶성·연령별 혼인율, 2014·2024년

해당 연령 성별 인구 1,000명당 건

─○─ 2014년 남자　┄○┄ 2014년 여자　─○─ 2024년 남자　┄○┄ 2024년 여자

* 국가데이터처, 「2024년 혼인·이혼 통계」

32.2세 및 여성 29.6세에서 2023년 남성 34.0세 및 여성 31.5세로 증가하였다.

　이러한 추세로 인해 과거에는 결혼 적령기로 인식되었던 20대 후반(25~29세) 청년의 혼인 비중은 이제 7.9%(2022년)에 불과한 상황이다. 한국은 여전히 결혼이 출산의 전제조건으로 여겨지는 상황으로 2023년 기준 우리나라의 비혼 출산율은 OECD 평균인 41.9%의 1/10 수준인 4.7%에 불과하다. 혼인 건수의 감소와 혼인 연령의 상승이 고스란히 출산율 감소로 귀결되는 상황이다.

　혼인 감소와 만혼 추세에 이어 결혼 후에도 아이를 낳지 않거나 늦게 낳는 경향도 강화되고 있다. 여성의 첫째 아이 출산 연령은 2013년 30.7세에서 2023년 33.0세로 증가했다. 연령별 출산율(여성 1,000명당 명)은 20대 후반의 경우 2013년 65.9명에서 2023년 21.4명

▶**주요 연령층 출산율 추이**

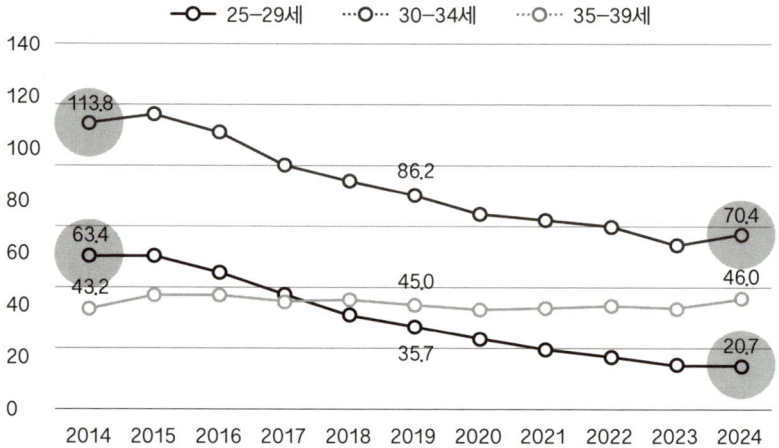

* 국가데이터처, 연령별 여성 인구 1,000명당 출생아 수

▶**유배우(有配偶) 여성 출산율**

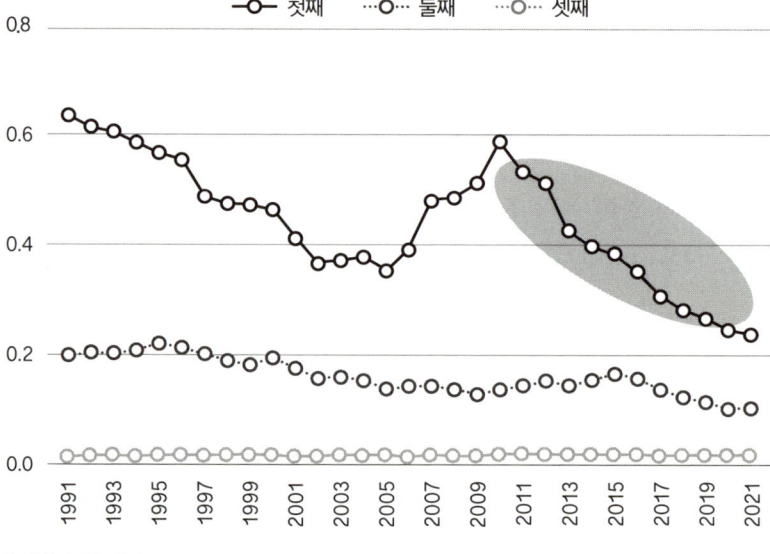

* 이철희, 「출생아 수 감소의 인구학적 요인 분해」

으로, 30대 초반의 경우 2013년 111.4명에서 2023년 66.7명으로 크게 감소했다. 반면 30대 후반은 2013년 39.5명에서 2023년 43.0명으로 증가하였다.

결혼·출산 관련 국민 인식 조사

이러한 경향은 국민 인식 조사에서도 확인할 수 있다. 「저출생 추세 반전을 위한 대책」 발표 이전인 2024년 3월 저출산고령사회위원회에서 25~49세 남녀 2,000명을 대상으로 실시한 국민 인식 조사에서, 참여자 10명 중 3명은 결혼에 대해 부정적으로 인식하고 있었으며, 10명 중 4명은 자녀가 없어도 된다고 응답했다. 다만 일·가정 양립이 확보되고 경제적인 부담이 완화된다면 출산할 의향이 있으며, 이상적인 자녀 수는 1.8명이라고 답하여 출산율이 개선될 여지가 있음을 시사한다.

▶ **국민 인식 조사**

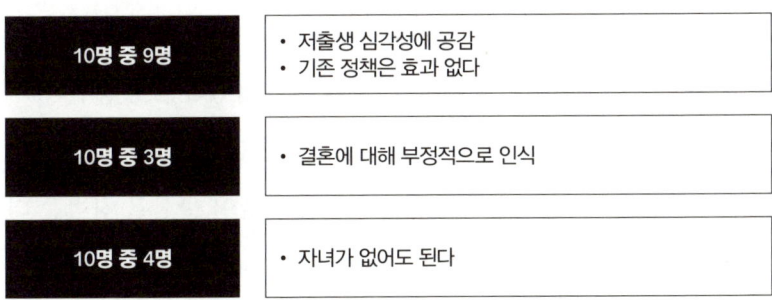

10명 중 9명	• 저출생 심각성에 공감 • 기존 정책은 효과 없다
10명 중 3명	• 결혼에 대해 부정적으로 인식
10명 중 4명	• 자녀가 없어도 된다

* 저출산고령사회위원회 국민 인식 조사(2024년 3월)

▶결혼·출산 결정에 일·가정 양립, 경제적 조건 개선이 중요한 요인

결혼 의향 필요조건		출산 의향 필요조건	
만족할 만한 일자리	75.8%	근로시간 줄고 육아시간이 주어진다면	85.2%
결혼 후에도 일에 열중 가능	76.5%	육아휴직을 하여도 급여가 충분하다면	88.3%
주거비용 마련	67.6%	정부의 양육수당이 늘어난다면	81.9%
결혼비용 지원	65.0%	육아휴직을 자유롭게 사용할 수 있다면	83.2%
결혼후 제도적 혜택 확대	70.0%	재택근무가 가능하다면	81.1%

* 저출산고령사회위원회 국민인식조사(2024.3월)

그간의 저출생 대응정책 평가

그간 정부의 저출생 대응정책의 규모와 범위가 지속적으로 확대되면서 서비스·시간·수당 지원이라는 정책적 외연은 갖추었으나 그 과정에서 몇 가지 문제점을 노정하였다.

첫째, 안이한 인식으로 정책 전환에 실기하였다. 오랫동안 유지된 강력한 산아제한 정책으로 1984년 합계출산율이 대체출산율인 2.1명 이하인 1.76명까지 하락했고 1990년대 들어 출산율 하락은 더욱 빠른 속도로 감소했지만, 정부는 별다른 대책을 내놓지 않았다. 1996년이 되어서야 기존의 산아제한 정책을 공식 폐지하고 '인구 자질 및 복지 증진 정책'을 발표했는데 이 역시 낮은 수준의 출산율을 유지하는 기조로 저출생 대응으로의 정책적 전환은 없었다.

2002년 합계출산율이 1.17명으로 크게 떨어지면서 비로소 저출생과 고령화에 대한 대응의 필요성이 제기됐고, 이는 2004년 대통령 직속 '고령화 및 미래사회위원회' 출범으로 이어졌다. 이후 발표된 2004년의 합계출산율이 1.16명으로 계속 하락하자, 저출생 및 고령화 등 인구구조 변화에 본격 대응을 위해 '저출산·고령사회 기본법'을 2005년 제정했다. 해당 법에 따라 '고령화 및 미래사회위원회'를 '저출산고령사회위원회'로 개편하고, 이듬해부터 범정부 차원의 인구 중장기 계획인 「저출산·고령사회 기본계획」을 5년 단위로 수립하면서 저출생 대응으로의 정책전환이 본격화됐다. 합계출산율 하락의 신호가 나타난 지 20년 만으로, 늦어도 너무 늦었다.

둘째, 정책 내용 면에서도 부족했다. 그동안 정부는 2005년부터 4차례에 걸쳐 「저출산·고령사회 기본계획」을 수립하며 저출생·고령화 문제에 대응해왔다. 그러나 선진국의 제도를 도입하고 확대하며 외양적인 틀을 갖추는 데 주력하면서 선택과 집중이 부족했고, 현상 대응적인 정책의 틀을 벗어나지 못했다. 특히 일자리 부족, 수도권 집중, 사교육비 부담 등 구조적 과제에는 상대적으로 소홀한 대응으로 반전의 계기를 만들어내지 못했다. 아울러 결혼·출산에 대한 부정적인 인식이 확산되고, 가족과 공동체에 대한 가치가 점차 약화되고 있는 사회·문화적 인식 변화에도 대응이 소홀했다.

셋째, 정책 대응 방식에서도 선택과 집중이 부족하고, 효과성 평가가 미흡하였다. 저출산고령사회위원회와 한국개발연구원(KDI)의 분석에 따르면 2023년 저출생 관련 예산 47조 원 중 저출생과 직결된 예산은 딱 절반 수준인 84개 과제, 23조 5,000억 원으로 집계되었다. 그 외 나머지 예산 23조 5,000억 원의 대부분은 주거 지원 예산으로 21조 4,000억 원에 달했다. 주거 지원 예산은 저출생 대응에 관한 국제 비교에서 기준이 되는 'OECD 가족 지출'에 포함되지 않는다. 그 외에도 '청소년 스마트폰 중독 예방사업'처럼 저출생과 직접 관련 없는 사업도 다수였다. 예산만 많아 보일 뿐 수요자에게는 부족해 정책 효과가 날 수 없는 상황이었던 셈이다.

그나마 저출생과 직결된 사업 예산 23조 5,000억 원 중 20조 5,000억 원이 아동수당 등 보육비 지원에 편중되어 있다는 점도 문제다. 저출생 대응 효과가 크고 국민의 요구가 높은 일·가정 양립 예산은 8.5%인 2조 원, 결혼·출산 장려 예산은 약 1조 원 규모로 예산이 불균형하게 투입되었음을 확인할 수 있다.

이 과정에서 기존 정책에 대한 효과성 평가가 미흡해 제대로 된 정책 환류가 이뤄지지 못했다. 사업 효과성 분석과 중복·유사 사업 점검을 통해 효과 높은 정책을 중심으로 정책을 재설계했어야 했지만, 그 과정이 제대로 이뤄지지 못하면서 효율적인 정책 추진을 방해했다. 사업 예산에 대한 엄밀한 분석과 이에 따른 선택과 집중, 예산의 적절한 투입이 이뤄지지 않으면서 저출생 예산이 과다하다는 착시현상을 불러왔고, 효율적인 사업 추진을 방해했다.

마지막으로, 저출생 대응을 위해 범국가적 역량을 결집하는 노력이 제대로 이뤄지지 못했다. 저출생 문제가 국가의 존망을 좌우하는 중요한 과제로, 시급한 대응 마련이 필요하다는 점에 대한 공감대 형성에 실패하면서 정책 기획과 추진부터 제도의 사용 여건이나 환경 구축, 이를 위한 지자체와 기업 등 민관의 동참 유도 등이 연달아 제때 이뤄지지 못했다.

2024년 3월 실시한 인식 조사 결과에 따르면, 저출생 문제의 심각성에 대해서는 남녀 모두 공감하면서도(90%), 정책 등 효과성에 대해 91%가 효과가 없다고 인식하였으며, 저출생 캠페인에 대해서도 90%가 효과 없다고 인식하고 있었다. 저출생 대응 세부 정책 인지도 역시 낮은 수준으로, 「제4차 저출산·고령사회 기본계획(2021~2025)」에 포함된 임신·출산 지원정책의 경우 70% 이상이 잘 모른다고 응답하기도 했다.

일·가정 양립, 장시간 근로문화 개선 등 근로 관행이나 기업문화 개선을 위한 기업의 동참 노력은 특히 아쉬운 부분 중 하나다. 정부가 제도를 만들면 기업은 제도를 준수하거나 근로자에게 눈치를 주지 않고 그 이상의 지원을 하는 문화가 확산되어야 한다. 기업들이 가족 친화적인 경영을 할 수 있도록 정부가 제도를 만들 뿐 아니라 사회적 분위기를 조성하고 확산하는 노력이 필요한데, 기업들의 참여를 이끌어내지 못하였다. 일·가정 양립의 실행 주체는 기업이며, 출산율을 높이는 데 기업의 역할이 중요하므로 기업이 문제 해결에 적극 참여하도록 제도적 기반과 동시에 파격적인 인센티브 제공도 필요하다.

저출생 대응을 둘러싼 중앙정부와 지자체, 민과 관의 유기적 협력도 부족했다. 중앙과 지자체가 각각의 입장에서 대책을 마련하고 추진하면서 정책 목표와 실행 체계 사이에 간극이 크고 실질적인 연계·조정 기제가 미흡했다. 이러한 문제점은 정책의 일관성과 지속 가능성을 떨어뜨리며, 국민의 체감도 역시 낮아질 수밖에 없었다. 더욱 정례화된 정책협의체 구성과 기획·집행·평가 전 과정에 중앙과 지방이 공동 참여하는 것이 필요한 이유가 여기에 있다.

해외 저출생 대응정책 사례

해외에서 합계출산율 회복에 성공했던 경험이 있는 주요국들의 저출생 대응정책 사례를 살펴보면 세 가지 공통적인 특징을 볼 수 있다. 첫째, 일과 가정이 양립될 수 있는 체계를 확립했다는 점, 둘째, 돌봄을 개인에게 의존시키지 않고 사회적인 돌봄체계를 갖추었다는 점, 셋째, 공동체의 가치를 중시하고 가족 친화적인 기업·사회 문화가 정착되었다는 점이다.

독일은 일·가정 양립 정책을 적극 실행함으로써 출산율 반등을 이끈 대표적인 국가이다. 독일의 부모수당은 부모시간제도(육아휴직제도) 이용에 따른 급여이며, 고용형태와 무관하게 모든 부모에게 지급되는 최소한의 기본급여와 소득수준에 따른 차등적인 소득대체율을 적용하고 있다. 이 밖에도 초등학교를 대상으로 전일제 학교를 적극 시행하여 초등학생에 대한 돌봄을 지원하고 있다.

이스라엘은 OECD 국가 중 가장 합계출산율이 높은 국가(2021년 3.0명)로 3세부터 공교육 체계 안에서의 무상 의무교육을 실시하고 있으며, 2021년에는 0~3세 돌봄시설에 대한 담당부처를 기존 노동·복지부에서 교육부로 이관함에 따라 돌봄 서비스 관리·감독에 대

▶해외 주요국의 저출생 대응정책 사례

독일 합계출산율: 1.46명(2022년) GDP 대비 가족 지출: 2.4%(2020년)	**이스라엘** 합계출산율: 2.89명(2022년) GDP 대비 가족 지출 2.0%(2020년)
• 양육지원 중심에서 일·가정 양립 전환 후 출산율 반등(1995년 1.25명 → 2015~2021년 중 1.5명대 유지) • 부모수당 소득대체율 65~100% • 사회적 돌봄체계 구축	• 3세 유아부터 무상·의무 교육 • 공동체 가치 교육 • 양질의 돌봄 서비스 + 가족·아이 중심 문화 정착
일본 합계출산율 1.26명(2022년) GDP 대비 가족 지출 2.0%(2020년)	**미국** 합계출산율 1.67명(2022년) GDP 대비 가족 지출 0.7%(2020년)
2023년 '차원이 다른 저출생 대책' 발표 • (조직) 총리 직속 '어린이가정청' 설치 • (재원) 어린이금고(특별회계) 설치 • (제도) 아동수당 확대, 남성 육아휴직 85% 목표	• 높은 재택근무 활용도(2022년 21.9%) • 가족 친화적 직장·사회 문화 • 충분한 돌봄 서비스 및 이민정책

한 전문성 증대와 서비스 질 개선이 이루어졌다. 이 밖에도 이스라엘은 사회·문화적으로 공동체 가치를 중시하고 가족 중심 가치관이 매우 강해 높은 출산율을 유지하는 것으로 알려져 있다.

일본은 2023년 4월 아동 관련 정책을 총괄하는 '어린이가정청'을 신설하고 아동 관련 정책 예산을 통합한 별도의 '어린이금고(특별회계)'를 신설하여 아동가정청 정책 실행의 재정수단으로 활용하고 있다. 이와 같은 움직임은 어린이 관련 정책과 그에 따른 예산을 적극적으로 확대하기 위함이다.

마지막으로 미국의 경우 GDP 대비 가족 지출 수준은 낮으나 유연한 근로환경과 가족 친화적 직장·사회 문화가 발달해 있고 이민자들의 출산율이 높은 특징을 가지고 있다.

03 일·돌봄·주거 3축 대전환

정부는 그간 추진해온 저출생 정책을 냉철하게 되돌아보고 해외 주요국의 정책 경험을 면밀히 분석한 결과들을 바탕으로 저출생 대응의 패러다임을 전면 전환했다. 지난 2024년 6월 발표한 「저출생 추세 반전을 위한 대책」은 '2030년까지 합계출산율 1.0명 회복'이라는 분명한 목표를 내걸고 '저출생 대응'과 '사회인식 변화'를 양대 축으로 한 범국가적 대응을 본격화했다.

「저출생 추세 반전을 위한 대책」은 저출생의 직접적 원인과 구조적 배경을 동시에 해결하기 위한 입체적 접근으로, 직접 원인으로 지목된 결혼과 출산·육아에 따른 경제적·사회적 부담과 더불어 생명·가족·공동체에 대한 가치관의 변화에 집중했다.

정책적 대응을 위해 정부는 정책 수요자의 현실과 요구를 중심에 두고 실효성이 높은 분야를 선택하고 집중하여 3대 핵심 분야를 설정하고 구조적 과제에 대한 정책역량을 집중한다. 구조적 과제로는 좋은 일자리 창출과 과도한 경쟁 완화를 위한 수도권 집중과 사교육 문제 해결 등을 중점적으로 다룬다.

또한 정부는 결혼과 출산에 대한 불안을 낮추고 가족·공동체에 대한 인식의 전환을 이끌어내기 위한 사회인식 변화도 동시에 추진한다. 상대적으로 양육비용이 낮은 북유럽 국가들도 출산율 감소가 계속되는 등 결혼·출산에 대한 결단을 이끌어내기에는 정책 대응만으로는 어렵기 때문이다. 결국 "왜 아이를 낳아야 하지?"란 질문에 "아이가 행복"이라고 답할 수 있는 사회문화를 마련하는 일이 중요하다.

이에 '사회인식 변화'를 저출생 추세 반전을 위한 또 하나의 전략 축으로 설정하고 가족의 소중함과 공동체의 유대감을 회복하는 사회문화 조성에 주력하고 있다. 이를 위해 정부는 경제·종교·언론계와 지자체 등과 함께 일·가정 양립이 가능한 문화를 만들고 출산과 육아를 환영하고 긍정하는 인식의 확산에 범국가적 역량을 결집해 나가고 있다.

▶ 저출생 추세 반전을 위한 대책

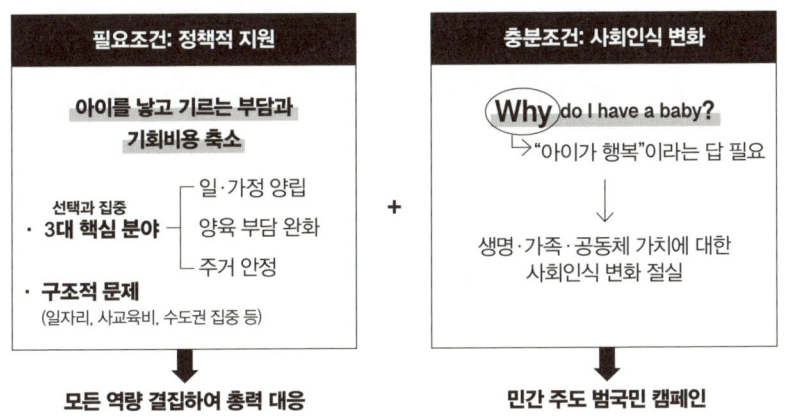

이 과정에서 경제계와 지자체 등 다양한 민관의 협력 거버넌스는 필수다. 정부가 마련하는 일·가정 양립, 양육 부담 완화 등 지원제도는 최소한의 수준에 머물 수밖에 없다. 기업 등 경제계가 여기서 한발 더 나아가 통 크게 지원하고 상사·동료·고용주의 눈치를 보지 않고 일·가정 양립제도를 쓸 수 있는 환경을 만들어줄 때, 그리고 지자체가 중앙정부의 지원에 더해 지역 특성에 맞춘 지원을 보강해줄 때 국민이 체감할 수 있는 변화가 만들어질 수 있다.

정책적 대응

'정책적 대응'은 국민이 가장 필요로 하고 효과가 검증된 '① 일·가정 양립'에 역점을 두면서, '② 양육 부담 완화', ③ 주거 안정 등의 3대 핵심 분야를 중심으로 결혼·출산·육아를 삶의 부담이 아닌 기회로 전환하고자 정책역량을 집중한다. 각 분야는 국민이 체감할 수 있는 실질적 변화를 목표로, 고유한 방향성을 바탕으로 구성되었다.

① 일·가정 양립: 유연하고 부담 없는 근무 환경 구축

일·가정 양립 정책은 일과 육아를 병행하는 부모들이 겪는 시간 부족, 경제적 부담, 제도 사용의 어려움 등 세 가지 큰 부담에서 출발했다. 이에 각 부담을 완화할 수 있도록 일·가정 양립 정책은 ① 필요할 때 유연하게, ② 소득 걱정 없이, ③ 눈치 보지 않고 누구나 사용할 수 있게 하는 데 초점을 맞춰 설계되었다.

첫째, '필요할 때 유연한 제도 사용'의 핵심은 돌봄 공백에 대응할 수 있는 '시간 유연성' 확보에 있다. 이를 위해 연 1회, 1주 단위로 사용할 수 있는 단기 육아휴직을 신설해 갑작스러운 어린이집 휴원이나 방학 등의 상황에 대처할 수 있게 했다. 한 주당 5시간 이상 최대 25시간까지 단축근무가 가능한 육아기 근로시간 단축제도의 이용 대상도 8세 이하의 자녀에서 12세 이하의 자녀로 확대하였다. 또 재택근무와 시차출퇴근을 원하는 경우 사업주는 특별한 사유 없이 이를 거부할 수 없도록 하는 '유연근무 신청권제' 도입도 추진된다.

둘째, 육아휴직 등을 이용할 때 '소득 걱정 없이' 육아에 집중할 수 있도록 육아휴직급여 상한을 2025년부터 150만 원에서 250만 원으로 올렸다. 특히 육아휴직 이용률이 높은 초기 3개월에 높은 급여를 지급해 실질적인 소득대체율을 38.6%에서 약 70%까지 끌어올렸다. 이는 독일(65%)이나 일본(59.9%)을 상회하며 부모들이 경제적 부담 없이 육아에 전념할 수 있도록 돕는다.

셋째, '눈치 보지 않고' 누구나 쓸 수 있는 제도 환경 조성에도 방점이 찍었다. 출산휴가와 육아휴직을 한 번에 신청하는 통합신청으로 제도 이용의 편의성을 높였고, 사업주가 육아휴직 허용 여부를 서면으로 명시하지 않으면 자동 허용으로 간주되도록 개선했다. 동료의 업무 부담을 줄이기 위해 '동료 업무분담 지원금'을 신설하고, 중소기업의 제도 사용을 촉진하기 위해 지원하던 대체인력 지원금 대상에 육아휴직자도 포함했으며, 지원금액도 2025년에 월 120만 원으로 상향한 이후, 2026년부터는 30인 미만 사업장은 월 140만 원, 30인 이상 사업장은 월 130만 원으로 추가 인상하였다. 여기에 더해 대기업이 중소기업의 일·가정 양립을 돕는 '대·중·소 상생협

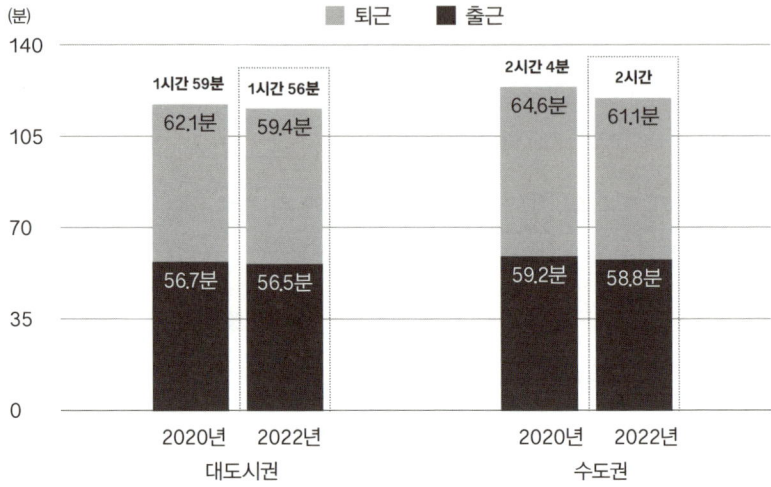

▶광역 출퇴근 일일 통행 시간

(분)

■ 퇴근　■ 출근

대도시권

2020년: 1시간 59분 — 퇴근 62.1분, 출근 56.7분
2022년: 1시간 56분 — 퇴근 59.4분, 출근 56.5분

수도권

2020년: 2시간 4분 — 퇴근 64.6분, 출근 59.2분
2022년: 2시간 — 퇴근 61.1분, 출근 58.8분

* 대도시권광역교통위원회(2023년 6월)

▶임금근로자의 유연근무제 활용 비율

구분	활용 비율	근로시간 단축	시차 출퇴근	선택적 근로시간	재택 및 원격근무	탄력적 근무	기타
2022년 8월	16.0	11.0	31.7	24.8	27.5	27.9	9.1
2023년 8월	15.6	9.6	33.0	26.5	19.9	31.2	2.2
증감	−0.4	−1.4	1.3	1.7	−7.6	3.3	0.1

* 국가데이터처, 경제활동인구조사(KOSIS)

력기금'도 만들었다. 대기업 출연으로 만들어진 이 기금은 중소기업 대체인력 추가 지원 등에 사용되며 신한금융그룹이 2024년 8월 민간 최초로 100억 원을 출연했다. 이 기금을 통해 2025년 7월부터 육아휴직 대체인력을 처음으로 채용한 중소기업에 대해 대체인력 채용 후 3개월과 6개월 시점에 각 100만 원씩 총 200만 원을 지원하고

있다.

우리나라 근로자들의 출퇴근 소요시간은 대도시권 116분, 수도권 120분으로 OECD 회원국의 통근시간 28분에 비해 매우 길어 실제 자녀 돌봄시간이 48분에 불과하다. 충분한 돌봄시간을 제공할 수 있도록 앞서 언급한 것처럼 제도의 이행을 계속 확대하고 권장해 나가면서 재택근무와 시차출퇴근제 등 유연근무제를 더욱 확대할 필요가 있다.

② 양육 부담 완화: 국가책임 돌봄체계로의 전환

양육 부담은 크게 '양육비용'과 '돌봄시간'의 부담이다. 이에 양육 부담 완화 정책은 부모 중심의 양육에서 국가가 책임지는 공공돌봄체계로 전환해 모든 아이가 양질의 돌봄을 받도록 ① 누구나 어디서든 대기 없이 돌봄을 누리고, ② 초등학교 방과후·돌봄 프로그램을 전면 확대 개편한 늘봄학교를 초등 전 학년으로 확대하며, ③ 틈새 돌봄을 촘촘히 제공하도록 구성되었다.

가장 먼저, 보육 공백과 비용 부담 없는 환경 구축을 추진한다. 0~5세 무상교육·보육을 단계적으로 도입하며, 유치원과 어린이집 운영 시간은 아침 7시 30분부터 저녁 7시 30분까지 확대한다. 교사 1인당 돌보는 아동 수는 0세 반 기준 3명에서 2명으로, 3~5세 반은 평균 12명에서 8명 수준으로 줄여, 돌봄의 품질은 높인다. 또 공공보육 이용률을 2024년 43%에서 2027년까지 50%까지 높이고 상생형 직장어린이집을 확대하여, 중소기업 근로자 자녀도 질 높은 보육을 받을 수 있게 한다.

다음으로, 초등학생 돌봄을 전면 공공화한다. 초등학교 1~2학년을 대상으로 늘봄학교를 실시하여, 맞춤형 프로그램을 무료로 2시간 제공하고 아침부터 저녁 8시까지 학부모가 원하는 시간만큼 돌봄을 받을 수 있도록 한다. 초등학교 3학년부터는 방과후 프로그램 이용권을 제공하고, 지역아동센터, 다함께돌봄센터 등 기존 돌봄시설도 개선해 돌봄의 질과 접근성을 동시에 확보한다.

마지막으로, 출퇴근시간과 방학·휴일의 틈새 돌봄을 강화하고, 사각지대를 해소하기 위한 대응책도 마련됐다. 시간제 보육기관을 2027년까지 3배 이상 늘리고, 아이 돌봄 서비스의 소득기준을 기존 중위소득 150%에서 2025년 200%로 완화해 더 많은 가정이 혜택을 받도록 했다. 또 외국인 가사관리사 제도를 시범 도입해 방학·출퇴근시간·휴일 등 기존 제도로는 채우기 어려운 돌봄 공백을 보완하고, 부모의 선택권도 보장한다.

향후에는 아동 중심으로, 아동의 돌봄받을 권리를 보장하기 위해 돌봄에 대한 접근성을 높이고 부모의 선택권을 더 강화해나가는 한편, 긴 대기기간과 돌봄 공백, 양육에 대한 불안과 걱정까지 해소할 수 있도록 지원을 강화해나갈 필요가 있다.

③ 결혼 및 주거 지원: 결혼과 출산을 위한 주거·경제 지원 강화

주거는 결혼과 출산을 결정하는 데 가장 큰 심리적·경제적 진입 장벽이다. 이에 정부는 주택 공급과 목돈 마련을 위한 금융 지원을 늘리고, 세제 혜택으로 결혼 부담을 줄이면서 출산에 있어 어려움이 큰 난임 지원도 대폭 확대한다.

우선, 신혼·출산 가구를 위한 맞춤형 주택 공급을 확대한다. 2025년까지 총 16.6만 호(출산 가구 12만 호, 신혼 가구 4.6만 호)를 공급하고, 신생아 특례대출 소득요건은 기존 1.3억 원에서 2억 원으로 올렸다. 신생아 특례대출은 접수일 기준 2년 이내 출산한 무주택 가구를 대상으로 소득·대출기간에 따라 특례금리 1.8~4.5%를 5년간 적용하는 정책금융상품으로, 특례대출 후 추가 출산하면 신생아 1명당 0.2%p 추가 금리 인하 혜택도 부여된다. 또 민간분양의 신혼부부 특별공급도 연 3.6만 호에서 4.6만 호로 확대했고, 지자체 차원에서도 2025년 신혼·출산·다자녀 가구 대상 총 1만 175호의 공급을 추가한다고 밝히기도 했다. 이는 2024년도 4,537호보다 크게 늘어난 수치로 서울시와 인천시 등이 이를 견인했다.

둘째, 청약과 공공임대 기회를 늘리기 위해 신규 출산 가구에는 특별공급 기회를 1회 더 부여하고, 신혼부부의 특별공급에 대해서는 결혼 전 청약 당첨 이력이 있더라도 청약 신청을 허용하였으며, 신혼부부 특별공급의 무주택 조건을 모집공고일 기준으로 완화했다. 지자체는 여기에 더해 공공임대 재계약을 자녀 성년(19세)까지 허용하고 넓은 평형 이주를 지원한다. 여기에 더해 일부 지자체는 추가·보완정책을 별도로 추진하며 혜택을 더하고 있다. 예를 들어 서울시의 '미리내집 사업'은 1자녀 시 거주 기간을 10년에서 20년으로 연장하고, 3자녀 시 시세 80%로 매수 기회를 제공하고, 인천시의 천원주택은 신혼부부에게 일일 임대료 1,000원(월 3만 원 수준)으로 공공임대주택을 공급한다.

셋째, 결혼을 촉진할 경제적 유인책도 새롭게 도입했다. 혼인신고

시 부부 1인당 50만 원의 세액공제가 신설되며, 결혼 후 2주택 보유 시 양도세·종부세에서 1주택으로 간주되는 기간이 기존 5년에서 10년으로 늘어난다. 결혼 준비 과정의 불공정을 해소하고자 스튜디오·드레스·메이크업 업체의 불공정 약관을 시정하고, 가격 공개와 표준약관을 통해 예비부부의 합리적 선택을 지원한다.

넷째, 난임 가구의 경제적·심리적·의료적 부담을 실질적으로 경감한다. 난임의 사전예방을 위해 20~40대 남녀 모두에게 가임력 검사를 최대 3회 지원하고, 생식세포 동결·보존비를 지원한다. 난임 시술 지원 횟수는 1인당 25회에서 출산당 25회로 늘려 사실상 횟수 제한을 없앴고, 건강보험 본인부담률도 연령에 관계없이 30%로 낮췄

▶ **3대 분야 15대 핵심 과제**

일·가정 양립	① 단기 육아휴직 도입 ② 육아휴직 급여 인상, 대체인력지원금 신설 ③ 아빠 출산휴가 기간 및 분할 횟수 확대 ④ 출산휴가·육아휴직 통합신청제 도입 ⑤ 재택근무 등 유연근무 활성화
양육 부담 완화	① 0~5세 단계적 무상보육 ② 늘봄 프로그램 단계적 무상 운영 ③ 틈새돌봄 확대 ④ 아이돌보미 지원 확대, 외국인 가사관리사 ⑤ 상생형 직장어린이집 확산
주거·결혼·출산	① 신혼·출산·다자녀 가구 주택 공급 확대 ② 신생아특례대출 소득기준 사실상 한시 폐지 ③ 분양 주택 청약 요건 완화 ④ 결혼 세액공제 신설, 자녀 세액공제 확대 ⑤ 난임 시술 대폭 지원

다. 또 난임에 따른 시간 확보를 위해 난임 휴가를 3일(유급 1일)에서 6일(유급 2일)로 늘리고, 난임·임산부 심리상담센터를 통해 심리적 지원도 강화한다.

이러한 노력을 재정으로 뒷받침하기 위해 2025년 정부 예산에도 구조적 변화가 있었다. 「저출생 추세 반전을 위한 대책」 추진에 따라 저출생과 직결된 예산이 2024년 25.3조 원에서 2025년 28.6조 원으로 13% 이상 확대되었다. 출산 결정에 큰 영향을 미치는 일·가정 양립 분야에서 육아휴직급여 확대 등으로 관련 예산이 2024년 2.0조 원에서 2025년 3.4조로 약 1.7배 증가하였다.

교육·돌봄 분야에서는 늘봄학교 및 영유아 보육료·교육비 예산이 2024년 대비 2025년 각각 약 24%(1.3조 원 → 1.6조 원), 약 11%(7.2조 원 → 8조 원) 증가했다. 저출생 직결 예산과 별도로 관리하는 주거 예산은 2024년 신생아 특례대출 도입과 소득요건 완화로 인해 2023년 7.5조 원에서 2024년 8.8조 원, 2025년 9.5조 원으로 지속적으로 증가하고 있다.

3대 핵심 분야 외에도 좋은 일자리 창출, 수도권 집중 억제, 사교육비 경감 등 저출생의 근본적 원인이 되는 구조적 문제에 대한 중장기적 대응도 매우 중요하다.

결혼과 출산, 육아를 위해 월급이 많고 일·가정 양립 환경이 잘 조성된 일자리를 선호하지만, 이러한 조건의 좋은 일자리가 적고 그나마도 수도권에 집중되어 있다. 좋은 일자리의 부족은 교육 경쟁을 부추기고 이는 다시 수도권 학교로 학생이 집중되는 결과를 낳는다. 그 결과 수도권에 인구가 더 몰리면서 집값은 상승하고 사교육비 부담은 급증하며, 과도한 경쟁 압력이 초래하는 경제적·심리적 불안정성이 다시 혼인과 출산을 주저하게 만드는 저출생의 심화 구조가 만들어진다. 이러한 근본적인 문제에 대한 대응 없이는 저출생 해소가 어려운 이유가 여기에 있다.

수도권 집중 완화를 위해서는 양질의 일자리를 비수도권에 분산하는 것이 핵심이며, 이를 위해 규제특례와 세제·재정 인센티브 등 실질적인 지원책이 뒷받침되어야 한다. 다만 모든 지역에 고른 일자리와 정주 여건을 마련하는 것은 한정된 자원상 어려우므로 우선 1~2개의 거점도시를 집중 육성하고 이를 다른 권역으로 확산하는 방안을 고려해볼 필요가 있다.

또한 '4세 고시', '7세 고시' 등 점차 시작 연령이 낮아지고 있는 사교육 문제도 해결에 나서야 한다. 아동의 정서·신체·인지의 균형 있는 발달을 위해 과도한 선행교육에 대해 규제하는 등의 단기적 대응방안과 경쟁적 입시제도 및 교육과정의 개편 등 중장기적 과제를 종합적으로 검토하여 대안을 마련해야 할 것이다.

사회인식 변화

저출생 극복을 위해서는 이러한 '정책적 대응' 노력과 함께 '사회인식 변화'가 함께 가야 한다. 결혼과 출산은 결국 개인의 인생과 관련된 의사결정이기에 경제적인 요인뿐만 아니라 사회적인 가치가 중요하게 작용하기 때문이다.

실제로 저출산고령사회위원회가 2024년 실시한 국민 인식 조사를 보면 출산 계획이 없는 이유 1위는 "임신·출산·양육이 막연히 어려울 것 같아서"였다. 국가데이터처 조사에서도 결혼을 긍정적으로 보는 청년이 10년 전보다 20%p 이상 줄었다. 막연한 두려움이 출산을 가로막고 있는 것이다. 이에 정부는 정책적 대응과 더불어 결혼·출산·육아를 긍정적으로 보는 인식 전환과 범사회적 대응 노력을 강화하여 가족 친화적인 사회 분위기 조성에도 주력하고 있다.

사실 결혼과 출산, 육아가 온전히 개인의 선택이라는 점에서 '사회인식 변화'를 위한 정부의 노력은 쉽지 않다. 일부에서는 국가의 소멸위기를 불러오는 저출생 문제로 인해 강력하게 출산을 장려하는 문화를 만들어야 한다는 요구도 거셌지만, 결혼과 출산에 대한 강요는 오히려 결혼과 출산을 저해하는 요인으로 작용한다.

이에 정부는 결혼과 출산, 육아 등이 '더 좋은 선택'이 될 수 있는 환경을 구축하는 한편, 각계각층과의 소통과 협력을 통해 자연스럽게 스며드는 넛지식 홍보로 '아이와 함께 하는 행복'을 전달하는 데 주력하고 있다. 2024년부터 저출산고령사회위원회는 범부처가 협력하여 '나도 아이도 행복한 세상' 광고 캠페인을 펼치며 아이와 함께 하는 삶의 즐거움을 알리고 있다. 또 주요 방송사와 협업해 결혼과 육아의 가치를 담은 프로그램을 확산하며 자연스러운 문화와 인식의 변화를 이끌어내고 있다. 최근 방송에서는 과거에 보기 힘들던 다자녀 가족이 등장하고, 혼자 살지만 조카를 보며 결혼을 꿈꾸는 모습이 심심찮게 보이기 시작했다.

이 과정에서 주요 방송국 등 방송계와 경제계, 종교계, 학계 등 사회 각계각층의 동참과 협력이 자연스러운 인식 변화에 큰 힘을 발휘했다. 2024년 8월에 경제계, 종교계, 방송·언론계 등에서 뜻을 모아 출범한 민간 주도 '저출생 극복 추진본부'는 '우리 아이, 우리 미래' 캠페인을 전개하며 문화적 전환에 힘을 보탰다. 추진본부는 '사회가 아이의 중요성을 인식하고 함께 돌보는 사회 구축'을 목표로 생명·가족·공동체·성평등 가치 등을 확산하기 위해 민간 주도 캠페인을 추진하면서, 일·가정 양립에 앞장선 우수 기업 사례를 발굴해 확산하는 등 환경 조성에도 앞장서고 있다. 이외에도 출생·육아에 대한 긍정적인 인식과 가족 친화 기업문화 우수 사례가 대중에 널리 확산될 수 있도록 경제 6단체, 금융협회 및 일·가정 양립 우수 기업을 중심으로 '저출생 위기 극복 산업계 릴레이 챌린지'를 실시하기도 했다.

정부는 민관의 더 큰 참여를 촉진하기 위해 일·가정 양립과 사회 인식 제고 등에 기여한 개인·기업을 발굴해 유공자 포상을 확대하는 등 국민적 관심을 환기하고 참여 독려도 계속 추진하고 있다. 이미 한화제약, HD현대, 부영 등이 정부포상을 받았고, 위원회는 일·가정 양립 및 양육 부담 완화에 앞장선 우수 기업과 지자체에 대해 감사패를 증정하고 있다.

또한 유연근무 활용, 근로시간 단축 등 근로자의 일·생활 균형을 적극 지원하는 기업을 '일·생활 균형 우수 기업'으로 선정하여 정기 근로감독 면제, 금리 우대 등의 혜택 외에 기술보증·신용보증 우대, 정책자금 우대, 정기 세무조사 유예 등의 혜택까지 제공하고, 더 나아가 남녀고용평등법과 조세특례제한법 개정을 통해 법인세 부담을 완화하는 세제 혜택 신설도 추진해볼 만하다.

아울러 부모·기업·사회가 함께 아이를 키우는 가족 친화적인 기업무화를 확산하는 데도 민관이 함께 노력하고 있다. 공공부문부터 민간 상장기업에 이르기까지 기업 스스로 일·가정 양립제도를 실현할 수 있도록 일·가정 양립 경영공시제를 도입하였고, ESG 자율공시 기준에 출산휴가, 육아휴직, 육아기 근로시간 단축 등 일·가정 양립 지표를 반영하여, 기업들의 ESG 경영을 일·가정 양립을 강조하는 EFG(Environment·Family·Governance) 경영으로 바꿔나가는 노력도 펼치고 있다.

향후 과제

이러한 노력의 결과로 2024년 합계출산율이 0.75명을 기록하며 2015년 이후 무려 9년 만에 상승한 데 이어, 2025년 합계출산율도 2년 연속 상승하고 그 증가폭도 더 커졌다. 어렵사리 성공한 출산율 반등의 모멘텀을 이어가기 위해 정부는 아이를 낳고 기르는 데 드는 비용의 최소화를 목표로, 일·가정 양립 지원, 양육 부담 경감, 주거비 부담 완화 등 3대 핵심 영역의 실행력을 최대한 높여나가야 한다.

이를 위해서는 첫째, 대한민국에서 일하는 부모는 누구나 일·가정 양립제도를 활용할 수 있어야 한다. 현재 모성보호 지원제도 중 출산휴가급여는 사각지대가 상당 부분 해소되었고, 부모급여 도입으로 영아기에 보편적 소득지원 체계가 구축되어 있으나 육아휴직급여는 아직까지 임금근로자로만 지원 대상이 한정되어 있다. 앞으로는 대한민국의 일하는 부모는 특수고용노동자나 플랫폼 노동자, 1인 자영업자 등 고용형태와 관계없이 누구나 육아휴직에 준하는 육아 지원을 받을 수 있도록 제도적 사각지대를 해소해나가야 한다. 중소기업 근로자 등 일·가정 양립제도를 사용할 수 있음에도 주변 환경·여건상 사용하지 못하는 실질적 사각지대에 대해서도 업종별로 맞춤형 지원 방안을 찾고, 비정규직에 대한 제도 사용 요건을 완화하는 등 제도적 걸림돌도 걷어주어야 한다.

눈치 때문에 육아휴직 등 일·가정 양립제도를 사용하지 못하는 일이 없도록 사업주의 명시적 허가 표시 없이 신청만으로 육아휴직이 허용되도록 고지 방식으로 전환하는 것도 좋은 방안이다. 또 사회적 의견 수렴을 거쳐 일·가정 양립에 부정적인 사회적 인식을 줄 수 있는 용어, 예컨대 '육아휴직'이나 '경력단절 여성'을 각각 '육아 집중 기간'이나 '경력보유 여성' 등으로 바꿔 육아와 돌봄에 대한 긍정적 공감도 확대해나가야 한다.

둘째, 양육의 국가책임제를 공고히 할 필요가 있다. 자녀 양육 과정에서 여전히 부모들은 어린이집이나 유치원 입소 시 긴 대기시간과 방학 기간이나 저녁 시간에 발생하는 돌봄 공백으로 불안해한다. 향후 부모들이 겪고 있는 '대기·비용·공백·불안'의 네 가지 중점 현안을 집중적으로 해소하는 '영유아·초등 교육·돌봄체계'를 마련하여 어린이집·유치원·초등학교 어디든 '원할 때, 부담 없이, 원하는 만큼, 양질의 돌봄' 제공을 보장해야 한다. 이를 위해 아동의 돌봄받을 권리를 보장할 수 있도록 어린이집 대기기간을 줄여 돌봄에 대한 접근성을 강화하는 방안과 영유아와 초등학교 단계의 무상교육·돌봄, 방학 중 저녁까지 돌봄 보장 등이 검토되어야 할 것이다.

나아가 부모와 개인이 온전히 감당하는 시설 밖 돌봄은 아이 돌봄 서비스의 지원을 강화하고 가족·이웃·마을이 함께하는 돌봄으로 개편하여 '아이 키우기 편안한 돌봄환경'을 조성하기 위해 힘써야 한다. 특히 아이 돌봄 서비스는 지원범위와 정부 지원 비율을 확대하여 이용 가구의 부담을 줄여나갈 필요가 있다. 또한 부모가 원하는 서비스를 선택하여 지원받을 수 있도록 부모의 선택권을 보장하는 방향으로 제도를 개선함과 동시에 2026년 4월부터 시행될 민간기관 등록제를 차질 없이 안착시킬 관리·감독 시스템 마련도 필요하다. 이와 함께 조부모·친인척의 돌봄 지원이나 공동육아·소통공간 지원, 육아커뮤니티 활성화 등을 통해 부모의 양육 부담을 나누고 일상의 쉼을 제공하여 육아 만족도를 높일 수 있도록 해야 할 것이다.

또한 「저출생 추세 반전을 위한 대책」 발표를 통해 정부는 결혼하면 1인당 50만 원의 세금부담을 줄여주는 '결혼 특별세액공제'를 새로 만들고, 자녀 세액공제를 확대(첫째 15만 원·둘째 20만 원·셋째 이후 30만 원 → 첫째 25만 원·둘째 30만 원·셋째 이후 40만 원)하는 등 세금제도를 결혼과 출산에 더 유리하게 바꿨다. 하지만 여전히 우리나라의 자녀를 둔 가구의 세금 감면 수준은 OECD 다른 나라들에 비해 낮은 편이다. 아이를 낳고 키우는 데 드는 비용이 출산과 양육을 꺼리는 이유가 되지 않도록 앞으로 다자녀 가구를 중심으로 신용카드 소득공제 한도를 높이거나 교육비 세액공제 대상을 확대하는 방안도 검토해야 한다. 예를 들어 초등학교 저학년 학생의 경우 체육시설 이용료 같은 항목을 공제 대상에 포함하는 방안 등을 고민해볼 수 있다. 아울러 아동의 기본적 권리를 보장하는 한편, 아이가 자랄수록 커지는 교육비 부담을 고려하여 현재 7세까지만 지급하는 아동수당을 18세 미만까지 단계적으로 확대하는 등 양육·교육에 필요한 현금성 지원도 늘어나야 할 것이다.

셋째, 결혼·출산의 부담은 줄이고 '메리트'는 확대하는 제도 개선을 지속해야 한다. 미혼 남녀가 효과적인 저출생 대책 1위로 '주거 지원'(33.4%)을 꼽을 만큼 주거 지원은 저출생 극복을 위한 핵심 과제다. 집 걱정 없이 결혼·출산할 수 있는 여건을 확대하기 위해 신혼부부 대상 주택청약 등에서 소득기준과 결혼 기간 등 요건을 완화하고, 신혼 및 다자녀 가구 등에 대한 우선공급과 특별공급, 자금 지원 확대 등 실질적 혜택을 대폭 늘려야 한다.

또 자녀를 희망하는 가정에는 아낌없이 지원해야 한다. 난임을 조기에 발견하고 치료할 수 있도록 가임력 검사 지원을 더 확대할 필요가 있다. 현재 2일만 유급으로 지원되는 난임 휴가를 확대하고, 신체적 부담을 줄이고 장기간의 치료도 받을 수 있도록 난임 휴직 신설도 검토할 필요가 있다. 난임상담센터의 접근성을 높이기 위해 권역별로 빠짐없이 설치하는 등 난임 치료를 위한 인프라가 확충되어야 한다. 난임 부부 시술비 지원사업은 신청이 받아들여져도 컨디션 난조로 시술 시작일이 늦어지는 경우 다시 신청해야 하는 경우도 발생할 수 있으므로, 이러한 부분도 신청인의 눈높이에서 절차 개선이 필요하다.

결혼 준비 부담을 유발하는 결혼 서비스 업계에 투명하고 공정한 거래 관행이 안착될 수 있도록, 관리 대상 업종의 범위를 명확화하고 가격 공개 근거 마련 등을 위한 법도 갖추어야 할 것이다. 결혼과 출산에 따라 교육, 교통, 생활, 여가 등 다양한 부문에서 체감할 수 있는 혜택도 더 제공되어야 한다. 또한 모든 지원체계가 '아이 중심'으로 구성되어 비혼 동거나 한부모 등 다양한 가족 형태도 지원 대상에서 누락되지 않도록 살펴야 할 것이다. 이러한 종합적인 지원이 뒷받침될 때, 출산과 양육이 사회공동체가 함께 책임지는 영역으로 자리잡을 수 있을 것이다.

04 시작된 변화, 더 나아가야 할 길

최근의 성과

이러한 정책적 대응과 사회적 인식 노력에 힘입어 「2025년 출생·사망통계(잠정)」을 보면 보면 2025년 연간 출생아 수는 25.4만 명으로 전년 대비 6.8% 증가하며 2년 연속 증가세를 이어갔다. 이는 2007년 10.0%, 1991년 9.2%에 이어 역대 세 번째로 높은 증가율에 해당한다. 합계출산율 역시 9년 만에 반등한 2024년 0.75명에서 0.05명 상승한 0.80명을 기록하며 2년 연속 상승했다. 이러한 긍정적 흐름이 지속되는 경우 「저출생 추세 반전을 위한 대책」이 목표한 바와 같이 2030년 합계출산율 1.0명대를 달성할 수 있을 것으로 기대된다.

2025년 출산율 지표를 세부적으로 살펴보면, 연령별 출산율(여성 1,000명당 명)의 경우 주된 출산 연령대인 30대의 출산율이 73.2명

▶ 연도별 출생아 수 및 합계출산율

(만 명, 명)	2016	2017	2018	2019	2020	2021	2022	2023	2024	2025ᵖ
출생아 수	40.6	35.8	32.7	30.3	27.2	26.1	24.9	23.0	23.8	25.4
증감	−3.2	−4.8	−3.1	−2.4	−3.0	−1.2	−1.1	−1.9	+0.8	+1.6
합계출산율	1.17	1.05	0.98	0.92	0.84	0.81	0.78	0.72	0.75	0.80
증감	−0.07	−0.12	−0.08	−0.06	−0.08	−0.03	−0.03	−0.06	+0.03	+0.05

* 국가데이터처, 「인구동향조사」

(+2.8명)으로 2024년에 이어 2년 연속 크게 개선되었고, 20대 후반 출산율의 가파른 하락세가 반전(20.7명 → 21.3명)된 것으로 나타났다. 출산율 상승 흐름은 전국 각 지역으로도 확산되었다. 2023년에는 17개 시·도 중 충북 1곳만 출산율이 상승한 데 반해 2024년에는 14곳에서 상승하였으며, 2025년에는 17개 모든 시·도에서 합계출산율이 상승하였다.

출생뿐 아니라 혼인 건수도 1970년 통계 작성 이래 가장 높은 증가율인 14.9%를 기록하며 22.2만 건을 돌파하였다. 혼인 증가는 시차를 두고 출산으로 이어진다는 점에서 향후 강한 반등 흐름을 기대하게 하는 매우 고무적인 변화로 평가할 수 있다.

▶ 연도별 혼인 건수

(만 건, %)	2020	2021	2022	2023	2024	2025ᵖ
혼인 건수	21.4	19.3	19.2	19.4	22.2	24.0
증감률	−10.7%	−9.8%	−0.4%	+1.0%	+14.9%	+8.1%

* 국가데이터처, 「인구동향조사」

인구구조 변화 적응을 위한 노력

앞으로 초저출생 추세가 반전되더라도 인구를 유지하기 위한 대체출산율(2.1명)로의 회귀는 짧은 시간 내에 달성되기 어려울 것이다. 또한 이미 시작된 인구구조 변화의 영향은 계속될 것이므로, 인구구조 변화 속도의 '완화 전략(Mitigation)'과 인구구조 변화에 대한 우리 경제·사회의 적응력을 높이는 '적응 전략(Adaptation)' 병행이 필요하다.

우리 경제·사회의 지속 가능성을 위해 가장 중요한 과제 중 하나는 경제활동인구의 확충이다. 인구 감소로 인해 생산가능인구가 가파르게 줄어들면 산업인력이 부족해지고 성장잠재력이 약화될 것이라는 우려가 크지만, 경제활동인구를 확충하면 생산가능인구 감소를 상당 부분 보완할 수 있다.

이를 위해 여성·장년·고령자의 경제활동 참여를 확대하고, 우수한 외국인 인력을 확보할 수 있는 정책을 수립해야 한다. 우선 여성의 경제활동 참여를 제고하기 위해서는 유연근무 활성화, 장시간 근로 관행 개선, 직장 내 양성평등 확립 등을 통해 일하는 방식을 개선하고 일·가정 양립을 실현하는 것이 중요하다. 장년·고령자 대상으로는 계속고용 여건을 마련하기 위해 임금체계를 직무·성과급 등 적합한 방식으로 개편하고, 정년과 연금 수급연령을 연계하는 방안 등을 검토할 필요가 있다.

이제 우리는 출산율을 높이는 데에만 국한하지 않고, 외국인 유입을 포함한 종합적 관점에서 인구 위기의 해법을 모색해야 할 때이다. 현재 저숙련·단기 인력 중심으로 운영되어 온 외국 인력 정책을 고숙련·정주 인력 확충을 위한 정책으로 전환해나가고, 산업·지역 수요를 반영하여 이민정책을 수립해야 한다.

우선 '정책 대상' 측면에서 저숙련 인력 중심에서 벗어나 앞으로는 고숙련 전문인력과 중숙련 인력으로 이동해야 한다. 그리고 향후 10년 내 38만~71만 명 이상의 인력 부족이 예상되는 간병·돌봄 인력을 집중적으로 유치해야 한다. '활용 방식'도 기존의 최대 10년 정도 활용 후 돌려보내는 형태에서 우수인재를 중심으로 정주를 유도하는 방향으로 전환하고자 한다. 이를 위해 첫째, 해외 인재가 더욱 쉽게 들어올 수 있도록 비자, 영주권 등 각종 제도적 측면의 제한을 대폭 완화해야 한다. 또 고용허가제를 유연하고 포괄적으로 개편하여 꼭 필요한 인력들이 적재적소에 공급될 수 있게 해야 한다. 예비인력 확보 차원에서 개발도상국에 대한 공적개발원조사업(ODA)과 연계하여 현지 입국 전 '사전교육 프로그램(Pre-departure)' 오리엔테이션을 운영하는 방안도 고려해볼 만하다.

외국 인력들의 국내 정주 여건도 대폭 개선해야 한다. 교육·주거 등 핵심 분야에서 국제학교 확대, 공공임대주택 지원과 같이 국내 정착에 도움이 되는 실질적인 지원방안을 지속적으로 발굴하고, 소득세 감면과 같은 세제 혜택도 추가로 검토할 필요가 있다. 하지만 무엇보다 중요한 것은 '사회통합 정책'이다. 우리나라는 이미 공식 외국인 비중이 4.9%로, 국제기구에서 통용되는 다인종 다민족 국가 기준인 5%에 근접하고 있다. 외국 인력의 인권과 근로조건, 또 산업 안전을 내국인 수준으로 보장하는 '인력의 관점'을 넘어, 함께 살아

가는 사람들을 포용하는 다양성에 기반한 정체성을 만들어나가야
한다.

05 새로운 도약의 기회

　　인구 위기와 같은 근본적인 문제를 풀어내기 위해서는 기존의 고민과 사고의 틀을 넘어 판을 새로 짜는 혁신적 노력이 필요하다. 지난 14세기 흑사병 창궐로 급격한 인구 감소를 겪었을 때, 서유럽과 동유럽의 대응 방식은 상이했다. 서유럽의 경우 농민 부담을 줄이고 부역을 화폐로 전환하는 새로운 패러다임으로 대응하였다. 그 결과 농민이 자산을 축적하고 자유 소작농이 증가하여 이후 자본주의와 산업혁명의 맹아가 움텄다. 반면 동유럽은 오히려 농노제를 강화하는 방향으로 대응하며, 이후 세계사의 중심에서 한걸음 물러나게 되었다.

　　이러한 14세기 유럽의 사례는 초저출생·초고령화·초인구절벽이라는 3초(超)의 인구 위기 앞에 선 우리에게 많은 점을 시사해준다. 초저출생과 이로 인한 인구구조 변화는 분명히 큰 위기이지만, 이를 계기로 인구 팽창 시대에 형성된 각종 제도·관행·문화를 인구 감소

환경에 걸맞게끔 개혁하여 생산적이고 혁신적인 국가 시스템을 구축한다면, 우리에게 새로운 도약의 기회가 될 수 있을 것이라고 기대한다.

2장

출산율 반등은
사회가 바뀌기 시작했다는 신호

1.

총론

전환점은 위기가 아니라 선택의 순간이다.

우리는 인구 위기를 넘어 인구혁신의 시대를 열어야 한다.

새로운 인구전략에 맞춰 청년이 결혼과 출산을 선택하고,

여성과 고령층이 경제활동을 지속하면서

새로운 인재가 참여할 수 있는 경제사회 여건을 조성한다면

대한민국의 미래는 새롭게 설계될 수 있다.

01 우리의 미래는
아이에게서 온다

"이대로 가면 한국처럼 된다."

2024년 미국 대선에 나온 한 부통령 후보가 미국의 저출생 위기를 지적하면서, '한국'을 언급했다. 세계적으로 저출생을 표상하는 국가가 될 만큼 한국의 상황은 심각하다. 2023년 출생아 수는 23만 명으로, 2012년 48만 명에 비해 약 10년 만에 절반 수준으로 감소했고, 전국 228개 시·군·구 중 118곳은 인구소멸 위험지역으로 분류됐다.

하지만 최근 저출생으로 인한 문제가 사회 전 분야에 걸쳐 가시화되면서 인구 문제 해결에 온 사회가 힘을 보태야 한다는 데 뜻이 모이고 있다. 몇몇 기업이 직원을 대상으로 한 특단의 출산 지원 대책을 발표했고, 대한상의는 저출생 문제에 기업의 역할이 중요하므로 이 문제 해결에 기여하겠다는 의사를 밝혔다. 종교계까지도 미혼 남녀 만남 프로그램을 진행하는 등 한마음으로 나서고 있다. IMF 때 이후로 이렇게 국민 모두가 한뜻으로 협력해야 한다는 분위기가 형성된 적이 있었던가 싶을 만큼이다.

이때 정부가 해야 할 일은 전 사회가 보태는 지지에 힘입어 인구 문제에 대한 변화의 모멘텀을 만들어가는 것이다. 이를 위해 저출산고령사회위원회는 저출생 문제에 대한 정부의 강력하고 진심 어린 해결 의지를 정책과 행동으로 계속 입증해나갈 계획이다. 기존 정책들을 전면 재검토하고 결혼과 출산을 가로막는 장애물을 찾아내 하나하나 해결하면서 출산율 하락세를 반전시킬 수 있는 계기를 마련하고자 한다.

출산과 양육 부담 완화, 일·가정 양립 등 직접적인 요인 개선 외에도 좋은 일자리 확대를 위한 노동시장의 이중구조 문제 해결, 수도권 집중 해소와 사회적 인식 제고 등 구조적인 과제들도 단계적으로 접근해 정책의 효과성을 높일 계획이다.

하지만 이것만으로는 부족하다. 정부의 정책과 노력만큼 중요한 것은 온 사회가 아이를 중요하게 여기고 함께 아이를 돌보는 사회를 만들어가는 모두의 힘이다. 저출생 문제에서 늘 빠지지 않는 이야기가, '저출생은 사회의 모든 문제가 빚어낸 총체적 결과'라는 것이다. 사회 모두는 그 문제에 책임이 있고, 돌봄을 함께 나눠 지는 것은 온 사회가 마땅히 해야 할 일이다.

얼마 전 직장 만족도가 높을수록 결혼과 출산 의향이 커진다는 조사 결과가 나왔다. 정규직 청년이 비정규직 청년에 비해 결혼 의향이 20% 높고 직장의 고용 안정성이 높을수록 결혼 의향이 비례해 증가한다는 연구 결과도 있다. 법보다 무서운 직장 내 눈치 때문에 육아휴직을 사용하지 못한다는 뉴스는 일기예보만큼 흔하다. 그만큼 기업과 경제단체 등 경제계가 아동 돌봄에 책임감을 가지고 나선다면 결혼·출산 여건이 빠르게 달라질 수 있다. 방송·언론계도 결혼과 출산을 긍정하는 콘텐츠를 적극 제작·확산할 필요도 있다.

너무 당연해서 잊고 있지만 우리는 모두 아이였다. 이 사회의 시작도, 미래도 아이에게서 온다. 지지와 응원을 넘어 전 사회가 함께 문제 해결에 동참해야만 우리는 희미하지만 결국은 오고 마는 여명 같은 희망을 만날 수 있다. 대한민국은 지금 한 번도 겪어보지 못한 위기 상황이고 미래는 단순히 도래하는 것이 아니라 적극적으로 만들어가는 것이다. 온 사회가 함께 나설 때 우리는 새로운 미래를 쓸 수 있다.

《노컷뉴스》(2024. 03. 25.)

02 아이에게 보여주고 싶은 세상, '아이가 행복'한 사회

대한민국 최초이자 아시아 여성 작가 중 최초로 노벨문학상을 받은 한강의 자전소설 『침묵』이 최근 화제가 되고 있다. 내심 아이를 안 낳으려던 작가에게 남편은 이렇게 말한다.

"세상에 맛있는 게 얼마나 많아. 여름엔 수박도 달고, 봄에는 참외도 있고, 목마를 땐 물도 달잖아. 그런 거, 다 맛보게 해주고 싶지 않아? 빗소리도 듣게 하고, 눈 오는 것도 보게 해주고 싶지 않아?"

달디단 수박, 빗소리와 세상을 하얗게 덮는 눈, 새 생명에 들려주고 보여주고 싶은 것들이 세상에는 참 많다. 작가의 우려처럼 세상이 살 만하다고 느낄 때까지 아이가 겪어야 할 여러 난관도 있겠지만, 아이를 이 세상에 초대해 소중하고 귀한 경험을 할 기회를 주는 일은 부모만이 할 수 있다. 한강 작가는 노벨문학상 수상 소식에 "오늘 밤 아들과 차를 마시면서 조용히 축하할 것"이라는 소감을 밝혔다고 한다. 아이가 없었다면 느끼지 못했을 행복감이 물씬 묻어나는 소감이다.

하지만 최근 많은 사람이 이러한 행복 앞에서 주저한다. '나도 아이도 행복한' 미래를 그리지 못하게 하는 현실 여건과 행복에 대한 기대를 가로막는 걱정과 우려 때문이다. 그렇게 한국은 11년째 OECD 국가 가운데 합계출산율 꼴찌를 기록하고 있다. 급감하는 출산율은 고령화사회로의 진입을 재촉해 '초저출생·초고령화·초인구절벽'이라는 3초(超)의 인구 위기를 불러왔다.

출생아 수는 반세기 만에 5분의 1 수준인 20만 명대로 급감했고, 2025년이면 고령사회로 진입한 지 7년 만에 초고령사회 진입이 예상된다. 이대로 간다면 2050년에는 인구 10명 중 4명이 노인이 되고, 2100년에는 대한민국의 전체 인구가 지금의 절반 이하로 감소한다.

왜 이런 일이 벌어졌을까? 우선 결혼을 하지 않거나, 늦은 나이에 하기 때문이다. 실제로 혼인 건수는 2012년부터 꾸준히 감소했고 그만큼 출산율도 가파르게 하락했다. 결혼을 위해서는 '좋은 일자리', 보금자리가 되어줄 '안정적인 주거'가 필수다. 하지만 일자리와 주거 문제는 수도권 집중과 과도한 경쟁체제 등 구조적인 문제와 연계된다.

최근에는 결혼 후 아이를 낳지 않는 부부도 많다. 이미 결혼 건수가 추락한 상황에서 결혼하더라도 아이를 낳지 않거나 적게 낳는 추세가 심화됐다는 이야기다. 구조적인 문제에 대한 근본적 접근과 함께 아이를 키우면서 맞닥뜨리게 될 돌봄 부담, 사교육비 등으로 인한 경제적 부담, 일·육아 병행을 어렵게 하는 사회적 환경 등을 아울러 개선해야 해법에 조금이라도 다가갈 수 있다.

실제 독일과 일본 등 조금이나마 출생률을 높인 다른 나라의 사례를 보면 크게 세 가지 공통점이 있었다. 첫째는 일과 가정이 양립될 수 있는 체계를 확실히 만들었고, 둘째는 사회적인 돌봄체계를 구축했으며, 셋째는 공동체의 가치를 중시하고 가족 친화적인 기업 경영문화가 정착했다는 점이다.

이에 정부는 합계 출산율을 2030년까지 1명으로 만들겠다는 목표를 가지고 지난 6월 「저출생 추세 반전을 위한 대책」을 내놓았다. 이번 대책의 방향은 크게 두 가지다. 하나는 국민이 꼭 필요로 하는 정책을 중심으로 한 실질적 정책 대응이고, 다른 하나는 사회문화적 인식을 바꾸는 일이다.

정책적 대응은 '일·가정 양립', '양육 부담 완화', '주거 지원' 등 3대 핵심 분야를 중심으로 추진 중이다.

우선, 선진국 수준의 일·가정 양립 환경 조성에 집중한다. 연 1회 2주간 사용할 수 있는 단기 육아휴직을 도입하고, 육아휴직급여 소득 상한을 대폭 인상했다. 이에 따른 중소기업의 부담을 덜기 위해 육아휴직 대체인력 지원금도 신설했다. 이를 통해 필요할 때 눈치 보지 않고 육아휴직을 사용할 수 있도록 하고, 유연근무도 활성화해 아이와 함께하는 시간을 부모에게 내어주고자 한다.

둘째, 양육 부담 완화를 위해 정부는 11세 이하 모든 아이에게 양질의 무상 돌봄과 교육을 제공한다. 5세 아동까지 단계적 무상보육을 실현하고, 늘봄학교를 전 학년으로 확대하는 등 공백 없는 돌봄, 양질의 교육이 가능한 국가 돌봄·교육 체계를 만들고 있다. 시간제 보육기관도 3배 이상 늘리고, 외국인 가사관리사도 확대해나갈 계획이다.

셋째, 결혼과 출산, 육아가 메리트가 되는 주거 지원정책이다. 결혼·출산 가구에 대한 주택 공급을 확대하고, 신생아 특례대출의 소득요건을 사실상 폐지했으며, 추가 우대금리도 적용한다. 또 좋은 일자리 부족, 수도권 집중, 사교육비 부담 등 그동안 소홀했던 구조적 문제에 대해서도 인구 위기 관점에서 대응책을 모색하고 있다.

정책적 대응과 더불어, 사회인식 개선을 위한 노력도 중요하다. 정부는 결혼·출산·육아에 대한 부정적 인식을 긍정으로 바꾸고, 가족과 생명의 가치를 존중하며 아이를 환영하는 사회를 만들기 위해 경제계, 학계, 방송계, 종교계 등과 힘을 모아나가고자 한다.

때마침 지난 8월 경제계와 방송계, 학계, 종교계 등 민간이 뜻을 모은 '저출생 극복 추진본부'가 출범했고 기업들은 더 나은 지원정책으로 직원들의 출산과 육아를 돕고 있다. 아이 키우는 즐거움과 가족의 행복을 다루는 방송도 늘면서 사회 분위기 반전에 힘을 보태고 있다. 이러한 변화 덕분인지 지난주 발표한 「결혼·출산·양육에 대한 인식 조사」에서 지난 3월보다 결혼 긍정과 출산 의향이 모두 늘어난 것으로 나타났다.

이제 앞선 걱정과 우려보다 미래에 대한 희망을 가지고, 아이들에게 보여주고 싶은 더 멋진 세상을 만드는 데 집중해야 할 때다. 정부와 사회 각계각층, 그리고 국민이 더 나은 미래에 대한 꿈을 잃지 않고 함께 만들어나간다면 우리 아이에게 맛보여주고 싶은 달디단 수박과 같은 미래가 성큼 다가올 것이다.

《조선일보》(2024. 10. 24.)

03 저출생, 더 이상 놓치면 안 될 '마지막 골든타임'

우리나라의 저출생 문제는 국가 비상사태에 가깝다. 지금의 감소 추세가 계속된다면 경제, 사회, 교육, 안보 등 전 분야에서 국가 시스템 붕괴가 우려된다. 우리가 놓쳤을 뿐 경고등은 진작부터 켜져 있었다. 1980년대 초 합계출산율이 이미 대체출산율보다 낮아졌지만, 출산장려 정책으로의 방향 전환은 늦었고 단기적 문제 해결에 급급했다. 결혼과 가족에 대한 급변하는 국민의 인식에도 적절히 대응하지 못했다. 국민은 저출생 정책에 대한 개선을 요구하고 있었다.

저출생 정책의 변화는 그 목소리를 겸허히 듣고, 잘못을 인정하는 것부터 시작될 터였다. 저출산고령사회위원회 부위원장으로 임명된 후 계속 국민을 만나고 수많은 현장을 방문한 이유다. 청년과 맞벌이·홑벌이 가족, 난임 부부 등 다양한 정책 수요자와 공급자를 만났고 어린이집과 기업 등 현장을 찾았으며 전 국민 정책제안도 받았다.

그렇게 저출산고령사회위원회는 국민의 요구에서 시작해 실책을 복기해 개선점을 찾아 바꾸며 지난 19일「저출생 추세 반전을 위한 대책」을 내놓았다. 온 사회의 변화가 요구되는 중대한 문제인 만큼 마지막 골든타임이라는 각오로 '정책적 대응'과 '사회인식 변화'를 양대 축으로 범국가적 역량을 결집해, 말 그대로 초저출생 추세 반전의 계기를 마련하고자 한다.

정책적 대응은 일·가정 양립, 양육, 주거의 3대 분야에 걸쳐 15대 핵심 과제를 설정했다. 육아휴직급여를 인상하고 사용을 편리하게 바꾸는 등 일·가정 양립이 가능한 환경을 적극 조성하고 유아와 아동에 대한 국가책임 돌봄·교육 체계를 완성해나갈 예정이다.

결혼·출산이 메리트가 될 수 있도록 출산 가구에 대한 주택 공급을 확대하고 신생아 특례대출의 소득기준을 사실상 한시 폐지하는 등 결혼부터 양육까지 국가 지원을 대폭 확대한다. 일자리, 사교육, 수도권 집중 등 구조적 문제도 관계부처와 원 팀으로 지속 대응한다.

정책을 만드는 것만큼 중요한 것은 조속히, 제대로 실행하는 것이기에 매월 인구비상대책회의를 열어 정책 실행도 점검할 계획이다.

가족의 가치가 무색해지는 현실을 타개하고 "왜 아이를 낳아야 하느냐"란 질문에 "아이가 행복"이라고 답할 수 있도록, 문화를 바꾸고 사회 분위기를 만들어가는 일 또한 빼놓을 수 없다. 경제·종교·언론계, 지자체 등과 일·가정 양립이 가능한 문화를 만들고 출산과 육아를 환영하고 긍정하는 인식을 확산하는 등 범국가적 역량을 결집해나갈 계획이다.

결혼과 출산은 국민의 현실에 대한 만족과 미래에 대한 기대를 보여주는 리트머스 시험지와 같다. 눈과 귀를 열어 국민과 소통하고 새롭게 발표한 정책의 실행 과정을 계속 모니터링하면서 유연하게 대처한다면 저출생 흐름을 멈춰 세울 수 있는 모멘텀이 되지 않을까 기대한다.

그동안의 실기로 잃어버린 국민의 신뢰를 정책 발표 한 번으로 회복하기 어렵다는 점을 누구보다 잘 알기에, 이번 대책을 국민 신뢰를 위한 첫걸음으로 여기고자 한다. 국민의 얼어붙은 마음을 녹이고 한 걸음 더 다가갈 수 있도록 달라진 정책을 달라진 태도와 행동으로 입증하며 앞으로 나아가고자 한다. 국민께 저출생 정책 추진에 만전을 기할 것을 약속드린다. 지켜봐 주시길 부탁드린다.

《헤럴드경제》(2024. 06. 27.)

04 저출생 대응 '선택과 집중'으로 효과 높인다

380조 원. 2006년부터 2023년까지 '저출생 대응'을 명목으로 적지 않은 정부 예산이 투입됐다. 그럼에도 우리의 출산율은 날이 갈수록 떨어지고 있다. 많은 예산에도 저출생 대응정책이 별 효과를 거두지 못했다는 일각의 질책도 무리가 아니다.

왜 이런 일이 발생했을까. 몇 가지 문제점이 있었다.

첫째, '저출생 대응'이라는 바구니 안에 저출생과 직접 연관 없는 사업이 다수였으며, 상당 예산은 되돌려 받는 예산이었다. 저출산고령사회위원회와 한국개발연구원의 분석에 따르면 2023년 저출생 관련 예산 47조 원 중 저출생 대응에 직결된 사업 예산은 23조 5,000억 원이었다. 나머지 예산 대부분은 주거 지원 사업이고, 직접 관련 없는 사업도 다수였다. 이를 걷어내고 OECD 기준 가족 분야 복지지출로 재구성하면, OECD 출산율 꼴찌인 우리나라의 저출생 예산은 OECD 38개국 중 31위에 불과하다. 예산만 많아 보일 뿐 수요자에게는 부족해 정책 효과가 날 수 없는 상황이었다.

둘째, 국민의 뜻을 읽지 못하고 예산을 불균형하게 투입한 결과였다. 저출생과 직결 사업 예산 23조 5,000억 원 중 20조 5,000억 원이 아동수당 등 양육 현금성 지원이었다. 저출생 대응 효과가 크고 국민의 요구가 높은 일·가정 양립 예산은 8.5%인 2조 원, 결혼·출산 장려 예산은 약 1조 원 규모였다.

셋째, 사업 실효성에 대한 엄정한 평가가 없었다. 사업 효과성 분석과 중복·유사 사업 점검으로 효과 높은 정책을 중심으로 사업 예산을 구조조정했어야 하지만 그 과정이 제대로 이뤄지지 못했다.

이는 저출생 예산이 과다하다는 착시현상을 불러왔고, 효율적인 사업 추진을 방해했다. 적극적인 예산 재구조화가 필요한 이유다.

최근 저출산고령사회위원회는 일·가정 양립, 양육, 주거의 3대 핵심 분야를 중심으로 한 「저출생 추세 반전을 위한 대책」을 발표했다. 이 정책을 시행하려면, 기존 사업과 예산에 대한 냉정한 평가와 재구조화가 선행되어야 한다.

저출산고령사회위원회는 저출생 대응과 관련성이 낮은 사업은 과감히 도려내고 중복·유사 사업은 통폐합하면서 정책 우선순위와 성과에 따라 예산을 재분배하고자 한다. 정책 사각지대에 대한 보완책 마련과 함께 가족의 가치를 알리고 아이가 우대받는 사회문화 조성을 위한 캠페인도 적극 추진한다.

사업 추진만큼 중요한 것은 꾸준히 실행 과정과 효과를 살펴보는 모니터링이다. 국민이 참여하는 모니터링을 강화해 관행적 사업 추진을 멈추고, 효과성과 국민의 목소리를 최우선으로 사업의 계속 여부를 결정할 계획이다.

또 그간 양육과 현금성 지원에 쏠려 있던 예산을, 국민이 가장 필요로 하는 일·가정 양립에 재분배하고, 효율적인 예산집행으로 투입 대비 성과가 높아지도록 정책 효과성을 높여나갈 예정이다. 인구 감소로 수요가 줄어든 여타 사업들을 점검하고, 구조조정되는 사업 예산을 수요가 높은 저출생 중심으로 재편성할 필요도 있다.

예산의 기본 원칙은 크게 세 가지다. 첫째는 국민의 세금을 허투루 사용하지 않는 일이고, 둘째는 예산을 투명하게 집행하는 것이며, 셋째는 한정된 예산을 효과성과 효율성을 고려해 꼭 필요한 곳에 적절하게 배분하는 것이다. 복잡한 문제일수록 기본에 충실하면 답이 보인다. 저출생 대응사업에 대한 선택과 집중, 이를 통한 효과 높은 정책 시행까지 기본에서 다시 출발하겠다.

───────────────

《**동아일보**》(2024. 07. 18.)

05 국민과 함께 만든 정책, 그래서 달라졌다

　정책은 책상 위에서만 만들어져서는 안 된다. 현장에서 문제를 겪고 있는 사람들이야말로 문제와 해법을 가장 잘 아는 전문가이며 동시에 정책의 수요자이자 정책 개선의 원동력이기 때문이다. 특히 결혼과 출산, 육아처럼 한 사람의 삶을 통째로 바꿔놓는 선택과 맞닿은 문제는 더욱 '국민과 함께'여야 한다. 저출산고령사회위원회가 2024년과 2025년 두 차례에 걸쳐 진행한 정책공모전은 이러한 문제의식에서 출발했다. 정책은 국민과 함께 만들어야 한다는, 당연하지만 제대로 실현하기 어려운 원칙을 현실로 만들자는 시도였고, 결과적으로 삶 속에서 필요를 발굴하여 정책의 실효성을 높이는 계기가 되었다.

　사실 정책공모전은 너무 흔해서 이슈조차 되기 어려운 방식이다. 하지만 생활 속 불편에서 출발한 문제의식을 공적인 해결 방식으로 바꾸자는 공모전의 취지는 시대를 관통한다. 문제는 방식이 아니라,

관행적으로 운영하는 태도에 있다. 위원회는 국민과 함께 정책을 만든다는 원칙을 가지고 결혼, 출산, 양육, 주거, 일·가정 양립, 고령자의 삶에 이르기까지 국민의 경험과 통찰을 정책의 중심에 두는 진정성을 담아 공모전을 준비했다.

2024년 공모전에는 2,196건의 국민 제안이 모였다. 양육 부담 완화를 위한 아동수당 연령 확대, 자녀 수에 따른 혜택 강화, 육아휴직의 실효성을 높이는 자동신청제, 남성 육아휴직 활성화 등은 국민의 삶에서 나온 제안이었다. 청년과 신혼부부를 위한 맞춤형 주거 지원과 근무형태의 유연화, 수도권 집중 완화 등 구조적 개선과제도 주목을 받았다.

2025년 공모전은 한층 더 풍성해졌다. 총 3,639건의 제안이 접수되었고, 중·고등부를 신설해 청소년들의 목소리도 반영했다. 1,663건에 달하는 청소년 제안은 인구 문제에 대한 깊은 고민과 창의성을 보여줬다. 예컨대 택시에 육아용품을 비치해 출산과 육아를 환영하는 문화를 만들자는 '맘택시' 아이디어, 고령자의 대중교통 이용 편의를 높이는 '고령자 맞춤형 디지털 안내판'은 세대 간 배려와 따뜻한 시선을 담고 있었다.

공모전에 제안된 아이디어는 정책으로 이어졌다. 2024년 대상 수상작인 '신혼부부 출산 브릿지 임대주택'은 신혼부부가 소형 공공임대주택에 입주한 뒤 출산하면 더 넓은 평형으로 이사하거나 자녀가 성인이 될 때까지 계약을 연장할 수 있도록 하는 제안이었다. 이 아이디어는 그해 6월 발표한 「저출생 추세 반전을 위한 대책」 중 임대주택 거주 중 더 넓은 평수로 해당 또는 인근 임대 아파트로 이사할 수 있고, 출산 시 최대 20년까지 계속 거주하도록 하는 정책으로 반영됐다. 또 서울시의 '미리내집' 등 지자체 주거 정책의 씨앗이 되기도 했다.

2025년 공모전의 우수 아이디어들도 정책화를 위한 검토가 진행 중인데, 연말에 발표되는 「제5차 저출산·고령사회 기본계획 (2026~2030)」 수립 과정에서 실효성 있는 정책 자원으로 활용될 예정이다.

정책이 효과를 발휘하려면 국민의 신뢰가 필요하고, 신뢰는 국민으로부터 듣는 것에서 시작된다. 저출생과 고령화라는 거대한 과제 앞에서 정부가 할 수 있는 가장 강력한 접근은 많은 국민이 겪고 있는 문제를 국민이 원하는 방식으로 해법을 찾을 수 있도록 고민하는 것이다. 국민과 함께 만든 정책은 공감에서 비롯해 같이 찾아낸 해법이기에 지속 가능하다.

최근 출산율에 변화의 조짐이 보이고 있다. 2024년 합계출산율이 0.75명으로 9년 만에 증가했고, 출생아 수와 혼인 건수 증가세가 올해에도 매달 지속되고 있다. 아직 미약하지만 우리에게 희망을 던져주는 작고 소중한 이런 변화는 국민과 함께했기에 가능했다고 생각한다. 중요한 건, 이런 확신들이 모인다면 더 많은 국민 참여형 정책을 이끌어내고 정책의 실효성을 높이는 데 기여할 거라는 점이다. 이러한 과정을 통해 국민이 정부와 정책을 신뢰하게 되고, 이를 바탕으로 다시 국민이 정책에 적극 참여하는 선순환이 마련된다면, 그것만으로도 이미 훌륭한 성과다.

06 앞으로 5년이
대한민국의 50년을 결정한다

경제협력개발기구(OECD)는 올해를 20~64세의 생산가능인구가 처음으로 감소하고, 부양해야 할 고령층은 급격히 늘어나는 '세계 인구구조의 전환점'이라고 규정했다. 한국은 이 변화가 세계에서 가장 빠르다. 2022년 기준 향후 10년간 매년 생산가능인구는 약 33만 명씩 줄어드는 반면, 65세 이상 고령층은 48만 명씩 늘 전망이다. 특히 2030년대에는 25~39세 인구가 연평균 21만 명씩, 50~64세 인구는 15만 명씩 감소하며 청년층과 숙련된 중장년층이 노동시장에서 이탈하게 된다.

2025년 노벨경제학상을 받은 조엘 모키어 미국 노스웨스턴대 교수의 "한국의 유일한 문제는 저출생"이라는 진단처럼 인구 감소로 노동공급 축소와 경제성장 저하가 빠르게 현실화되는 것이다. 하지만 앞으로 5년, 제대로 대응한다면 위기를 기회로 전환할 수 있다. 베이비붐 세대의 자녀인 425만 명 규모의 에코 세대(1991~1996년생)가 결혼·출산기에 진입하는 지금은 '인구 보너스'를 활용할 수 있는 마지막 기회이자, 대한민국의 향후 50년을 바꿀 결정적 순간이다.

이에 인구정책은 지원 위주의 정책 대응을 넘어 AI(인공지능) 등 급격한 기술 변화를 반영해 기술·경제·사회의 구조적 혁신전략으로 격상돼야 한다. '초저출생', '초고령화', '초인구감소'라는 3대 인구 문제 축을 중심으로 잠재 인력을 극대화하고 이민정책을 포용하며 청년층이 미래를 설계할 수 있는 여건을 만들어야 한다.

먼저, 초저출생 대응을 위해 일하는 방식 등 근본적 혁신이 필요하다. 한국개발연구원(KDI)에 따르면 출산은 여성 경력단절 가능성을 최소 14%p 높이며, 이러한 우려가 출산율 하락에 약 40% 영향을 미친다. 청년들이 결혼과 출산을 선택하자면, 현금 지원을 넘어 일·가정 양립과 경력 지속성이 보장돼야 한다. AI 기술을 배경으로 재택근무, 시차출퇴근제 등 유연근무가 기본 업무방식으로 혁신되고 채용·이동·승진의 전 과정에서 남녀 차별을 해소해나간다면 직장 내 성평등이 정착되고, 이는 가정 내 맞돌봄 문화로 이어지면서 출산 친화적 환경을 조성할 수 있다.

둘째, 에이지테크(Age-Tech) 산업 육성 등 기술과 제도를 통한 초고령사회 대응이다. AI 돌봄 로봇이나 센서를 활용한 스마트 돌봄 시스템 등은 돌봄 인력 부족을 완화하고, 고령자의 생산성을 높이며 지역사회 통합돌봄체계 구축에도 기여한다. 실버경제가 활성화되면 숙련 고령층의 계속고용 환경이 조성되고 신성장산업을 주축으로 청년 일자리를 창출하는 선순환 구조도 가능하다.

셋째, 현 추세대로라면 향후 50년 뒤 1,500만 명 이상이 줄어드는 등 급격한 인구 감소에 대비해 일·가정 양립 환경 조성과 고령층 일자리 창출 등으로 국내 인력 활용을 극대화하면서, 동시에 이민정책을 포용해야 한다. 여성과 고령층에 대한 직무능력 향상·직무전환의 기회를 확대하고, 고령층은 성과 중심의 임금체계 개편과 연계해 재고용 확대 또는 정년 연장 등도 적극 도모해야 한다.

그럼에도 불구하고 모자란 돌봄 인력과 첨단·중숙련 인력을 중심으로 유입부터 정착, 사회통합까지 전 주기 관리체계를 구축해야 한다. 언어, 주거 여건 등이 불리한 한국은 이민 경쟁국을 압도할 수 있는 강력한 유인책이 요구된다. AI와 디지털 기술이 인력 부족을 보완하도록 과감한 산업구조 재편과 첨단기술 확산도 병행해야 한다.

전환점은 위기가 아니라 선택의 순간이다. 5년간 우리는 인구 위기를 넘어 인구혁신의 시대를 열어야 한다. 기술혁신과 인구정책을 결합해 청년이 결혼과 출산을 선택하고, 여성과 고령층이 경제활동을 지속하면서 새로운 인재가 참여할 수 있는 여건을 조성한다면 대한민국의 미래는 새롭게 설계될 수 있다.

《머니투데이》(2025. 10. 27.)

07 정책 수립,
'감'이 아닌 '데이터'로

한국의 합계출산율은 2024년 0.75명으로 소폭 반등했지만, OECD 평균 1.58명의 절반에도 못 미친다.「저출산·고령사회 기본계획」이 2006년부터 만들어진 점을 감안하면 매우 초라한 성적표다.

이는 정책이 부족해서가 아니라 정책 설계와 집행 방식이 막연한 추정, 관성적 접근에 머물면서 한정된 예산과 인력 등 자원을 효율적으로 활용하지 못했기 때문이다.

그 결과, 정책에 대한 신뢰와 국민의 기대감은 충족되지 못하고, 정책의 효과는 제한적으로 나타난다. 특히 저출생과 같이 원인이 복잡하고 정책 투입과 효과 사이에 시차가 큰 문제의 경우 경험이나 추측에 의존한 정책으로는 성과를 기대하기 어렵다.

정책의 성패는 한정된 재원과 사회적 역량을 가장 효과적인 영역에 집중시키는 것에서 출발하며, 그 판단은 데이터 기반의 과학적 근거에 토대해야 한다.

실제로 사교육비가 1% 증가하면 합계출산율이 0.19~0.26% 감소한다는 최근의 연구는 2007년부터 2023년까지 전체 출산율 하락의 최대 22.3%가 교육비 부담으로 설명될 수 있음을 시사한다.

또한, 주택 매매와 전세 가격이 각 1% 오를 때 무주택자의 출산율은 각각 3.8%, 4.5%가 감소하는 것으로 나타났다. 이런 실증적 결과들은 정책 설계 시 막연한 현금 지원을 넘어, 사교육비 경감이나 주거 안정성 확보와 같은 핵심 개입 지점에 자원을 집중해야 함을 강력히 뒷받침한다.

근거 기반의 정책 설계는 정책 무용론을 극복하고 정책을 일관되게 장기적으로 추진할 수 있는 핵심 동력이기도 하다. 효과의 체감까지 오래 걸리는 인구정책의 특성상, 단기적인 출산율 증감만으로는 정책 효과를 판단하기 어렵다.

따라서 장기적으로 일관되게 정책을 추진하자면 정책 목표와 전달 경로, 대상을 데이터로 정밀하게 규명하고, 정책 투입의 효과성을 입증해야 한다. 실증적 근거 위에서 정책이 설계되고 평가될 때 비로소 정책에 대한 신뢰를 높이고, 필요성에 대한 사회적 공감대를 확보할 수 있다.

이에 정부는 지난해 실증연구에 기반해 양육 부담 완화, 일·가정 양립, 주거 지원에 역점을 두고, 사교육비 경감 등 구조적 문제의 대응책도 포괄한 「저출생 추세 반전을 위한 대책」을 발표했다. 더불어 '인구정책평가센터'를 신설해 정책 이행, 성과 평가, 결과 환류를 아우르는 평가체계를 구축하고, 지자체 현금 지원, 일·가정 양립정책 등 주요 저출산 정책에 대한 객관적 평가를 추진하고 있다. 또 여러 행정 데이터를 연계해 인구지표에 대해 정밀 모니터링도 추진하고 있다.

그러나 정부의 노력만으로는 부족하다. 학계와 현장의 협력이 필수적이다. 고용, 교육, 사회보험 등 다차원 자료와 인구 패널데이터를 연계하여 결혼·출산 등 개인의 중대한 의사결정 전후의 소득, 고용, 돌봄 환경을 정밀 분석할 수 있는 생태계를 시급히 마련해야 한다. 데이터를 기반으로 우선순위를 정하고, 학계와 현장이 참여해 정책을 검증하며, 그 결과를 다시 국민에게 설명하는 선순환이 정착할 때 정책의 실효성과 설득력은 동시에 획득된다.

과학적인 데이터와 실증적 근거에 기반한 정책만이 국민의 신뢰를 얻고, 위기를 극복하고 지속 가능한 사회를 이끌어낼 수 있다.

《헤럴드경제》(2025. 11. 04.)

2.
정책 대응

출산율 반등을 위한 정책 과제로는

부모가 아이와 함께하는 시간을 늘려주는 유연근무 확대,

공공과 민간의 양질의 보육 환경 조성, 안정된 주거 여건 조성,

결혼에 따르는 경제적·심적 부담 완화 등이 있다.

이를 통해 '아이를 낳고 키우는 부담'을

사회가 함께 나눠 지는 구조를 이루어야 한다.

01 시간이 고픈 부모와 유연근무

"내가 죽으면 서울로 출퇴근하다 죽은 줄 알아."

몇 년 전 정주행하면서 본 〈나의 해방일지〉에 나오는 대사다. 오죽했으면 저런 말을 했을까 싶게, 드라마 속 삼남매는 경기도 외곽에서 서울로 출퇴근하느라 파김치가 된다. 회사에 도착하면 일하기도 전에 이미 방전되어 있고, 퇴근하면 침대에 쓰러지기 바쁘다. 너무 긴 시간과 에너지를 길에서 버리고 있는 것이다.

실제로 국토교통부 대도시권광역교통위원회 발표에 따르면 2022년 수도권과 광역시의 일일 평균 출퇴근시간은 116분이다. 수도권만 보면 120분이 걸린다. OECD에 따르면 2016년 회원국 평균 통근시간은 28분이지만 한국은 2배가 넘는 58분이었다. 다른 데이터를 봐도 한국의 통근시간은 국제 평균보다 길다.

통상 9시 출근, 6시 퇴근에 칼퇴근마저 어려운 만만치 않은 노동시간, 2시간에 이르는 통근시간, 여기에 집안일까지 감안하면 직장인 부모가 자녀와 보낼 수 있는 시간은 너무 적다. 2015년 OECD「삶의 질 보고서」를 보면 한국 부모의 자녀 돌봄시간은 통근시간 2시간의 반도 안 되는 하루 48분에 불과하다. 이처럼 긴 통근시간은 가족과 함께 하는 시간을 좀먹고 저녁이 있는 삶을 앗아간다.

한국 부모들은 늘 '시간'이 고프다. 저출산고령사회위원회가 지난 4월 진행한 「결혼·출산·육아에 대한 인식 조사」에 따르면 맞벌이 부모들은 일·가정 양립을 이루기 위해 "육아시간 확보가 가장 필요하다"라고 답했다. 육아시간에 대한 지원이 증가할 때 출산 의향도 높아졌다.

정부가 지난 6월 「저출생 추세 반전을 위한 대책」을 통해 육아휴직급여 인상과 기간 확대, 단기 육아휴직 도입과 더불어 재택근무와 시차출퇴근제에 대한 장려금을 지원하는 것도 아이와 함께하는 시간을 부모에게 내어주기 위해서다. 정부는 유연근무를 촉진하기 위해 앞으로 사업체별 유연근무 실태를 정확히 조사해 그에 맞춘 활성화 방안도 보강해나갈 계획이다.

유연근무는 직장인 부모의 육아를 돕기 위해서만 필요한 게 아니다. 함께 웃고 장난치며 스킨십을 나누는 행복한 경험을 늘려주는 일이고, 아이들에게도 자연스럽게 가족의 가치를 전하는 기회다.

하지만 한국의 유연근무 활용 비율은 팬데믹 이후 감소 추세다. 스탠퍼드대학교 연구팀이 전 세계 직장인을 대상으로 조사한 재택근무 실태 조사에서 한국은 주당 평균 0.4일로 34개국 중 꼴찌였다. 반면 미국은 엔데믹 후 재택근무를 정착시켰다. 미국 노동통계청에 따르면 2023년 미국 근로자의 35%가 일부 또는 전 업무를 재택근무

하는 것으로 파악됐다. 한국 기업들도 직원들이 유연근무를 쓰도록 돕는 차원을 넘어 뉴노멀로 정착한 '하이브리드 워크' 등 일하는 방식의 체질을 바꿔야 한다.

행복은 멀지 않다. 함께 밥 한 끼라도 먹는 게 식구라고, 같이 밥 먹고 웃고 떠드는 시간들이 가족의 행복을 키운다. 유연근무는 기업과 직장인 부모가 함께 더 나은 미래를 그려나가는 방법이다. 기업의 적극적인 동참과 한국 기업에 맞게 출근과 재택근무를 병행하는 하이브리드 워크가 절실히 필요하다.

《서울경제》(2024. 09. 03.)

02 누구에게나 당당한
육아휴직을 위하여

　정책을 입안하고 실행하는 공직자로 살아오면서 줄곧 느낀 문제가 하나 있다. 국민의 요구와 과학적 데이터에 기반해 심혈을 기울여 마련한 정책도 일상에 적용되고 국민이 체감하기까지 상당한 시간이 걸린다는 점이다. 아무리 좋은 정책도 오랜 기간 쌓인 관습과 문화를 바꾸기는 어렵기 때문이다. 저출생 정책은 특히 그렇다.

　저출산고령사회위원회 부위원장으로 취임한 후 약 5개월 동안 경제계·언론계·종교계를 포함해 150여 차례에 걸쳐 수많은 국민을 만나왔다. 지난 5월부터는 전국을 돌며 지역에 거주하는 청년과 신혼부부, 임산부, 난임 부부, 맞벌이 가족 등을 만나고 있다. 서울·인천·홍성·포항의 어린이집부터 중소기업까지, 지역과 현장도 다르고 만나는 사람도 제각각이지만, 가장 많이 들은 목소리가 육아휴직 문제다. 육아휴직을 쓰면서 겪은 어려움과 복귀 이후의 불이익을 토로하면서 맘 놓고 쓸 수 있는 환경을 만들어달라는 의견이 많았다.

이에 화답하는 마음으로 지난달 「저출생 추세 반전을 위한 대책」을 내놓으며 가장 주력한 부분이 '일·가정 양립' 환경 조성이다. 육아휴직을 3회까지 나눠 사용할 수 있도록 했고, 아이들 방학 때도 돌봄 걱정이 없도록 2주 단위로 쓸 수 있는 단기 육아휴직제도를 도입했다. 육아휴직 기간은 최대 1년 6개월로 늘리고, 급여도 최대 250만 원으로 대폭 올렸다.

하지만 정책을 잘 만드는 것만큼 중요한 일이 정책이 잘 쓰일 수 있게 하는 일이다. 육아휴직을 누구나 보편적으로 사용할 수 있도록 다양한 방법을 구상한 이유다.

현장의 문턱은 늘 높다. 육아휴직은 오랜 관습을 바꾸는 일이다. 우리나라 남녀의 육아휴직 이용 기간은 각각 평균 8.5개월과 7.5개월이다. 육아휴직 기간을 늘리자는 제안이 많지만 실제로 1년도 채우지 못하는 이들이 대부분이다. 육아휴직을 아예 못 쓰는 사람도 많다. 국가데이터처가 발표한 「2022년 육아휴직 통계 결과」에 따르면, 2022년에 태어난 아이 100명의 부모 중 그해에 육아휴직을 쓴 부모는 35명에 불과했다.

육아휴직 사용률이 왜 이렇게 낮을까. 육아휴직을 쓰기 어려운 직장 환경과 문화가 원인이다. 고용노동부가 발표한 「2022년 일·가정 양립 실태 조사」 보고서를 보면 "육아휴직을 누구나 쓸 수 있다"라고 응답한 사업체는 52.5%에 그쳤다. '동료 및 관리자의 업무 가중'과 '직장 분위기나 문화'가 육아휴직을 사용하지 못한 주된 이유였다.

이런 현실을 고려해 정부는 필요하면 누구나 육아휴직을 쓸 수 있도록 출산휴가와 육아휴직을 통합해 신청하게 했다. 회사가 14일 이내에 서면으로 허용 여부를 고지하지 않으면 육아휴직이 자동으로 승인되는 방식도 추가했다. 육아휴직 대체인력을 인건비 지원 대상에 포함하고, 지원금도 월 80만 원에서 120만 원으로 늘려 중소기업의 부담을 줄였다.

정책이 실생활에 빠르게 스며들기 위해서는 기업의 협조가 중요하다. 육아휴직이 승진이나 경력 관리에 영향을 끼치지 않도록 조직문화가 더 자유로워져야 한다. 인력 부족 시대가 코앞이다. 가족 친화적이고 워라밸(일과 생활의 균형)이 보장되는 기업문화와 인사·노무 시스템을 구축하지 않으면 젊은 인력을 유치하고, 유지하기 어려운 게 '뉴노멀'이다.

일하는 엄마와 아빠가 직장 눈치를 보지 않고 아이에게 미안하지 않도록, 기업은 우수한 인재를 놓치지 않도록, 자유롭게 육아휴직을 쓸 수 있는 문화가 하루빨리 정착되어야 한다. 정부와 기업이 합심한다면 누구에게나 당당한 육아휴직이 가능하리라 믿는다.

《한국경제》(2024. 07. 10.)

03 '밤은 비우고 아침은 채우다': 이토추상사에서 본 일·가정 양립의 현장

한국에서 이미 "이토추(Itochu)상사가 야근을 없앴다"는 소식은 알려져 있었다. 회식은 일찍 끝내고 밤 8시 이후 야근을 폐지했다는 기사를 보고 '상사는 일반 회사보다 일이 많을 텐데 정말 야근을 없앴을까? 현장은 어떤 모습일까?' 궁금했다. 무엇보다 눈길을 끈 건 아침 8시 이전에 출근하면 무료로 아침을 주는 제도였다. 도쿄 한복판의 글로벌 상사가 어떻게 직원들에게 아침을 대접하는지 한번 보고 싶다는 생각이 들었다. 이런 마음을 전하자 이토추상사 측에서도 "그렇다면 아침부터 일정을 시작하시죠"라며 흔쾌히 제안에 응해주었다. 이렇게 우리의 도쿄 일정은 이른 아침부터 본격적으로 시작되었다.

도쿄 미나토구에 있는 이토추상사 본사에 도착하자마자 곧장 구내식당으로 내려갔다. 직원들이 아침 일찍부터 북적였다. 이 회사는 아침 8시 전에 일을 시작한 직원에게 가벼운 아침을 '무료로 세 가지' 챙겨준다. 바나나와 요거트, 샌드위치·주먹밥 같은 간편식이 놓여 있었고 직원들은 먹고 싶은 것을 취향에 맞게 고를 수 있었다. "밤새 버티는 대신 내일 아침에 집중하라." 구호가 아니라 행동 인센티브로 설계된 장치였다. 회사 공식 설명에도 "오전 8시 이전 출근자에게 간편식 3종을 무료 배포"라고 못 박혀 있다. 아침 식사가 먼저 철학을 알려준 셈인데 그 철학의 뼈대는 이렇다.

2013년 이토추상사는 "야근을 끊고 아침으로 돌린다"라는 원칙을 전사 규율로 선언했다. 밤 10시 이후 근무는 전면 금지, 8시 이후는 원칙 금지. 불가피한 추가 업무는 다음 날 새벽 5~8시에 하도록 유도했다. 그 대신 심야수당 수준(당시 50%)의 가산임금을 '아침 9시까지' 확장했고 8시 전에 시작하면 가벼운 아침을 무상 제공한다는 원칙은 시범 기간(2013년 10월~2014년 3월) 때부터 분명히 했다. 2014년 5월엔 제도를 정식 도입했다. 2022년에는 한발 더 나아가 '아침형 플렉스타임'으로 업그레이드해 코어타임 9~15시, 15시 조퇴 가능, 오전 7시 50분 이전 시작 땐 9시까지 25% 가산으로 정리했다. "밤을 비우고 아침에 보상한다"는 문장이 실제 시간표·임금·식사로 구현된 것이다.

식당을 나와 회사 로비에 들어서자 태극기가 가장 먼저 반겼다. "오늘은 한국 손님이 주인공입니다." 이토추상사가 회사 본점 로비에 역사상 처음으로 태극기를 게양했다는 설명을 들으면서 사내 어린이집 'I-Kids'로 이동했다. 도쿄 한복판 미나토구 기타아오야마. 본사에서 걸어갈 수 있는 거리에 자리했고 평일 오전 7시 30분~오후 7시(연장 오후 9시)로 운영된다. 지하철 가이엔마에(外苑前)역 도보 3분.

"출근길에 맡기고 퇴근길에 데려온다"가 자연스러운 동선이다.

이 보육시설은 2010년 1월 문을 열었다. 대기 아동 문제와 복직 난관을 회사 차원에서 뚫겠다는 초기부터 분명한 신호였다. 유리창 너머 아이들의 모습이 보였고 교실 안은 낮은 가구와 책 코너가 아늑하게 배치돼 있었다. 단순히 시설을 둘러보는 데 그치지 않았다. 그곳에 아이를 맡긴 부모와 교사에게 직접 물었다. "아이를 맡기면서 불편한 점은 없는지요?", "부모들의 만족도는 어떤가요?" 돌아온 답은 비교적 한결같았다. 부모는 "출근길에 바로 맡기고 퇴근길에 데리러 올 수 있어 편리하다"는 것이었다. 현장에서 느낀 건 단순한 복지가 아니라 직원의 생활 리듬을 고려한 '생활 인프라'라는 점이었다.

어린이집 방문을 마치고 회의실로 자리를 옮겨 이토추상사 인사 책임자인 고바야시 부사장을 비롯한 임원진과 면담을 가졌다. 부사장과의 면담에선 제도의 '출발선'이 더 또렷해졌다. 2010년 사장 교체를 계기로 '일하는 방식의 개혁'을 아예 사내 전략으로 채택했다고 했다. 그해 회사는 회의·자료를 40~50% 줄이는 업무 다이어트(Work Style Diet)부터 시작했고 2013년 '아침형'으로 허리를 꿰맨 셈이다. 회식은 1차까지만, 밤 10시 귀가라는 유명한 '110 운동'도 같은 맥락이다. 술자리를 일찍 마치고 다음 날 아침의 집중근무를 지켜내는 규범, 10년 넘게 굳힌 생활습관이다.

정책의 효과를 물었다. 숫자는 명확했다. 사내 출생률(여성 직원 기준)이 2021 회계연도(FYE 2022)에 1.97이다. 같은 해 일본 평균 1.30, 도쿄 평균 1.08보다 훨씬 높다. 회사는 이를 아침형 근무·야근 억제·보육·재택의 패키지 개혁이 만들어낸 결과로 설명한다. 현장을 돌아본 내 눈에도 그 설명은 과장이 아니었다. '출산 이후에도 계속 일할 수 있는 환경'을 제도·공간·시간표로 엮어냈기 때문이다.

이 '양립 인프라'는 최근 더 두터워졌다. 2022년엔 전 직원 대상 재택근무를 제도화했고 남성의 '유급' 육아휴가 5일 의무화를 통해 남성의 육아휴가 사용률 100%를 목표로 하고 있다. 출산과 복귀가 '엄마 혼자'의 과제가 아니라는 것을 규범으로 못 박은 셈이다. 보육(공간), 시간(아침형·플렉스), 재택(방식), 부모 모두의 휴가(규범), 이 네 가지가 맞물린다.

야근 억제는 문화로도 묶었다. '회식은 1차, 22시 귀가'의 '110 운동'은 일본 정부의 '일·쉼 개선' 포털에 장시간 음주 억제 → 아침형 정착 사례로도 소개되었다. 고바야시 부사장은 야근 후 귀가하는 직원에게 주던 택시비는 거의 제로 수준이 되었고, 전기요금 및 광열비도 줄었다고 했다. "간식 비용(인당 약 500엔)은 들지만 전체적으론 비용이 내려갔다"라고 설명한다. 규율과 인센티브가 건강·비용·시간을 동시에 바꾸는 그림이다. 생산성은 어땠나. 회사 발표를 보면 2010년 대비 노동생산성(연결순이익 ÷ 본사 단체 직원 수)이 2023년 기준 약 5.2배로 뛰었다. 인사·IR 문서에서도 "일하는 방식 개혁이 생산성 향상에 기여한다"라고 반복해서 밝힌다. 내가 현장에서 본 건 이 숫자의 안쪽, 즉 밤이 비면 아침이 더 촘촘해진다는 단순한 사실이었다.

한국의 뿌리 깊은 야근 문화를 고치기 위한, 아주 현실적인 벤치마킹 모델을 여기서 발견할 수 있었다. 여기에 더해 여성에 대한 적극적 우대조치(AA, Affirmative Action)로 여성 등용 차별철폐 조치와

"2030년까지 전체 임원 중 여성 30% 이상"이라는 수치적 목표를 제시하고, 이를 바탕으로 여성 임원 비율을 확 끌어올린 점도 인상적이었다. 산업부 장관 시절 본부 국장에 여성을 적극 중용하여 성과를 낸 사례를 공유하면서 우리나라에서도 더 적극적으로 여성들을 채용하고, 임원으로 발탁해야 한다고 지적하고, 여성 간부를 발탁했던 것이 기억났다. 이토추상사의 사례가 일본 내각에도 모범으로 소개되었다는 설명을 듣고 나는 곧장 물었다. "그렇다면 타 기업으로도 야근 없애는 문화가 많이 퍼졌습니까?" 답은 담백했다. "여건과 경영진 인식이 제각각이라, 생각만큼 빠르진 않습니다. 무엇보다 최고경영진의 의지가 전부입니다." 그 한 문장이 이날 메모의 밑줄이 됐다. 나는 이토추상사에 한국의 기업문화를 바꾸기 위해 기업과 학계가 공동으로 연구하여 해결책을 찾는 세미나를 개최하고, 이토추상사가 한국 기업과 더 적극적으로 교류하고 성공사례를 공유해줄 것을 제안했다.

방문 마지막은 일본 기자단과의 30분 합동 기자회견이었다. 로비로 내려오며 다시 한번 태극기가 눈에 들어왔다. 상징은 작지만 효과는 크다. 환대가 의제를 움직인다. 도쿄에서 챙긴 핵심은 결국 세 문장으로 정리됐다. 원칙을 바꾸니 문화가 바뀌었고(야근 금지), 사다리를 놓으니 경력과 출산이 같이 섰고(I-Kids·남성 육아휴가), 톱(Top)이 밀어주니 생산성이 따라왔다. 그게 이토추상사가 2010년부터 10년 넘게 증명해온 서사다.

서울로 돌아오는 비행기에서 메모를 덧댔다. 한국의 야근 문화를 바꾸려면 야근 금지선(20시 이후 원칙 금지, 22시 이후 금지)을 먼저 긋고, 아침 인센티브(가산임금·무료 조식)를 바로 붙이고, 재택·보육 같은 생활 인프라를 한 세트로 설계해야 한다. 그리고 최고경영진의 공개 약속, 이 스위치가 켜져야 현장이 움직인다. 도쿄의 6월은 내게 그렇게 남았다. 밤을 비워 아침을 채우는 법.

도쿄에서의 여름은 서울의 가을로 자연스럽게 이어졌다. 10월 'JTBC 내일포럼 2024'에서 나는 저출생 반전에 성공한 나라는 사회 전체가 돌봄체계를 갖추고 가족 친화적인 기업 경영문화와 사회문화가 있었다는 점을 강조했다. 고바야시 이토추상사 부사장은 포럼에서 이토추상사의 아침형 근무와 야근 없애기 사례를 '미래를 여는 근로 방식 개혁'이라는 주제로 직접 소개했다. 포럼 전 별도로 한 만찬에서는 한·일 양국 간 협력을 더 촘촘히 하자는 데 뜻을 모았다. 2025년 6월 이토추상사 고바야시 부사장의 인터뷰가 하버드비즈니스스쿨 매체에 실렸고 관련 인쇄물을 한국에 보내오며 양 기관의 우애도 더 단단해졌다. 그리고 2025년 7월 한국경제연구원의 「지금, 우리가 준비해야 할 미래」는 이토추상사 모델을 국내 해법의 맥락에서 소개했다. 정책만으론 부족하고, 업무 방식의 구조개편이 함께 가야 한다는 메시지이다. 이것은 도쿄에서 본 장면들과 정확히 포개졌다.

《한경비즈니스》(2025. 09. 01.)

04 함께 키우는 사회가 지속 가능하다

2024년 우리나라 합계출산율이 0.75명으로 9년 만에 소폭 반등했다. 여전히 세계 최저 수준이지만, 하향곡선이 멈췄다는 점에서 의미가 크다. 이 반등을 확고한 구조적 반등으로 만들자면 '아이를 낳고 키우는 부담'을 사회가 함께 나눠야 한다. 지금 한국 사회에서 부모가 짊어진 양육의 무게는 너무 무겁다.

국가데이터처가 발표한 「2024년 생활시간 조사」를 보면 미성년 자녀를 둔 부모의 '시간 부족'이 고스란히 드러난다. 이들은 국민 평균보다 수면시간이 약 20분 적고, 일과 가사노동 등 의무시간은 2시간 길며, 취미 활동 등 여가시간은 약 2시간 짧다. 맞벌이를 하거나 자녀가 어릴수록 의무시간이 더 길어지고 그만큼 여가시간은 줄어든다.

일과 양육을 병행하는 것은 이제 보편적 추세다. 2023년 기준 유자녀 가구의 맞벌이 비중은 48.2%로 역대 최고치를 기록했고, 특히 미성년 자녀를 둔 맞벌이 가구는 56.8%, 미취학 자녀를 둔 맞벌이 가구도 51.5%로 처음으로 50%를 넘어섰다. 그런데 한국은 세계적으로 손꼽힐 만큼 출퇴근시간도 긴 나라다. 수도권의 경우 출퇴근에만 하루 2시간을 쓴다. 양육을 위해 수면과 여가시간을 줄이지만, 양육 시간조차 충분히 확보하기 어렵다.

이런 현실에서 부모의 양육 부담을 덜어주기 위한 실질적인 해법은 '가정'에서의 돌봄 서비스 강화와 '일터'에서의 유연근무제 확산이다.

정부는 지난해 '0~11세 아동 누구나 이용 가능한 돌봄환경'을 목표로 양육의 국가책임을 선언하고 전국 어디나 유사한 적정 수준의 돌봄 서비스를 받을 수 있도록 하는 「저출생 추세 반전을 위한 대책」을 발표했다.

2025년 7월부터는 어린이집·유치원의 5세 유아에 대한 실질적 무상보육·교육을 실현하고, 내년에는 4~5세, 2027년에는 3~5세까지 단계적으로 확대한다. 또한, 0세 반부터 교사 대 아동 비율을 개선(1:3 → 1:2)하고, 초등 방과후 프로그램에 대한 이용권 제공과 질 개선으로 더 양질의 돌봄·교육을 받을 수 있도록 할 계획이다. 이와 동시에 아이 돌봄 서비스의 정부 지원기준을 2024년 기준 중위소득 150% 이하에서 2025년 200%에 이어 2026년 250% 이하로 완화를 추진하여 더욱 많은 가정이 혜택을 받을 수 있도록 하였으며, 야간 긴급돌봄수당과 유아돌봄수당을 신설하여 돌봄이 필요한 가정에 적시에 돌봄을 제공할 수 있도록 노력하고 있다.

그러나 수요를 감당하기에는 여전히 역부족이다. 2024년 기준으로 아이 돌봄 서비스의 평균 대기기간은 33일에 달하며, 서울과 경기 등 수도권은 연계 비율이 다른 지역보다 더 낮다. 이를 해소하기 위해 우선 아이돌보미 처우 개선과 함께 양성기관·서비스 제공기관 확대로 충분한 인력을 확보하고, 수요가 많은 시간대인 7~9시, 16~19시 등·하원 시간에는 수당을 인상하거나 교통비를 지원하는 등 별도 인센티브 제공도 검토할 필요가 있다.

공공서비스만으로 충족이 어려운 수요에 대응하기 위해 민간 돌봄 서비스의 질을 높이는 것도 병행해야 한다. 「아이돌봄지원법」 개정에 따라 내년에 도입되는 민간 돌봄기관 등록제와 함께 충실한 관리·감독 체계를 구축하여 부모가 안심하고 이용할 수 있도록 해야한다. 나아가 부모의 선택권 보장으로 돌봄 서비스의 접근성을 증진하는 방안에 대한 논의도 필요하며, 일부 지역에서 시행하는 조부모 돌봄수당을 확대하는 것도 하나의 대안으로 활용할 수 있을 것이다.

일터에서의 해법으로는 유연근무제의 실질적 정착이 중요하다. 긴 통근시간으로 육아 시간이 부족한 부모에게 시차출퇴근제 등 유연근무는 일·육아 병행 부담을 낮추는 효과적인 수단이 될 수 있다. 이를 위해 정부는 2026년부터 육아기 근로자에게 임금 감액 없이 10시 출근제를 적용하는 사업주와 노사 간 합의로 소정근로시간을 단축하여 주 4.5일제를 도입한 기업에 장려금을 지원할 예정이다. 이에 더해 업종과 직무의 특성을 분석하여 재택근무, 원격근무, 시차출퇴근제 등 기업에 맞는 최적의 유연근무를 도입할 수 있도록 유연근무 신청권 도입을 적극 논의해야 한다. 보다 근본적으로는 업종의 특성을 감안하되 임신기 근로자 등의 경우 근무일 중 0.5일은 재택근무를 하는 등 임신과 육아를 일과 병행할 수 있도록 일하는 방식과 문화를 근본적으로 변화시키는 방안을 검토할 필요가 있다.

돌봄은 더 이상 가정만의 몫이 아니라 사회와 함께 나눠야 할 문제이다. 공공 돌봄을 체계적으로 확충하고, 민간 돌봄시장의 품질관리 장치를 강화하면서, 유연근무가 일상이 될 수 있게 정착시켜 나간다면 부모의 양육 부담은 실질적으로 줄어들 수 있다.

결국, 아이를 낳을 수 있는 조건이 마련될 때 출산이라는 선택도 가능해진다. 양육의 무게를 사회가 함께 나눌 때, '나도 아이도 행복한 세상'은 현실이 될 것이다.

《조선일보》(2025. 09. 24.)

05 다자녀 가정의 교육 기회 확대, 이제 대학 차례다

　지난해 한국의 합계출산율은 0.75명으로 전년보다 반등했지만, 여전히 세계 최저 수준이다. 구조를 들여다보면 둘째 자녀 이상 출생이 크게 줄고 한 명만 낳는 가정이 늘어나면서 저출생 구조가 굳어지는 모양새다. 전체 출생아 중 둘째 이상 비율은 2014년 48%에서 2024년 38.7%로 매년 평균 1%p가량 줄었다. 이제는 결혼과 첫 아이 출산뿐 아니라 자녀를 둔 가정이 둘째, 셋째를 더 낳고 키울 수 있는 여건 마련이 중요하다.

　정부는 다자녀 가정 지원을 확대해왔다. 자동차 취득세 전액 감면, 전기·가스요금 감면, 출산크레딧 제도를 통한 국민연금 가입 기간 추가 인정, 고속도로 통행료 감면, 공항과 국립 박물관·미술관 등의 주차요금 50% 할인 등 일상 속 다양한 지원제도가 시행되고 있다. 최근에는 인천, 김포 등 전국 4개 주요 공항에서 다자녀 가족이 우선 출국하는 패스트트랙이 도입되어 높은 만족도와 반응으로 이어졌다.

최근에는 학부모들의 관심이 가장 큰, 교육 기회 제공에서도 다자녀 가정 혜택이 확대됐다. 세 자녀 이상은 중학교와 고등학교 일반고의 경우 배정 시 근거리 또는 희망 학교에 우선 배정되도록 함으로써 형제들은 가급적 같은 학교에 다닐 수 있게 됐다.

이제, 대학 차례다. 현재 51개 대학이 자체적으로 다자녀 가정 특별전형을 운영하지만 이를 뒷받침하는 정책적·제도적 지원은 미흡한 상황이다. 이에 '대학 입학전형 기본사항'에 '다자녀 가정 자녀'를 기회균형 특별전형으로 포함하여 다자녀 가정 자녀에 대한 특별전형을 본격화해야 한다.

기회균형 특별전형은 전체 대학에서 모집 정원의 10% 이상을 기초생활수급자 및 차상위계층, 한부모가족, 장애인, 농어촌 학생, 국가보훈대상자, 북한 이탈 주민, 만학도 등을 의무 선발하도록 하는 제도다. 다자녀 가정이 기회균형 대상에 포함될 경우 제도 기반의 적극적 확대가 가능해진다.

교육비 부담은 출산과 육아를 어렵게 하는 현실적 장벽이다. 다자녀 가정은 그 부담이 더욱 클 수밖에 없는데, 3자녀 이상 다자녀 가정의 자녀 1인당 사교육비 지출은 월평균 36.5만 원으로 한 자녀 가정의 월 53.6만 원보다 현저히 낮다. 사교육 참여율도 71.6%로 한 자녀 가정의 83.6%보다 낮아 다자녀 가정 학생도 적극적 기회 제공이 필요하다는 것을 보여준다.

만학도나 특성화고 졸업자와 같이 기회균형 특별전형은 그 취지가 '경제적 취약'에 한정되지 않는다. 따라서 초저출생 해소를 위해 세계 최저 수준의 출산율이 초저출산의 기준이 되는 1.3명 이상에 도달할 때까지만이라도 다자녀 가정 자녀를 포함하는 것은 충분히 타당하고 필요하다. 만약 일괄적 도입이 우려된다면 기회균형 전형 내 일정 비율로 한정하거나 비수도권 대학부터 시작한 후 추이를 보며 단계적으로 확대하는 방식도 가능하다.

다자녀 가정 특별전형을 먼저 도입한 일부 대학은 이를 매우 긍정적으로 평가하고 있다. 한 대학의 총장은 "다자녀 가정 학생이 사회성이 뛰어나 협업에 큰 강점을 가지고 있다"라고 평가하였다. 2025년 학부 모집인원의 2.5%를 다자녀 가정 자녀로 선발한 KAIST의 이광형 총장은 특별전형 입학생이 입학 초기 성적이 다소 낮아도 졸업 성적은 비슷해진다며 다자녀 가정 학생 등 다양한 학생을 선발하여 교육이 계층이동의 사다리로서 역할을 해야 한다고 강조했다.

부모의 양육을 응원하고 지지하는 문화가 뿌리내릴 때, 청년 세대도 여러 아이를 낳고 기르는 삶을 진지하게 고민할 수 있다. 다자녀 가정에 대한 지원은, 온 사회가 육아의 부담을 함께 나누겠다는 분명한 긍정의 신호다.

《**문화일보**》(2025.08.22.)

06 아이 돌봄:
원할 때, 부담 없이, 원하는 만큼!

아이 키우는 일은 결코 쉽지 않다. 비용이 들고 시간이 소요된다. 「2024 전국 보육 실태 조사」에 따르면 영유아 가구의 월평균 양육비는 111.6만 원으로 100만 원을 처음 넘어섰다. 보육기관 이용 시점도 평균 19.8개월로 당겨졌고, 맞벌이 가정은 18.2개월로 더 빠르다. 하루 평균 이용시간은 7시간 25분으로 양육과 돌봄에 대한 사회적 수요가 얼마나 큰지 보여준다.

녹록지 않은 현실에도 희망의 조짐이 감지된다. 가구소득 대비 양육비 지출 비중이 2021년 19.3%에서 2024년 17.8%로 줄었고, "비용이 부담된다"는 응답도 2018년 30.3%에서 2024년 20.2%로 크게 낮아졌다. 보육기관 만족도는 어린이집 92.4%, 유치원 91.7%로 역대 최고치를 기록했고, 저출산고령사회위원회가 5월 발표한 「결혼·출산·양육에 대한 인식 조사」에서 양육·돌봄 정책 만족도도 94%에 달했다. 양육 부담 완화를 위한 정책이 효과를 거두고 있다는 방증이다.

저출산고령사회위원회는 지난해 '0세부터 11세까지 모든 아이는 국가가 책임진다'는 기조 아래 「저출생 추세 반전을 위한 대책」을 발표했다. 공공보육 이용률을 2027년 50%까지 끌어올리기 위해 국공립 어린이집을 확대하고, 아이 돌봄 서비스 지원 소득기준을 완화해 더 많은 가정이 서비스를 이용할 수 있게 했다. 올해부터 초등 1~2학년은 늘봄학교 맞춤형 프로그램을 무상으로 이용할 수 있게 됐고, 놀이영어 등 수요기반의 교육도 지원한다.

이제 여기서 한 걸음 더 나아가야 할 때다. 정부는 2026년 발표하게 될 「제5차 저출산·고령사회 기본계획」을 통해 부모들이 겪는 양육 고민 해결에 초점을 맞춰 정책을 보완하고 강화할 계획이다. 많은 부모가 어린이집이나 유치원 입소 시 긴 대기시간과 방학 기간이나 저녁 시간에 발생하는 돌봄 공백으로 불안해한다. 아이를 온전히 믿고 맡길 수 있는 기관을 찾는 데 드는 시간과 경제적 부담도 크다. 정부는 이러한 '대기·비용·공백·불안'이라는 부모들의 4대 걱정을 확 줄이는 촘촘한 양육·돌봄 정책망을 구축하려 한다. '원할 때, 부담 없이, 원하는 만큼' 양질의 돌봄을 제공하는 게 핵심이다.

첫째, '원할 때 누구나 돌봄'을 받을 수 있게 한다. 어린이집 신청 6개월 내 입소를 보장하고, 아이 돌봄 서비스의 평균 대기기간도 현재 33일에서 7일 이내로 단축하는 것을 목표로, 원할 때 필요한 돌봄을 받을 수 있도록 추진한다.

둘째, '부담 없는 돌봄'을 추진한다. 0세부터 초등 전 학년까지 무상교육·돌봄을 단계적으로 확대하고, 방과후학교 부담 완화와 함께 아이 돌봄 서비스의 소득기준을 폐지하고 지원수준도 확대한다.

셋째, '원하는 만큼 양질의 돌봄'을 제공한다. 모든 초등학생은 방학·방과후 돌봄을 이용할 수 있게 하며, 방학 중의 급식 제공과 이용 시간 확대도 필요하다. 가족·이웃·마을이 함께하는 돌봄을 지원해 사회적 돌봄망도 강화할 방침이다.

아울러 '4세 고시', '7세 고시'로 불리는 영유아 사교육 문제도 적극 대응하고자 한다. 현재 5세 이하 아동 47.6%가 월 33만 원의 사교육비를 지출하는데, 영어유치원으로 불리는 유아 대상 영어학원은 월 154.5만 원에 달한다. 과도한 경쟁에 놓인 아이들과 이를 감당해야 하는 부모의 부담을 덜기 위해 특정 연령대는 과도한 선행을 낳는 학원 레벨 테스트를 규제하는 방안을 검토하고, 아동의 신체·정서 발달과 협동심 향상을 위해 유아 단계 체육수업을 확대할 필요가 있다.

'원할 때, 부담 없이, 원하는 만큼' 양질의 돌봄을 제공하겠다는 선언은 국가가 양육을 책임지겠다는 약속이자, 부모의 마땅한 권리다. 이 권리가 보장될 때, 누구나 안심하고 아이를 낳고 기를 수 있는 환경이 마련될 수 있다.

《매일경제》(2025. 06. 19.)

07 혼인·출산율 회복의 핵심 조건

　　주거는 가족 형성의 출발점으로, 안정된 주거 없이 출산율 회복을 기대하기 어렵다. 한국은행에 따르면 주택 마련 부담은 희망 자녀 수를 약 6% 줄인다고 한다. 국가데이터처 조사에서도 결혼을 미루는 가장 큰 이유로 '주거비용 등 결혼자금 부족'(31.3%)을 꼽았다. 정책 간담회에서 다섯 자녀를 둔 엄마는 '다자녀 특별공급'을 가장 효과적인 정책으로 꼽기도 했다.

　　이를 반영해 정부는 지난해 6월 「저출생 추세 반전을 위한 대책」을 발표했다. 이 대책은 4가지 방향으로 설계됐다.

　　첫째, 신혼·출산·다자녀 가구에 대한 주택 공급을 확대했다. 주택 분양 시 신생아 우선 공급 비율을 늘리고 수도권 그린벨트 해제 등을 통해 신규 택지를 발굴해 연간 출생아 수 약 24만 명의 50% 수준인 연간 약 12만 가구의 주택 공급 기반을 마련했다.

　　둘째, 출산 가구에 대한 금융 지원 강화다. 디딤돌·버팀목대출의 신생아특례대출 소득요건을 1억 3,000만 원에서 2억 원으로 완화해 실수요자가 주거를 보다 쉽게 마련할 수 있도록 했다.

셋째, '결혼 페널티'가 있었던 주택청약제도를 개편해 '결혼 메리트'로 전환했다. 신혼부부 특별공급 시 결혼 전 청약 당첨 이력을 배제했고, 평생 1회만 가능했던 생애 최초 특별공급도 신규 출산 가구에 1회 재당첨을 허용했다.

넷째, 공공임대주택 거주 편의성을 높였다. 출산 가구는 자녀가 성년이 될 때까지 최장 20년간 재계약을 허용했고, 2세 이하 자녀가 있으면 인근의 더 넓은 평형으로 옮길 수 있도록 했다. 이는 서울시의 '미리내집' 등 지자체 사업으로도 확산되고 있다.

이러한 주거 지원정책은 최근 출산율 반등에 기여했다. 하지만 이러한 반등세를 지속하기 위해서는 주거 지원을 다음 4가지 방향에 맞춰 좀 더 강화할 필요가 있다.

첫째, 양질의 공공임대주택을 대폭 확충해야 한다. 수도권 그린벨트 중 제 기능을 못 하는 곳을 활용해 출산·다자녀 가구를 위해 양질의 넓은 공공임대주택을 공급하고, 일정 요건 충족 시 분양 전환 기회를 부여해 장기 거주를 보장할 필요가 있다.

둘째, 다자녀 가구의 주거 접근성을 높여야 한다. 향후 부동산 시장이 안정된다면 국가 위기 수준의 초저출생 상황을 감안해 특별공급이나 정책대출 시 세 자녀 이상 가구는 소득·자산 요건을 완화하는 방안도 검토할 필요가 있다.

셋째, 비혼 출산 가구를 포용하는 주거 정책이 필요하다. 우리나라 비혼 출산 비율이 2019년 2.3%에서 2024년 5.8%로 늘고 있어 비혼·사실혼 출산 가구에 대한 주거 정책을 준비할 필요가 있다.

마지막으로, 결혼·출산 가구에 대한 세제 혜택 강화도 검토해야 한다. 신혼·출산 가구는 실수요자인 만큼 신혼부부 증여세 면제 한도를 3억 원에서 수도권 주택가격을 고려해 보다 높은 수준으로 조정하고, 다자녀 가구는 취득세는 물론 재산세 부담을 줄여주는 방안 등을 고민해볼 수 있다.

집은 가정을 품는 둥지다. 안정된 주거가 뒷받침될 때 걱정 없는 결혼과 출산, 육아가 가능해진다. 실수요자 중심의 주거 지원으로 출산율 반등을 통한 지속 가능한 미래를 열어야 한다.

《매일경제》(2025. 09. 15.)

08 적극적 주거 지원,
혼인과 출산율 회복의 핵심 조건

주거는 인간다운 삶의 기본조건이며, 가족 형성의 출발점이다. 안정된 주거 없이는 결혼과 출산 등 미래설계가 흔들린다. 한국은행 분석에 따르면 주택 마련에 대한 부담이 결혼 의향을 5.3%p, 희망 자녀 수를 약 6% 정도 낮춘다. 국가데이터처의 조사에서도 청년이 결혼하지 않는 주된 이유 중 '주거비용 등을 포함한 결혼자금 부족'이 31.3%로 가장 높았다. 주거 불안이 만연한 한국 사회에서 높은 출산율은 애초부터 어려운 기대인 것이다.

실제로 정책 수요자 간담회에 참여한 한 다자녀 가족은 '다자녀 특별공급'을 가장 효과적인 정책으로 꼽으면서, "주거가 안정되니까 마음 놓고 아이를 낳을 수 있었고, 아파트의 같은 라인이 모두 다자녀 가구여서 서로 더 많이 이해할 수 있고 너무 좋다"라고 말하기도 했다.

저출산고령사회위원회가 지난 3월 진행한 정책 인지도 및 효과

조사에서도 신혼·출산·다자녀 가구 대상 주거 지원 확대 정책이 인지도와 기대효과 모두 77% 수준으로 가장 높은 응답을 받았다.

특히 주거 지원이 대폭 강화된 「저출생 추세 반전을 위한 대책」이 지난해 6월 시행된 이후 출산율이 반전되는 효과가 지속적으로 관찰되고 있다. 이 대책은 '일·가정 양립', '양육 부담 완화', '주거 지원'의 3대 핵심 분야에 집중했으며, 주거 지원은 다음과 같이 크게 4대 축으로 설계됐다.

첫째, 신혼·출산·다자녀 가구에 대한 주택 공급 확대다. 민간분양 신혼부부 특별공급 물량 중 신생아 우선공급 비율을 20%에서 35%로 확대했고, 공공분양의 일반공급 물량의 50%를 활용해 신생아 우선공급을 신설했다. 수도권 그린벨트 해제 등으로 2만 호 수준의 신규택지를 추가 발굴하면서 연간 출생아 수 약 24만 명의 50% 수준인 연간 12만 호 이상의 공급기반을 마련했다.

둘째, 결혼·출산 가구에 대한 금융 지원을 강화했다. 결혼·출산 가구 등 실수요자는 디딤돌대출, 버팀목대출 등 정책대출 이용이 조금 더 수월하도록 신생아 특례 구입·전세자금 대출 소득요건을 1.3억 원에서 2억 원으로 완화했다. 결혼과 출산이 주거 마련에 메리트가 되도록 하되 도덕적 해이를 초래할 수 있는 대출원금 감면 등은 지양했다.

셋째, 주택 청약제도를 대폭 개편해 결혼 '패널티'를 '메리트'로 전환했다. 기존 청약제도는 부부가 되면 소득기준이 높아져 특별공급 대상에서 제외되거나 배우자 청약 당첨 이력 때문에 청약을 할 수 없는 문제가 발생해 '결혼 패널티'로 불리기도 했다. 이에 공공·

민영주택 신혼부부 특별공급 시 청약 신청자 본인의 결혼 전에 있었던 청약 당첨 이력은 배제하여 청약 기회 활용을 제고했고, 평생 1회만 받을 수 있었던 생애 최초 특별공급도 신규 출산 가구에 대해서는 1회 재당첨을 허용하는 등 혼인을 주거 마련의 메리트로 전환하여 청년층의 혼인·출산을 유인했다.

넷째, 공공임대주택의 거주 지원을 강화했다. 과거 공공임대주택은 가족 수의 증가나 아이의 성장을 감안하지 않고 거주 기간과 평형을 엄격하게 제한해 양육 가구의 불편이 컸다. 이에 「저출생 추세 반전을 위한 대책」을 통해 2024년 이후 신규 출산한 가구는 자녀가 성년이 될 때까지(최장 20년) 소득이나 자산에 무관하게 공공임대 재계약을 허용하고, 2세 이하 자녀가 있는 가구는 인근 지역의 넓은 평형으로도 이주할 수 있게 했다. 이러한 중앙정부의 대책은 지자체에서 적극적으로 벤치마킹하여 서울시의 '미리내집' 등으로 확대되었다.

중요한 것은 지금의 성과에 만족하지 않고, 결혼·출산을 유인하는 정책 패키지로 더욱 발전시켜 나가는 것이다. 우리 사회의 인구구조 변화 속도가 워낙 빠른 만큼 주거 정책도 이에 발맞추어 더 과감하고 전략적으로 발전시켜야 한다.

향후 주거 지원정책이 가야 할 방향은 크게 4가지다.

첫째로, 공공임대를 과감히 확대하고, 품질과 면적을 개선해 장기 거주를 보장해야 한다. 수도권의 그린벨트 중에서 제 기능을 못하는 곳은 과감히 해제하여 출산·다자녀 가구에 공급되는 공공임대주택을 대폭 공급하고, 임대주택의 품질과 면적 기준도 대폭 개선하며, 이러한 양질의 임대주택에 대한 분양 전환 기회를 제공하는 등 이들이 장기간 거주하면서도 궁극적으로는 이를 소유할 수 있는 환경을 제공해주어야 한다.

둘째로, 다자녀 가구의 주거 접근성을 획기적으로 높여야 한다. 특별공급이나 정책대출 등 주거 지원정책은 소득수준이나 자산기준을 갖춰야만 이용할 수 있다. 그러나 국가의 존립을 뒤흔드는 출산율 앞에서 아이를 세 명 이상 키우는 가구에 대해서는 소득수준이나 자산규모를 대폭 완화하거나 없애 사실상 소득이나 자산과 관계없이 주거를 지원하는 파격적인 대책 마련이 필요하다. 물론 이는 향후 부동산 가격이 안정된다는 조건하에 가능한 일이다.

셋째로, 달라진 가족 형태의 변화에 따라 비혼 출산 가구의 청약권 확대도 준비해야 한다. 우리나라의 비혼 출산 비율은 2019년 2.3%에서, 2023년 4.7%로 꾸준히 증가하고, '결혼 없이 자녀 가능' 인식도 22.5%에서 37.2%로 크게 늘었다. 이들의 주거 지원 요구가 높아질 것으로 예상되는 상황에서, 비혼 출산 가구에 대한 주거 지원 정책을 준비해야 할 때다. 아울러 사실혼 가구에 대한 주거 지원 정책도 중장기적으로 검토할 필요가 있다.

마지막으로, 출산 가구의 주택 구입에 대한 세제 혜택을 확대해야 한다. 신혼 및 출산 가구는 대부분 실수요임을 고려해 양가 부모에게 받을 경우 최대 3억 원까지 면세되는 신혼부부 증여세 면세 한도를 수도권에서 주택을 구입할 수 있는 수준(예: 9억 원)으로 대폭 확대하고, 다자녀 가구에 대한 주택 취득세 및 재산세 완화 방안도 검토해야 한다.

집은 단순한 자산이 아니라 가정을 품는 둥지이다. 안정된 주거 없이는 어떤 출산 지원정책도 지속 가능하지 않다. 무자녀 부부는 집 걱정 없이 가족계획을 세우고 유자녀 가정은 추가 출산을 할 수 있도록 정부는 실수요자 중심의 과감한 대책으로 출산·양육 가구의 주거 안정을 책임져야 한다. 안정된 주거라는 기반 위에서만 출산율 반등이 일시적 반짝이 아닌 구조적 전환으로 이어질 수 있다.

09 '깜깜이 스드메'를 투명하게

　청첩장을 받는 일은 언제나 즐겁다. 사랑이 만들어낸 새로운 삶의 시작을 보는 일이니 어찌 반갑지 않을까. 예전에는 청첩장을 받으면 예비부부의 부모가 먼저 눈에 들어왔다. 자식이 장성해 한 가정을 일구니 얼마나 흐뭇할까 하는 마음이 먼저였다. 그런데 저출산고령사회위원회 부위원장이 되고 나서는 예비부부가 더 눈에 들어온다. 서로 만나 결혼을 결심하고, 준비하기까지 얼마나 힘든지 새삼 깨달았기 때문이다.

　우리나라의 혼인율이 날로 떨어지고 저출생 문제가 심각해지면서 청년들이 결혼을 꺼린다고 생각하기 쉽지만, 자신의 상황 때문에 결혼을 '못' 하는 경우도 매우 많다. 2024년 4월 저출산고령사회위원회에서 진행한 대국민 인식 조사 결과를 보면 결혼 의향이 있으나 미혼인 사유 1위가 '적당한 상대를 아직 못 찾아서'였다.

　지난 8월 8일에는 칠월칠석에 맞춰 열린 '나는 절로' 행사에 초대

받아 다녀왔다. '나는 절로'는 불교계가 템플 스테이를 겸해 진행하는 미혼 남녀 만남 프로그램인데, 그날 열린 낙산사 편은 70 대 1의 높은 경쟁률을 기록했다. 하지만 경쟁률보다 더 돋보인 것은 인연을 만나기 위해 보여준 그들의 진심이었다. 설렘과 기대로 반짝거리는 청년들의 눈빛을 보며, 아직 우리에게 희망이 있다는 걸 느꼈다. 이러한 인연들이 결혼으로 순탄하게 이어질 수 있게 이들의 앞날을 가로막는 장애물을 치우는 것부터 정부가 제대로 챙겨야겠다는 다짐도 새로이 했다.

결혼 건수는 감소하지만 웨딩 민원은 오히려 증가 추세다. 지난 7월 국민권익위원회가 발표한 '웨딩 민원' 추이를 보면 웨딩 업체의 바가지요금부터 부당계약, 부당이득 취득 등 다양한 민원이 제기되고 있다. 결혼으로 인한 경제적·심적 부담이 첫발을 떼기 전부터 발생하고 있는 것이다.

실제로 예식장은 물론, 웨딩 업계의 스드메(스튜디오 촬영·드레스 대여·메이크업) 가격은 천차만별이다. '깜깜이 스드메'라는 말이 있을 정도로 표준약관이 없고, 가격 정보를 비교할 수 있는 시스템도 부재하다. 서비스마다 추가 요금을 요구하고 이를 문제 삼아 계약을 해지하려 하면 오히려 과다한 위약금을 물어야 하는 부조리한 일도 발생한다.

이에 저출산고령사회위원회는 결혼 준비 과정부터 장애물을 걷어내는 것을 지난 7월 말 열린 제2차 '인구비상대책회의'의 중요한 의제로 다뤘다. 정부는 결혼 준비대행업체의 불공정 약관을 개선하기 위해 직권조사를 추진하고 표준약관을 마련하며 결혼 준비 서비스 가격 정보를 공개하는 등 시장 모니터링도 지속적으로 강화할 예정이다. 또 기업체나 학교 강당 등에서 저렴하게 결혼할 수 있도록 돕고, 결혼 중개업체의 온라인 서비스를 점검하는 등 예비부부가 순탄하게 결혼할 수 있는 환경을 만들어갈 계획이다.

결혼은 축복이고 한 가정의 탄생이다. 생명의 탄생이 경이롭듯, 남남이었던 사람들이 만나 가정을 이루는 일 또한 경이롭다. 그 경이의 순간을 온전히 즐길 수 있도록, 만남이 인연이 되고 인연이 결혼으로 이어질 수 있도록, 이제 청년들에게 꽃길을 선사하자.

《서울경제》(2024. 09. 23.)

10 한국의 잡스를 위하여

개인용컴퓨터(PC)의 대중화를 이끈 '애플Ⅱ', 음악 산업의 지각변동을 일으킨 '아이팟', 스마트폰 시장을 개척한 '아이폰'…. '혁신의 아이콘' 스티브 잡스가 세상을 떠난 지 10년이 훌쩍 지났지만, 그가 바꿔놓은 패러다임은 여전히 살아 있다. 그런 잡스가 입양아였다는 사실은 상대적으로 잘 알려지지 않았다. 잡스는 태어난 지 얼마 안 돼 폴과 클라라 잡스 부부에게 입양됐다. 아이를 간절히 원했던 그들은 잡스를 항상 믿어줬고, 독립적인 어른으로 성장시켰다. 특별한 사람으로 격려받으며 자란 잡스는 이들을 '1000% 부모'라고 말할 정도로 사랑했다.

세계 최대 온라인 쇼핑 플랫폼 '아마존'의 창립자 제프 베이조스도 마찬가지다. 베이조스가 네 살 때 만난 양부는 아마존의 첫 투자자였다. 그의 양부는 이민자로 1994년 베이조스가 아마존을 창립할 때 자금을 대주면서 적극 지원한 바 있다. 베이조스는 자신을 이처럼 키워주고 믿어준 양부에게 애정과 존경을 표했다.

스티브 잡스와 제프 베이조스를 거론한 것은, 입양아인데도 성공했다는 점을 부각하려는 게 아니다. 모든 아이에게 삶을 제대로 꾸려나갈 기회를 보장하는 게 얼마나 중요한지를 얘기하기 위해서다.

위기에 빠진 임산부를 지원하고, 부모가 되고 싶은 사람이 홀로된 아이를 입양해 한 가족을 이룰 수 있도록 돕는 시스템이 잘 갖춰져 있을 때 우리 아이들은 행복의 가치를 깨닫고 공동체의 훌륭한 일원으로 성장할 수 있다. 그렇기에 모든 아이가 온전히 잘 자랄 수 있도록 돕는 양육의 책임은 '개인'에게만 있지 않고 국가와 사회가 적극적으로 나서야 할 과제다.

정부는 2024년 6월에 발표한 「저출생 추세 반전을 위한 대책」에 위기 임산부 지원과 국내 입양 활성화 방안을 담았다. 먼저 경제적·심리적·신체적 어려움을 겪는 임산부를 위해 '위기 임산부 상담체계'를 신설했다. 또 의료기관이 태어나는 모든 아동의 출생을 자동으로 등록하는 '출생 통보제'와 익명 출산을 돕는 '보호 출산제'로 위기 임산부가 직접 양육할 수 있도록 조치했다. 필요시에는 국내 입양 등 아동보호 서비스와 연계하도록 했다. 실제 지난 7월 19일 제도 시행부터 한 달간 총 419건의 위기 임산부 상담이 이뤄졌고 이 중 16명의 아이가 보호 출산으로 생명을 구했다.

국내 입양도 활성화한다. 그동안 민간 입양기관에 의한 해외 입양이 다수를 차지하고 혈연 중심 문화로 인해 국내 입양이 상대적으로 적었다. 한국의 스티브 잡스, 제프 베이조스를 국내의 제도와 문화가 막고 있었던 셈이다. 국내 입양 활성화를 위해 정부는 2025년 하반기부터 국가와 지자체가 입양 절차를 직접 수행하도록 체계를 개편할 계획이다. 또 능력이 되면 나이가 많아도 입양할 수 있게 법령을 개선하고, 입양 행정절차 기간도 단축할 예정이다.

박경리 선생의 『토지』에 "길 가다가도 코 흘리는 아이를 만나면 남의 자식이라도 닦아주는 게 부모 마음"이라는 말이 나온다. 지금, 우리 사회에는 그런 시스템이 필요하다.

《서울경제》(2024. 09. 10.)

11 출산·육아 부담 사회가 나눠야
'부모도 아이도 행복한 세상' 온다

지난해 우리나라 합계출산율은 9년 만에 반등해 0.75명을 기록했다. 지난해 7월 이후 12개월째 출생아 수가 증가하며 올해는 연간 합계출산율이 0.79명에 이를 전망이다. 혼인 건수도 15개월 연속 증가세를 보여 긍정적 흐름이 커지고 있다. 이 반등을 일시적 성과로 끝내지 않고 구조적 상승으로 전환하는 것이 중요한 지금, 무엇보다 필요한 것은 '아이를 낳고 키우는 부담'을 사회가 함께 나눠 지는 것이다.

국가데이터처가 발표한 「2024년 생활시간 조사」는 부모들이 직면한 현실을 보여준다. 미성년 자녀를 둔 부모는 국민 평균보다 수면 시간이 20분 짧고, 일과 가사노동 등 의무시간은 2시간 길다. 반면 취미와 여가 시간은 2시간 적다. 맞벌이일수록 의무시간은 더 늘어난다. 결국 부모는 수면과 여가를 줄여도 충분한 양육 시간을 확보하기 어렵다.

현실을 바꾸기 위한 해법은 크게 두 가지다. 하나는 영유아와 아동에 대한 돌봄 서비스를 강화해 국가가 함께 돌보는 것이며, 다른 하나는 일터에서 유연근무를 확산해 부모들의 시간 효율성을 높여 주는 것이다.

정부는 지난해 '양육의 국가 책임'을 선언하고, 그에 따른 후속 조치를 시행하고 있다. 2025년 7월부터 만 5세 유아 무상교육·보육이 실현됐고, 2027년까지 3~5세 전체로 확대된다. 내년부터 0세반의 교사 대 아동 비율도 1 대 3에서 1 대 2로 개선되며, 초등 방과후 프로그램에 대한 이용권 제공과 질 개선으로 양질의 교육·돌봄을 좀 더 받을 수 있도록 할 계획이다.

아이 돌봄 서비스도 확대된다. 정부 지원 기준을 2025년 중위소득 150%에서 200% 이하로 확대했고, 내년에는 250%까지 추가로 늘려 더 많은 가정이 혜택을 받도록 했다. 야간 긴급 돌봄수당과 유아 돌봄수당도 신설해 필요할 때 언제든 돌봄을 받을 수 있게 했다.

그러나 수요를 감당하기에는 아직 부족하다. 지난해 아이 돌봄 서비스의 평균 대기 기간은 33일에 달한다. 이를 해소하려면 아이돌보미 처우를 개선하고 양성기관을 늘려 충분한 인력을 확보해야 한다. 특히 오전 7~9시, 오후 4~7시 등 수요가 집중되는 등·하원 시간대에는 수당 인상 등 맞춤형 인센티브를 도입할 필요가 있다.

공공 돌봄의 보완재가 되어줄 민간 돌봄 서비스의 질 관리 역시 중요하다. '아이돌봄지원법' 개정으로 내년부터 시행되는 민간 돌봄 기관 등록제를 계기로 관리·감독을 강화해 부모가 안심하고 이용할 수 있는 환경을 조성해야 한다. 돌봄 서비스의 접근성을 높이는 방안에 대한 논의도 필요하다. 일부 지역에서 시행하는 조부모 돌봄수당을 확대하는 것도 좋은 대안이 될 수 있다.

일터에서는 유연근무제의 실질적 정착이 핵심이다. 긴 통근 시간으로 육아 시간이 부족한 부모에게 유연근무는 일·육아 병행의 부담을 낮추는 효과적인 수단이다. 이에 정부는 내년부터 육아기 근로자에게 임금 감액 없이 '10시 출근제'를 적용하는 사업주와 노사 간 합의로 근로시간을 단축해 주 4.5일제를 도입한 기업에 장려금을 지원할 예정이다.

이에 더해 업종과 직무의 특성을 분석해 재택근무, 원격근무, 시차출퇴근제 등 기업에 맞는 최적의 유연근무를 도입할 수 있도록 유연근무 신청권 도입을 적극 논의해야 한다. 업종의 특성을 감안하되 임신기 근로자 등의 경우 근무일 중 0.5일은 재택근무를 하는 등 임신과 육아를 일과 병행할 수 있도록 일하는 방식과 문화를 근본적으로 변화시키는 방안도 중장기적으로 검토할 필요가 있다.

돌봄은 가정만의 몫이 아니다. 공공 돌봄을 체계적으로 확충하고, 민간 시장의 품질관리 장치를 강화하며, 유연근무가 일상화된다면 부모의 양육 부담은 분명 줄어들 수 있다. 아이를 낳고 키울 수 있는 조건이 마련될 때 출산이라는 선택도 가능해진다. 양육의 무게를 사회가 함께 나눈다면 '나도 아이도 행복한 세상'은 실현 가능한 미래가 될 것이다.

《조선일보》(2025. 09. 25.)

3.

인식 전환

정부는 정책과 더불어 결혼과 출산, 육아에 대한 인식을

긍정적으로 바꿔나가는 사회문화 전환에 힘쓰고 있다.

'나도 아이도 행복한 세상' 광고 캠페인을 펼치며

아이와 함께하는 삶의 즐거움을 알리고,

결혼과 육아의 가치를 담은 방송 프로그램을 확산하며

자연스러운 문화와 인식의 변화를 이끌어낸 바 있다.

01 '공감의 힘',
나도 아이도 행복한 세상

흔히 저출생을 '사회의 모든 문제가 빚어낸 총체적 결과'라고 말한다. 아이를 낳고 키우는 데 드는 부담과 일하면서 아이 키우기 어려운 환경, 경쟁문화나 수도권 집중 등의 구조적 문제가 복합적으로 작용한다. 최근에는 이런 문제가 오래 지속되면서 결혼과 출산, 육아에 대한 어려움들이 확대 재생산되다 보니 이를 부담으로 여기는 사회적 인식이 공고해지고, 이러한 인식이 저출생으로 이어지는 부정적 악순환도 심화되고 있다.

한반도미래인구연구원이 2024년 최근 7년간 직장인 커뮤니티 '블라인드'에 올라온 결혼·출산·육아 관련 게시글 5만 건을 분석한 결과, 결혼 관련 게시글의 32.3%가 슬픔, 24.6%가 공포였으며, 행복한 감정의 글은 9.3%에 불과했다. 저출산고령사회위원회가 2024년 3월 진행한 국민 인식 조사를 보면 출산 계획이 없는 이유 1위는 "임신·출산·양육이 막연히 어려울 것 같아서"였다.

저출산고령사회위원회 부위원장으로 취임한 뒤 종교계 등 사회 각계 인사들과 청년, 부모 등 다양한 정책 수요자들을 만나왔는데, 그들이 하나같이 강조한 것도 바로 이러한 사회인식과 문화의 중요성이었다. 각자 서 있는 위치도, 나이도 달랐지만, 결혼·출산·육아에 대한 부정적인 인식을 돌려세우는 일이 시급하다는 데 뜻을 같이했다.

정책도 신뢰가 쌓이고 사회적 문화가 토대가 되어줄 때 더 효과적으로 작동한다. 그래서 당시 정책만큼 시급하게 해결해야 할 일은 결혼·출산·육아에 대한 막연한 불안감과 부정적 인식을 바꾸는 것이었다. 특히 결혼, 출산 등 개인의 삶을 바꾸는 중요한 선택은 환경과 조건들에 대한 계산보다 먼저 마음이 움직여야 가능하다.

그간 정부의 홍보는 주로 정책을 알리고, 강요하듯 메시지를 전달하는 방식에 머물러 있었다. 하지만 결혼·출산·육아에 대한 불안감이 팽배한 상황에서 정보 전달은 한계가 명확했고 강력한 메시지는 오히려 부작용만 야기할 가능성이 컸다. 불안이 가중되는 풍토에서 강요하기보다는 공감을 통해 자연스럽게 행동의 변화를 이끄는 넛지(Nudge)식 접근을 택한 이유다.

이러한 캠페인의 방향성 전환은 언제나 그렇듯 당사자인 국민에게서 도출됐다. 많은 부모가 아이를 키우는 행복은 쏙 사라진 채 극단적인 문제 상황만 방송 등에서 계속 노출되는 현실을 비판했고, 청년들은 아이들은 예쁘지만, 방송을 보면 출산과 육아가 겁난다고 호소했다.

아이가 행복이라고 당당하게 말할 수 있는 사회가 오길 바란다는 부모들의 소망을 담아 우리의 홍보 캠페인도 진정성 있게 실제 육아의 모습을 담는 방향으로 자리를 잡았다.

가장 고민이 컸던 건 슬로건이었다. 과거 "둘만 낳아 잘 기르자"처럼 오래 기억되는 강력한 슬로건이 필요했다. 집중 타깃인 청년들의 눈높이에 맞게, 강요하지 않으면서도 사회적 인식 확산에 동참할 사회 각계의 참여를 이끌어낼 수 있는 설득력도 갖추어야 했다. 약 두 달에 걸쳐 위원회 직원들과 수십 개의 메시지를 검토했다. 비혼·부모 직원들을 대상으로 슬로건 아이디어를 받고, 전문가와 직원들이 뽑은 수십 개의 메시지를 매번 청년의 눈높이에서, 사회 리더들의 눈높이에서 검토했다. 시각에 따라 메시지는 충돌했고 둘 다를 만족시킬 수 있는 메시지를 찾기는 어려웠다.

그렇게 나온 메시지가 "나도 아이도 행복한 세상"이다. 하물며 '나도'와 '아이도'의 순서도 고민했는데, 청년과 부모가 행복해야 아이도 행복할 수 있다는 데 의견이 모여 '나도'를 먼저 배치했다.

우리가 가야 할 비전이면서 모두가 소망하는 바를 담은 메시지였기에 이를 담은 광고 영상 제작에서도, 유명한 셀럽이나 자극적인 소재로 이슈화하기보다 진정성 있게 국민에게 호소하듯 말하고 싶었다. 우리는 실제 가족들이 올린 영상에서 답을 찾았다.

아이를 처음 만난 날, 아이의 첫 배밀이와 첫 발걸음, '엄마, 아빠'를 처음 부르던 순간의 영상들은 부모로서 느끼는 기쁨과 환희를 고스란히 보여줬다. 그 어떤 논리로도 설명할 수 없는 감정적 뭉클함이 부모가 내지르는 감동의 탄성과 아이의 웃음소리에 담겼다.

다행스럽게도 청년들에게는 거부감 없이 메시지를 전달할 수 있었고 부모들에게는 애틋한 순간들을 연상시켰다. 사회 각계에는 우리가 가야 할 비전을 제시함으로써 적극적인 동참을 유도할 수 있었다. 덕분에 사회적 인식이 조금씩 달라지는 것을 확인할 수 있었다.

위원회가 '나도 아이도 행복한 세상' 캠페인 전후인 2024년 3월과 2025년 3월로 두 차례에 걸쳐 결혼·출산·육아에 대한 국민 인식을 조사한 결과 결혼 긍정 인식은 70.9%에서 72.9%로 높아졌고, 여성의 결혼 의향도 48.2%에서 57.4%로 상승했다. 자녀가 있어야 한다고 생각하는 비율도 61.1%에서 70.9%로 높아졌다.

결혼이나 출산의 장점을 직접 드러내지 않으면서 함축적으로 우리가 지향하는 사회, 즉 '나도 아이도 행복한 세상'의 모습을 보여주는 것에 집중한 결과였다.

물론 이 모든 성과는 단순히 캠페인 덕분만은 아닐 것이다. 그러나 국민은 알았다. 캠페인 슬로건 하나를 만드는 데 캠페인 영상을 다르게 만들고자 들인 수십 명의 수십 번의 회의와 고민들을. 진심은 이렇게 통한다.

결혼·출산·육아에 대한 사회적 인식 변화는 지금도 현재 진행형이다. 우리는 '나도 아이도 행복한 세상'을 향한 첫 발걸음을 떼었고, 이제 우리가 지향하는 사회를 위해 더 꾸준히, 더 지속적으로, 국민적 공감대를 형성해나가야 한다. '공감'의 힘은 세다는 점을 명심하면서 말이다.

《여성동아》(2025년 9월호)

02 아이와 함께 행복한 미래, 시작은 문화로

'왜 한국은 아이를 낳지 않는 사회가 됐을까?'

저출산고령사회위원회 부위원장으로 일하며 늘 품어온 질문이다. 이 질문에 대한 답은 하나가 아니다. 저출생은 경제적 부담, 고용불안, 소득 불평등, 보육 환경 부족, 늦은 사회 진출과 결혼 지연 등 복합적 요인이 얽혀 있는 난제 중 난제다. 하지만 그 이면에는 결혼·출산·육아 자체를 꺼리는 사회문화가 뿌리 깊게 자리 잡고 있다.

실제로 저출산고령사회위원회가 2024년 진행한 국민 인식 조사를 보면 출산 계획이 없는 이유 1위는 "임신·출산·양육이 막연히 어려울 것 같아서"였다. 국가데이터처 조사에서도 결혼을 긍정적으로 보는 청년이 10년 전보다 20%p 이상 줄었다. 불안이 영혼을 잠식하듯, 막연한 두려움이 출산을 가로막고 있는 것이다.

정부는 저출생 해결을 위해 실효성 있는 정책을 꾸준히 내놓고 있다. 하지만 '막연한 불안'을 해소하는 데 정책만으로는 한계가 있다. 북유럽처럼 양육비용이 낮아도 출산율이 감소하는 현실이 이를 방증한다. 결국, 필요한 것은 결혼과 출산, 육아에 대한 부정적 인식을 긍정으로 바꿔나가는 일, "왜 아이를 낳아야 하나"라는 질문에 "아이가 행복"이라고 말할 수 있는 사회문화적 풍토를 마련하는 일이다.

이를 위해 정부는 정책과 더불어 사회문화를 바꿔 결혼과 출산, 육아에 대한 인식을 긍정적으로 바꿔나가는 문화 전환에 힘쓰고 있다. 위원회를 중심으로 범부처가 '나도 아이도 행복한 세상' 광고 캠페인을 펼치며 아이와 함께하는 삶의 즐거움을 알리고, 주요 방송사와 협업해 결혼과 육아의 가치를 담은 프로그램을 확산하며 자연스러운 문화와 인식의 변화를 이끌어냈다.

하지만 무엇보다 의미 있는 변화는 민간의 자발적 참여에서 비롯됐다. 경제계·방송계·종교계·학계가 함께 '저출생 극복 추진본부'를 출범시키고, '우리 아이, 우리 미래' 캠페인을 전개하며 문화적 전환에 힘을 보탰다. 주요 방송에서는 과거에 보기 힘들던 다자녀 가족이 등장하고, 혼자 살지만 조카를 보며 결혼을 꿈꾸는 모습이 심심찮게 보이기 시작했다. 스며들 듯 전하는 행복한 가족의 모습에 결혼과 출산, 육아에 대한 인식은 자연스럽게 좋아지기 시작했다.

실제, 위원회가 2024년 3월과 9월 두 차례에 걸쳐 결혼·출산·육아에 대한 인식의 차이를 비교하여 조사한 결과 결혼 긍정인식과 자녀 필요도, 출산 의향이 모두 증가했다. 이상적으로 생각하는 자녀 수는 1.8명으로 나타났으며 문화와 인식이 달라지면 출산도 늘어날 수 있다는 가능성을 보여줬다.

흥미로운 점은 한국의 이런 노력이 해외에서도 주목받고 있다는 사실이다. 정책적 접근만으로는 출산율 반등에 한계가 있다는 점을 체감한 나라들은 민간과 정부가 협력해 생명과 가족의 가치를 알리고 결혼과 출산, 육아에 대한 행복을 전하는 우리의 문화 전환 활동에 깊은 관심을 보이고 있다. 어쩌면 지금의 노력이 글로벌 저출생 해법의 단초가 될지도 모르는 일이다.

저출생 문제의 해결은 제도만으로는 부족하다. 민간이 주도하고 정부가 뒷받침하는 문화 전환은 그 신뢰의 씨앗이다. 이 씨앗이 자라날 때, 우리는 "아이가 행복"이라는 답을 당당히 내놓을 수 있는 사회를 만들 수 있을 것이다. 아이와 함께 행복한 미래, 그 첫걸음은 문화에서 시작된다.

———————————

《서울경제》(2025. 05. 22.)

03   어쩌면 세상을 바꾸는 일

세상은 분명 바뀐 듯한데 현실은 바뀌지 않았다는 걸 몸소 겪으면 갖게 되는 실망과 분노는 클 수밖에 없다. 소설 『82년생 김지영』에서 주인공 김지영은 그렇게 실망하고 분노하다 마음의 병을 얻고 만다.

요즘 한국에서 살아가는 부모들이 가장 필요로 하는 게 뭘까. 무엇보다 '시간'이다. 많은 부모가 아이를 키울 시간이 부족하다고 답한다. 세계에서 가장 긴 출퇴근시간, 빈번하게 닥치곤 하는 야근이나 회식 등으로 한국의 부모들은 아이와 마주하는 시간이 절대적으로 부족하다.

그 시간을 지원하기 위해 세상도 많이 바뀌고 있다. 육아휴직과 유연근무, 육아기 근로시간 단축, 재택근무 등 다양한 제도가 도입됐고, 더 많은 사람이 쓸 수 있게, 육아휴직급여를 올리고 기간을 늘리며 단기 육아휴직 등을 더해 더 큰 변화를 꿈꾸고 있다.

하지만 여전히 소소한 습관은 크게 바뀌지 않아서, 현장에서는 이를 자유롭게 활용하지 못한다고 한다. 쓰기 전엔 '눈치'가 보이고 쓰고 나선 '걱정'이 앞선다. "법보다 무서운 게 사내눈치법"이라는 웃픈 이야기도 있다.

2024년 트렌드 키워드가 '요즘 남편, 없던 아빠'였다. 그 달라진 인식의 눈높이에서 볼 때 현재까지의 변화도 아직 부족하다.

어쩌면 세상을 바꾸는 일은 생각보다 간단한 것에서 시작될지 모른다. 육아는 여성의 몫이라는 식의 암묵적 관행, 전례를 따지는 습관, 그 작은 규칙이나 약속이 바뀌어야 진정한 변화가 가능하다. 그래서 제도만큼 문화를 바꾸는 일이 중요하고, 기업과 사회 모두의 노력이 필요하다.

《**동아일보**》(2024. 10. 06.)

04 근심보다는 '희망'을

지난 10월 6일 저출생 정책이 현장에서 잘 적용되는지를 살펴보고 체감도 높은 정책을 만들기 위한 아이디어를 제안해줄 국민 모니터링단, '국민WE원회'가 출범했다.

출범식에는 미혼 청년과 신혼·무자녀 부부, 난임 부부, 유자녀 부부 등 약 200명이 참석해 토론을 펼쳤는데, 당초 생각과 달리 정책보다 결혼과 출산·육아에 대한 방송의 영향력과 문화에 대한 의견이 많았다.

몇몇 방송 프로그램이 결혼·출산·육아를 너무 힘든 일로, 심지어는 해서는 안 되는 일처럼 다루고 있어서 결혼을 생각하거나 출산하고 육아하는 게 잘못된 선택처럼 여겨진다는 것이었다. 방송에서 다뤄지는 것은 일부 극단적인 사례지만 이런 메시지가 계속되다 보면 이를 보편적인 상황으로 인식하게 될 거라는 우려가 컸다.

부모들은 이런 말을 하며 꼭 덧붙였다. "아이를 낳고 키우는 과정에서 물론 힘든 일도 많지만, 그보다 더 큰 행복이 있어요." 이들은 새로운 생명이 태어나 첫울음을 터트리고 첫걸음을 걸었을 때, 부모를 한껏 안아줄 때, 느끼는 벅찬 행복의 순간들보다 부정적인 이야기만 회자되는 현실에 개탄했다.

이들의 이야기를 들으면서 책 속 한 문장이 떠올랐다. 괴테의 『파우스트』에 나오는 "일단 나에게 사로잡힌 자, 그에게는 온 세상이 아무 소용없나니"란 문장이다. 이는 파우스트 앞에 나타난 '근심'이 자신을 소개하는 말이다. 근심은 불안을 불러오고, 공포로 이어진다.

결혼과 출산, 육아에 대한 우리나라의 사회적인 인식도 이런 수순을 밟는 듯하다. 불안정한 일자리와 주거, 아이를 낳았을 때 감당해야 할 교육비, 직장생활과 육아를 병행하는 어려움 등은 충분히 근심할 만한 일이다.

하지만 많은 국민의 지적처럼 어려움만 지나치게 회자되다 보니 다들 결혼과 출산, 육아를 시작도 하기 전에 포기할 이유들을 찾게 되는 모양새다. 이렇듯 과도한 근심은 미래에 대한 불안 심리만 키울 뿐 문제 해결에는 방해가 된다. '온 세상이 아무 소용없는 것'으로 여겨져 포기가 쉽기 때문이다.

실제로 며칠 전 발표된 한 여론조사에서 응답자의 85.9%가 우리나라 저출생 상황의 심각성에 동의했지만, 단 3.3%만이 "향후 저출생 현상이 지금보다 나아질 것"이라고 응답했다.

근심에 사로잡히면 마땅히 누려야 할 행복의 기회와 문제를 해결할 수 있는 의지 또한 사라진다. 그렇기에 정책만큼 중요한 것이 결혼과 출산, 육아에 대한 부정적 인식을 바꿔나가는 것이다. 이는 근심을 해소하여 미래를 희망하게 하는 일이고, 궁극적으로는 가족의 가치, 아이와 함께하는 행복을 회복하는 일이다.

정부는 더 좋은 정책으로 이러한 희망의 근거들을 계속 만들어나가고자 한다. 최근에는 아이를 키우는 즐거움과 가족의 행복을 다루는 방송도 조금씩 늘어나고, 기업들도 가족 친화 경영을 생존전략으로 받아들이는 등 함께 힘을 보태고 있다. 더디지만 우리는 계속 나아가고 있는 것이다.

이제, 근심만 하기보다 더 나은 미래에 대한 기대를 하나씩 현실로 만들어나가는 데 온 사회가 함께 어깨를 걸고 나아가자.

《서울경제》(2024. 10. 21.)

05   다정한 것이 살아남는다

『종의 기원』으로 유명한 찰스 다윈은 1871년 발표한 「인간의 유래와 성 선택」이란 글에서 "자상한 구성원들이 가장 많은 공동체가 가장 번성하며 가장 많은 수의 후손을 남겼다"라고 썼다. 멸종하지 않고 현시대를 살아가는 수많은 생물을 오랜 기간 관찰한 결과였다. 『종의 기원』을 통해 '진화'와 '자연선택'의 개념을 설파한 다윈이 '자연선택'은 생존 가능한 후손을 남기는 일이고 이를 가능하게 하는 중요 요건은 '자상함'에 있다고 밝힌 것이다.

미국의 진화인류학자인 브라이언 헤어와 버네사 우즈는, 책『다정한 것이 살아남는다』에서 다윈의 이 발언을 소개하며 호모 사피엔스가 살아남을 수 있었던 비결로 '타인에 대한 다정함과 협력'을 꼽았다. 이들은 "우리의 삶은 얼마나 많은 적을 정복했느냐가 아니라 얼마나 많은 친구를 만들었느냐로 평가해야 한다. 그것이 우리 종이 살아남을 수 있었던 숨은 비결"이라고 말한다.

이들 주장은 저출생으로 대변되는 인구 위기 시대를 살고 있는 우리에게 여러 생각할 거리를 안겨준다. '각자도생'이란 말과 '금수저, 흙수저'란 말이 시사하듯 현재 우리의 삶은 여러모로 각박하다. 대학입시부터 취업에 이르기까지 도를 넘는 경쟁 환경에 둘러싸인 우리는 경쟁에서 지면 도태되는 것으로 인식하고, 너도나도 우위를 점하기 위해 사력을 다한다.

협력보다 경쟁이 최고 가치로 통용되는 사회에서 자란 이들이 '번아웃'되는 건 당연하다. 그리고 이들이 후손에게 자신과 같은 일을 겪게 하고 싶어 하지 않는 것 또한 어쩌면 당연하다. 나이로, 성별로, 학벌이나 직장으로 구분 짓고 차별하는 세상에서는 아이도 차별의 대상이 된다. 노키즈존으로 대변되는 아이를 배제하고 분리하는 사회 분위기도 아이 낳기를 저어하게 만드는 요인 중 하나다. 그리고 이것이 한국 사회 저출생의 근본 원인인지도 모른다.

저출생의 원인을 "새끼를 낳아서 기를 수 없는 상황" 때문이라고 지적한 진화생물학자 최재천 교수는 공생하지 않고 살아남은 생명은 없었다면서, 지금 이 시대에 적합한 인류상으로 '호모 심비우스(Homo symbious)', 즉 '공생하는 인간'을 천명한다. 그는 바로 이 개념에서부터 시작해야 저출생 문제 해결이 가능하다고 주장한다.

현재의 대한민국을 조금 더 살 만한 세상으로 바꾸는 것이 저출생 해소에 실마리가 된다면, 함께 살아가는 동료로서 서로에 대한 자상함과 다정함 등 긍정적 가치를 되찾는 것에서 시작할 수 있다. 경쟁에 매몰되기보다는 서로 협력하고 존중하며 아이의 성장을 다함께 돕는 사회를 만드는 일이 저출생 추세를 멈춰 세울 기본 요건이기 때문이다.

인간은 타인과 도움을 주고받으며 살아가기 마련이다. 이때 필요한 건 존중과 인정, 공감과 공명이다. 이를 한마디로 요약하면 아프리카 반투(Bantu)족이 쓰는 말, "우리가 있기에 내가 있다"는 뜻의 '우분투(Ubuntu)'로 정리할 수 있을 것이다.

그러니 이제 '다정함'과 '우분투'를 기억하고 실천해보자. 다정한 것이 살아남고, 우분투가 우리를 인구 위기에서 구해줄 것이니 말이다.

《매일경제》(2025. 02. 07.)

06 노키즈(No Kids)는 'NO'!

어떤 인물이나 대상, 사회적인 이슈 등에 편견이나 부정적인 인식이 형성되면 쉽게 사라지지 않고 '주홍글씨'처럼 끈질기게 사람들의 뇌리에 남는다. 잘못을 인정하고 변화된 모습을 보여도, 긍정적으로 변모해도, 오해를 이해로 돌려놓으려 해도, 부정적인 평가가 계속된다. 이른바 낙인효과(Stigma Effect)다.

한번 낙인이 찍히면 지우기가 쉽지 않다. 우리나라의 결혼·출산·양육에 대한 사회적인 인식도 마찬가지다. 국가데이터처가 2023년 발표한 「사회조사로 살펴본 청년의 의식 변화」에 따르면 2022년 기준 19~34세 청년 가운데 결혼을 '긍정적'이라고 생각하는 청년은 10년 전 56.5%보다 20%p나 낮아진 36.4%에 불과했다. 이 중 53.5%는 "결혼을 해도 자녀가 필요 없다"고 응답했다.

저출산고령사회위원회가 2024년 5월 발표한 「2024년 결혼·출산·양육 인식 조사」 결과도 이와 비슷한데, 만 25~49세 조사 대상

무자녀 남녀의 57.5%가 출산 계획이 없다고 응답했다. 이유를 보면 "임신, 출산, 양육이 막연히 어려울 것 같아서"(40%)가 가장 많았고, "나이가 많아서"(15%), "자녀 양육비용 부담"(12.7%)이 뒤를 이었다. 부정적인 인식이 자녀 출산을 가로막는 가장 큰 이유가 된 셈이다.

경제적 부담, 불안정한 주거와 일자리 등 저출생의 원인은 다양하고 복합적인데, 언젠가부터는 결혼·출산·육아에 대한 부정적인 인식도 주요한 원인이 되고 있다. 실제로 우리나라에는 결혼·출산·육아를 백안시하는 사회문화적인 풍토가 만연하다. 노키즈존(No Kids Zone)으로 운영하는 식당과 카페가 많아지고, '맘충'이라는 혐오 표현도 흔하게 볼 수 있다. 사정이 그렇다 보니 엄마가 '맘충'이고 아이를 환영하기보다는 잠재적 위험요소로 판단하는 '노키즈존'을 찬성하는 사회에서 무슨 아이를 낳겠냐는 하소연도 늘어나는 상황이다.

하물며 최근 일부 방송에서는 극단적인 양육 환경에 처한 부모를 통해 출산과 육아를 고난으로만 묘사하기도 한다. 이러한 환경에 장기간 노출되면 출산과 육아에 대한 부정적 인식은 강화될 수밖에 없다.

하지만 전국 곳곳에서 만난 부모들은 힘들기도 하지만 '아이'라는 존재가 자신들의 삶에 얼마나 큰 행복을 안겨주는지를 얘기한다. 그러면서 한결같이 결혼과 출산, 양육에 따른 경제적 부담을 줄여주는 것만큼 중요한 것이 이러한 부정적 인식을 바꿔나가는 일이라고 말한다.

"우리는 너를 사랑한다. 새로 시작된 너의 여행을 우리가 도와주마."

호주의 원주민인 '참사람 부족'은 태어난 아이에게 이렇게 인사를 건네며 탄생을 축하하고 환영하며 함께 키워나갈 것을 다짐한다고 한다. 생명과 가족, 공동체의 가치를 이처럼 잘 표현하는 말이 있을까. 우리에게도 이런 문화가 필요하다. "아이를 왜 낳아야 하는가"란 질문에 "아이가 행복"이라고 말할 수 있는 사회, 결혼·출산·육아가 '페널티'가 아닌 '메리트'가 되는 사회를 만들기 위해 온 사회가 나서야 할 때다.

―――――――

《서울경제》(2024. 10. 07.)

07 '아' 다르고
'어' 다른 법

언어는 프레임이다. 머릿속에 있는 생각이 언어라는 형식을 빌려 발현되기도 하지만, 때로는 언어가 생각을 특정한 프레임에 가둬놓기도 한다. '아' 다르고 '어' 다르듯 어떤 언어로 표현하느냐에 따라 사건이나 대상에 대한 해석이 달라진다. 청소부가 환경미화원으로, 간호원이 간호사로, 당선자가 당선인으로 바뀐 사례는 부정적 어감을 긍정으로 되돌려놓으려는 의도에서였다.

언어는 맥락이기도 하다. 같은 낱말이라도 어떤 맥락에서 쓰였는가에 따라 뜻이 완전히 달라진다. 자녀가 어떤 일을 했을 때 부모가 '잘한다'라고 말하는 상황을 가정해보자. 이 말은 때로는 '칭찬'의 의미로 쓰이지만, 때로는 '책망' 혹은 '실망'의 의미로 쓰이기도 한다. 몸짓과 눈빛, 어감 등 맥락에 따라 같은 말이라도 전혀 다른 의미로 쓰이는 게 언어다.

언어의 속성을 얘기하는 이유는 우리가 전부터 관행적으로 써왔던 언어에 차별과 왜곡, 편견이 섞여 있지는 않은지 되돌아봤으면 해서다. 특히 '육아휴직'이나 '출산휴가', '경력단절'이란 용어를 다시 생각해봤으면 한다.

'휴가'라는 말과 '휴직'이란 말에는 쉴 휴(休)가 들어가 있다. 말만 놓고 보자면 휴가와 휴직은 말 그대로 쉬는 일이다. 그런데 휴가 앞에 출산이란 말이 붙거나 휴직 앞에 육아라는 말이 더해지면 그 맥락이 달라진다. 생각해보자. 과연 출산휴가가 온전히 쉬는 일일까? 육아휴직은 또 어떠한가? 회사생활을 잠시 멈춘다고 해서 휴가나 휴직이란 단어를 아무런 고민 없이 쓰는 게 과연 온당한가 싶다.

일·가정 양립 문화 확산이 저출생 극복을 위한 실효성 높은 대책인데도, 동료와 상사의 눈치 때문에 육아휴직을 쓰지 못하는 현실이다. 눈치를 보는 이유는, 육아휴직과 출산휴가를 '쉰다'는 의미로 받아들이기 때문이다. 남들은 일하는데 혼자 쉬러 들어간다는 식의 해석이 여전하고 그 때문에 주변 사람들의 눈치를 보게 된다.

이 때문인지, 지난해 11월 국민 300여 명으로 이뤄진 정책 모니터링단 '국민WE원회'에서 "눈치 안 보고 육아휴직 하고 싶다"는 토로와 함께 출산휴가를 '필수육아'로, 육아휴직을 '집중육아' 등으로 바꾸자는 의견이 제시되었다. 용어 하나 바꾼다고 현실이 얼마나 바뀔까 싶지만, 언어를 특정 프레임에서 벗어나게 하는 것만으로도 눈치 보지 않는 문화를 확산할 기반은 마련된다.

경력단절이라는 용어도 마찬가지다. "물이 반밖에 안 남아 있다"와 "물이 반이나 남았다"는 해석은 전혀 다른데, 경력단절이란 단어도 어떻게 해석하느냐에 따라 부정에서 긍정으로 바뀔 여지는 충분하다. 경력단절이 경력을 보유하고 있다가 새로운 일자리를 구하지 못했을 때 쓰이는 단어라고 했을 때 경력단절을 경력보유로 바꾸는 것만으로도 긍정의 프레임이 더 강조되는 것을 알 수 있다.

그러니 우리가 전부터 별다른 고민 없이 썼던 언어(육아휴직, 출산휴가, 경력단절)가 우리의 현실을 제대로 반영하고 있는지 점검하고, 필요하다면 용어 자체를 바꾸는 방안도 고려할 필요가 있겠다. '아' 다르고, '어' 다른 법이니 말이다.

《매일경제》(2025. 01. 18.)

4.

구조적 과제

인구 위기를 타개하기 위한 많은 시도와 노력은

단기간에 효과나 변화를 기대하기 어렵다.

따라서 그 기조가 흔들리지 않고

지속적으로 추진되어야 반등의 토대를 다질 수 있다.

포용적이면서도 효율적인 사회 모델과 혁신적인 성장 모델을 주축으로

경제·사회 시스템을 재구축하는 것이 관건이다.

01 청년의 빠른 사회 진출, 인구 위기 해소의 시작

한국 청년들의 늦은 사회 진출이 개인과 가정의 고민을 넘어 국가의 인구·사회 구조를 위협하는 심각한 문제로 부상하고 있다.

국가데이터처가 최근 발표한 『2025년 8월 고용동향』은 이를 여실히 확인시켜 준다. 2025년 8월 전체 고용률은 62.2%로 8월 기준 역대 최고치를 기록했지만, 청년층 고용률은 16개월 연속 하락하며 45.1%까지 떨어졌다. 청년 취업자 수도 357만 1,000명으로 전년 동기 대비 21만 9,000명이 감소했다. 일자리를 찾다가 포기하고 "그냥 쉬었다"는 30대가 32만 8,000명으로 8월 기준 역대 최고 수준이다.

학력, 자격증, 어학, 다양한 인턴 및 대외활동까지 갖추면서 '단군 이래 최고 스펙'으로 불리는 청년들이 취업에 성공하지 못하는 가장 큰 이유는 '괜찮은 일자리'로 진입할 기회의 문이 좁아진 때문이다. 좁은 취업문을 통과하기 위해 스펙은 인플레이션됐는데 취업시장은 개선되지 않으면서 취업은 디플레이션되는 셈이다. 2025년 상반기 채용시장만 봐도, 채용공고 14만여 건 중 경력채용만 원하는 경우가 82%에 달했다. 신입직원만 채용하는 경우는 2.6%, 신입 또는 경력채용이 나머지 15.4%였다.

취업의 어려움은 사회 진출 지연의 핵심적 원인이다. 학업과 취업에 필요한 스펙을 쌓느라 대학 졸업을 미루면서 졸업까지 걸리는 기간이 2015년 49.4개월에서 2024년 51.8개월로 2개월 더 늘어났다. 그럼에도 졸업 이후 취업까지 걸리는 시간은 줄지 않고 더 늘어나 2015년에는 10개월이 걸렸지만, 2024년에는 11.5개월이 걸렸다.

청년들의 사회 진출 실패나 지연은 곧바로 결혼과 출산의 지연으로 이어진다. 국회예산정책처 연구에 따르면 첫 직장 취업 연령이 1세 낮아질 때 초혼 연령은 평균 3.3개월 앞당겨진다. 지금처럼 사회 진출이 20대 후반이나 30대 초반으로 늦춰지는 구조에서 청년들이 결혼과 출산을 감히 계획하기 어려운 현실인 것이다. 결국 청년의 빠른 사회 진출을 돕는 일자리 문제를 해소하지 않고는 인구 위기 해소도 요원하다고 할 수 있다.

문제는 청년층 사회 진출 지연은 청년 개인의 선택 문제가 아니라 노동시장과 사회문화가 함께 맞물려 일어난 구조적 문제라는 점이다. 기본적으로 청년들이 원하는 대기업이나 공공기관 등 좋은 일자리가 부족하고, '좋은 일자리'를 원할 수밖에 없을 만큼 대기업과 중소기업, 정규직과 비정규직 간 임금과 고용 안정성의 차이가 크다. 스펙에 들인 투자를 생각하면 취업이 지연되고 경쟁이 심화되더라도 '좋은 일자리'에 취업하는 게 청년들에게는 합리적인 선택이다.

따라서 청년들의 사회 진출 지연 문제를 해소하자면, 양질의 일자리 확대와 노동시장의 이중구조 개선 등 구조적이고 근본적인 접근이 필수적이다. 그리고 이러한 구조적 개선은 정부와 경제계 등 사회 주체들이 함께해야 힘을 발휘할 수 있다.

먼저, 안정적이고 지속 가능한 양질의 일자리를 늘리는 것이 가장 근본적 해법이다. 안정된 일자리는 청년에게 결혼과 출산 같은 인생의 중요한 결정을 가능하게 하는 최소한의 전제조건이다. 따라서 정부와 기업은 과감한 규제 혁신과 투자를 통해 AI·바이오·기후·에너지 등 첨단산업을 적극 육성하고, 초혁신 경제 분야 중심으로 새로운 고용 기회를 만들어야 한다.

둘째, 청년 공채 확대를 통해 이러한 양질의 일자리로 가는 '문'을 넓혀야 한다. 최근 확산된 수시채용은 직무 경험이 부족한 청년들에게 진입장벽이 되고 있다. 특히 한국은행은 경력직 채용 증가가 사회 초년생의 생애 총소득을 13% 감소시킨다는 연구 결과를 발표하기도 했다. 따라서 기업이 신입채용을 일정 비율 이상 유지하도록 제도적 유인책을 마련할 필요가 있다. 공정하고 투명한 공채는 여전히 청년들에게 가장 확실한 사회 진입 경로다. 기업들이 신입사원 공채를 확대해 사회초년생에게 첫 기회를 제공하고 정부가 인센티브나 세제 혜택으로 이를 뒷받침한다면, 이는 청년들의 빠른 사회 진출을 앞당기는 가장 확실한 방법이 될 수 있다.

셋째, 기업의 경력직 선호가 직원의 교육 및 훈련에 드는 비용을 줄이기 위한 선택이라는 점에서, 교육과 취업 현장의 간극을 줄여 청년이 졸업과 동시에 일할 수 있는 구조를 만드는 것도 중요하다. '채용 조건형 계약학과'나 각종 산학협력 프로그램을 확대해 조기 사회 진출을 촉진하고, 기업이 대학과 연계해 청년들의 직무역량 개발을 도울 수 있게 인센티브를 제공하는 방안도 고려해볼 만하다.

넷째, 노동시장 이중구조 해소도 시급하다. 대기업 쏠림 현상은 중소기업의 만성적인 인력난을 심화하고, 청년들의 취업난을 악화시킨다는 점에서, 이중구조 해소는 청년들의 취업은 물론, 한국 경제의 지속 가능한 성장을 위해서도 꼭 해결해야 할 과제다.

이를 위해 중소기업을 청년의 '매력적인 첫 직장'으로 만드는 파격적 인센티브가 필요하다. 예컨대 중소기업 재직 청년에게 이재명 정부가 청년층의 자산 형성을 돕기 위해 도입한 '청년미래적금'의 추가 정부 매칭을 제공하거나, 수도권 내 입지가 좋은 장기 임대주택을 우선 배정해 실질적 혜택을 주는 방안이 가능하다. 더 나아가 중소기업 근무 경험이 대기업 이직이나 경력 성장의 발판이 될 수 있도록, 국민내일배움카드 지원 한도를 대폭 상향하여 역량 개발 지원을 강화하는 것도 필요하다.

마지막으로, 고졸 취업도 활성화해나갈 필요가 있다. 한국은 세계에서 손꼽힐 만큼 대학진학률이 높은데, 고졸 취업이 어렵고 고졸 취업시장이 열악한 것이 그 이유 중 하나다. 그간 직업계고 육성 등 고졸 취업 활성화를 위한 정책은 지속적으로 추진되어왔으나, 여전히 고졸 청년들이 갖는 사회적 지위는 열악해 직업계고 졸업생들도 취업 대신 대학진학을 선택하는 경우도 많다. 따라서 고등학교 졸업 청년들이 취업 후 안정적으로 사회에 안착할 수 있도록 재직자 특별전형을 확대하고, 후학습 장학금이나 무이자 학자금 대출을 늘려 '선취업-후진학' 경로를 내실화해야 한다. 이미 취업한 상태에서 군

복무로 인해 실직 등 경력단절이 발생하지 않도록 하는 제도적 지원도 병행해야 한다. 산업기능요원 제도를 안정적으로 운영하고, 군 휴직 후 원활하게 복귀할 수 있도록 대체인력을 채용한 기업에는 '군 휴직 대체인력 지원금'을 신설하는 방안도 검토할 필요가 있다. 다만 이 부분은 고졸 취업을 하나의 현실적인 선택지로 보완하는 차원에서 접근되어야 한다.

청년의 사회 진출 지연은 청년 세대만의 문제가 아니라 국가의 지속 가능성과 직결된 구조적 문제이며, 정부와 기업, 사회가 함께 머리를 맞대고 지혜를 모아야 할 중대한 과제다. 청년들이 더 빨리 자신의 일을 찾고, 결혼과 출산을 선택할 수 있도록 돕는 것은 인구 위기 해소에 가장 확실한 출발점이다.

02 의대 몰빵?
'좋은 일자리'부터 다시 정의하자

오래전 아이에게 읽어주던 책 중 『꽃들에게 희망을』이 있다. 책 속 애벌레들은 이유도 잊은 채 서로를 짓밟으며 올라가는 데 열중한다. 많은 수가 경쟁에 밀려 떨어지고 소수는 꼭대기에 오르지만, 애초 목적은 잊은 뒤다.

지금 우리 사회를 보면 종종 그 책이 떠오른다. 이른바 '사' 자가 들어가는 의사, 변호사, 판검사, 이름만 대면 알 법한 대기업이나 공공기관 직원, 공무원까지. 상대적으로 더 안정적이고 소득이 높아 '좋은 일자리'로 여겨지는 곳에서 일하는 취업자는 전체의 약 20~25% 수준에 불과하다. 나머지 75% 이상은 중소기업 근로자, 비정규직, 자영업자, 플랫폼 노동자 등으로 대부분 임금이 낮고 고용 불안이 높다.

진입장벽이 높으면 경쟁은 치열해진다. '좋은 일자리'를 차지하기 위한 경쟁은 유아기부터 시작된다. '4세 고시'처럼 유아기부터 과열

된 사교육은 '초등 의대반'으로 이어진다. 대학 서열이 일자리 서열로 이어지는 것을 경험한 부모들은 서둘러 사교육 경쟁에 뛰어들고 초등 의대반이 대변하듯 진로 선택에서 개인의 적성과 선호는 중요하지 않다. 실제 SKY 대학의 자연계 정시 합격자 중 43%가 의대 진학을 위해 입학을 포기한다. 한 TV 다큐멘터리 프로그램에서는 이를 두고 "의대에 미친 한국"이라고 표현하기도 했다.

어쩔 수 없다고 체념하기엔 국민과 국가가 치르는 사회적 비용이 너무 크다. 사교육에 들어가는 가계 부담은 가정을 흔들고, 특정 직업군 쏠림은 다른 분야의 성장을 저해한다. 직업에 따라 인생의 성공과 실패를 평가하는 사회적 인식은 청년들을 번아웃시킨다. 이를 해결하려면 선호도가 높은 일자리를 늘리고, 소득 양극화를 줄이는 한편, 근본적으로 '좋은 일자리'를 새롭게 정의해야 한다.

먼저 산업구조를 바꿔 선호도가 높은 좋은 일자리를 많이 만들어야 한다. AI를 전 산업에 접목해 생산성을 높이고 비즈니스 모델을 혁신하며 신산업을 적극 육성해야 한다. 이를 통해 새로운 유형의 양질의 일자리를 많이 만들어야 한다.

동시에 노동시장의 이중구조를 해소하고 기업 간 생산성 격차를 줄여 기업 규모의 차이가 좋은 일자리의 기준이 되지 않도록 해야 한다. 그러자면 대기업의 시장 지배적 지위와 하도급 중심 구조를 과감히 바꿔야 한다. 중소기업의 대기업 전속 거래 관행을 과감히 줄여 중소기업이 독립성과 기술력을 바탕으로 글로벌 시장에 판로를 개척하는 글로벌 니치(Niche, 틈새) 기업으로 성장할 수 있도록 유인해야 한다. 동일 직무 시 처우나 사회인식에 차이가 없는 환경을 조성하고, 기업 규모나 브랜드가 아니라 '일의 내용'과 '성과'를 중심으로 한 평가체계를 만드는 것도 중요하다.

근본적으로는 '좋은 일자리'에 대한 사회적 재정의가 필요하다. 자신이 잘하고 좋아하는 일을 하면서도 적정한 소득과 직업 안정성을 인정받을 수 있다면 충분히 좋은 일자리가 될 수 있다.

이유를 잊은 채 꼭대기에 오른 애벌레처럼, 결국 원하는 직업을 가진 이들도 자신이 무엇을 좋아하고 잘하는지 모르는 경우가 많다. 나 역시 장관직을 마친 지 10년이 지났지만 내가 정말 좋아하는 일이 무엇인지 여전히 고민한다. 나와 같은 베이비붐 세대는 입시에 매몰되어 살아왔고, 사회와 부모가 원하는 길을 따르는 것이 성공이라 여겼다. 학교나 사회에서 진로 탐색의 기회는 거의 없었다.

그에 비해 K-팝 등 K-컬처와 글로벌 문화를 자양분 삼아 자라난 지금의 젊은 세대는 다양성의 가치를 알고, 스스로의 길을 찾으려고 노력한다. 그 흐름을 정부와 사회가 더 적극 뒷받침해야 한다. 각자 적성과 장기를 발견할 수 있도록 교육과정을 설계하고, 노동시장과 복지제도를 개편해 경제적 어려움이나 생계 불안 없이 원하는 직업을 선택할 수 있게 해야 한다. 그럴 때 각자 '하고 싶은 일'이 '좋은 일자리'가 될 수 있을 것이다.

《이데일리》(2025. 08.)

03 청년들에게 더 많은 황금 티켓을⋯

소설과 영화로 유명한 〈찰리와 초콜릿 공장〉을 보면, 초콜릿에 숨겨진 '황금 티켓'을 찾는 사람만 신비한 초콜릿 공장을 견학할 기회를 가질 수 있다. 한국 사회에서 '황금 티켓'은 좋은 대학을 나와야만 누릴 수 있는 대기업 등 좋은 일자리다. OECD는 한국 청년들이 높은 임금과 안정성을 갖춘 좋은 일자리를 갖기 위해 학창시절부터 벌이는 경쟁을 두고 '황금 티켓 증후군'이라고 표현했다.

대기업과 중소기업, 정규직과 비정규직 간 격차가 큰 한국 사회의 슬픈 단면이지만, 이는 저성장 궤도에 진입한 전 세계적 현상이기도 하다. 오죽하면 미국 실리콘밸리에 거주하는 청년들 사이에서 "이 동네에서 스탠퍼드나 UC버클리 출신이 아니면 취업할 수 있을까?"라는 자조적인 농담이 떠돌까.

이런 현상이 어제오늘 일은 아니지만, 해를 거듭할수록 황금 티켓을 쟁취하기 위한 경쟁이 더욱 치열해지고 있다. 높아진 취업경쟁은 청년들의 사회 진출을 늦추고 이는 결혼과 출산의 지연과 포기로 이어진다. 이 문제의 해결 방안은 황금 티켓으로 일컬어지는 공공부문과 대기업에 취업할 기회를 늘리거나 노동시장의 격차를 줄여 좋은 일자리의 저변을 확대하는 방법뿐이다. 문제는 이 두 방안 모두 녹록지 않다는 데 있다.

먼저 양질의 일자리 자체가 부족하다. 인크루트가 2024년 한 해 동안 회원 등록 기업 707곳을 대상으로 조사한 결과, 작년에 정규직 대졸 신입사원을 채용한 기업은 64.6%에 불과했다. 2021년 75.4% 대비 10.8%p가 하락한 것으로 최근 4년 중 가장 낮은 수치다.

채용방식은 더 놀랍다. 수시채용이 78.8%로 증가한 데 비해 정기공채는 20.1%로 크게 줄었다. 지난 2019년 현대자동차가 공채를 폐지하고 수시채용으로 전환한 이후 많은 대기업이 공채를 없앤 결과다.

상황이 이렇다 보니 수시채용에 맞는 스펙을 만들기 위해 청년들의 사회 진출이 늦어지는 것은 물론, 지역, 학교, 성별 등에서 유리한 청년들만 양질의 일자리를 구하게 되는 문제가 커지고 있다. 실제 인크루트가 집계한 대졸 신입사원 평균연령은 1998년 25.1세에서 2020년 31세로 6년이나 늦춰졌고, 노동연구원에 따르면 공채보다 수시채용을 했을 때 지역, 학교, 성별 등에서 다양성도 크게 낮아지는 것으로 나타났다.

이로 인해 대기업의 공채를 부활하고 늘려야 한다는 주장이 힘을 얻고 있다. 다만 기업의 경영 여건의 고려했을 때 공채로 완전히 전환하기보다 '정기공채'와 '수시채용' 방식을 혼합해 비율을 조정할 필요가 있다.

공채도 불필요한 스펙 중심이 아니라 직무능력을 검증하는 방식으로 개편한다면 스펙 경쟁은 줄고 기업도 필요한 인재 채용이 가능하다. 아울러 R&D와 교육투자를 늘려 인공지능과 로봇, 바이오 등 첨단산업 중심으로 산업구조를 혁신해 더욱 많은 양질의 일자리도 늘려나가야 한다.

이렇듯 청년 공채 확대는 청년들의 소모적인 스펙 경쟁은 줄이면서도 양질의 일자리에 갈 기회는 늘려 더 빠른 사회 진출을 돕고 국가적 난제인 저출생 문제 해소에도 기여하는 '황금열쇠'가 될 수 있을 것이다.

───────────

《매일경제》(2025. 02. 15.)

04 출산을 가로막는 벽,
사교육을 넘자

　지난 3월, 영국 《파이낸셜타임스》는 한국의 '학원(Hagwon)' 문화를 소개했다. 영어로 번역되지 않는 'Hagwon'은 한국 사회의 경쟁구조를 그대로 반영한다. 좋은 대학이 좋은 일자리로 이어지는 구조 속에서 학원은 생존 경쟁의 출발점이 된다. 이 구조는 과잉 사교육을 낳고, 가계 부담과 교육 양극화로 이어지며, 아이를 낳기 두려운 사회를 만든다.

　2024년 기준 초중고 사교육비는 연 29조 원으로, 10명 중 8명이 학원에 다니며, 학생 1인당 사교육비가 월 47만 원을 넘는다. 월 소득 800만 원 이상 가구는 평균 67만 원을 쓰지만, 300만 원 미만 가구는 20만 원대에 그친다. 교육 기회는 소득에 따라 나뉘고, 그 격차는 자녀 수 결정에도 영향을 준다. 최근에는 '4세 고시', '7세 고시'라는 말까지 등장했다. 한 연구는 학생 1인당 사교육비가 1% 증가할 때, 이듬해 합계출산율이 최대 0.26%p 감소한다고 경고하기도 했다.

사교육 문제는 비단 교육정책만의 문제가 아니다. 출산, 양육, 나아가 국가 존속의 문제다. 저출생 해소를 위해서라도 사교육 문제는 반드시 짚고 넘어가야 할 선결 과제다. 이는 공교육을 강화하는 것부터 산업구조의 개선까지 단계적 접근이 필요하다.

첫걸음은 공교육의 사교육 흡수다. 부모들은 공교육으로는 부족하다고 생각하기 때문에 사교육을 선택한다. 유아부터 초등학생까지 돌봄 필요로 인한 사교육은 유보통합, 초등돌봄, 방과후학교 등으로 해소하고, 중·고등학생부터 본격화되는 입시 수요는 자기 주도 학습 지원으로 대응해야 한다. 학습 콘텐츠와 대학생 멘토가 함께하는 자기주도학습센터와 같은 공공 기반과 서울시의 '서울런'처럼 온라인 학습지원 모델을 전국으로 확산할 필요가 있다.

다음은 교육의 방향을 미래 지향적으로 바꾸는 일이다. 초저출생과 AI 시대의 도래로 창의성과 협업, 자기 주도성 등 필요한 인재상이 달라졌다. 현재의 문제풀이 중심 교육에서 벗어나 정서·신체·인지의 균형을 키우는 교육이 필요하다. 먼저 미래 인재를 어떻게 키우고 어떤 방식으로 선발할 것인가에 대한 사회적 논의를 시작해야 한다.

이 논의를 바탕으로 학생 스스로 적성과 흥미에 따라 교육을 선택할 수 있게 권한을 강화하고, 영유아와 초등 저학년 학생에는 체육수업 확대 등을 통해 정서와 신체의 고른 성장을 위한 교육을 펼쳐야 한다. 특히 '4세 고시'같이 지나친 조기 사교육은 특정 연령대의 과도한 선행 교육과 레벨 테스트를 규제하는 등 적극 대응해야 한다.

보다 근본적으로는 사교육을 불러오는 사회구조를 바꿔야 한다. 과도한 사교육은 양질의 일자리로 향하는 경쟁구조에서 비롯된다. 대학입시가 좋은 일자리 진입 여부와 일생을 결정짓는 구조가 지속되는 한 사교육 수요가 줄기 어렵다. 이를 위해선 자기 적성을 살릴 수 있는 다양한 직업이 창출되고 존중받을 수 있는 노동구조를 만들어가야 한다. 또 노동시장의 이중구조 개선, 대기업과 중소기업의 격차 완화 등 구조적 과제 해결을 위한 노력도 무엇보다 중요하다.

'공교육의 흡수'부터 '사교육의 전환', '사회구조의 변화'는 따로 볼 수 없다. 하나라도 빠지면 어느 것도 효과를 내기 어렵다. 저출생 대응의 마지막 골든타임에 선 지금이, 사교육 문제에 대한 논의와 대안 마련을 본격화할 타이밍이다. 사교육 문제를 외면한 채 출산율 반등을 기대할 수 없다. 이 문제는 가정의 선택이 아니라, 국가의 생존전략으로 접근되어야 한다.

《국민일보》(2025. 07. 22.)

05 대학, 인구 위기의 혁신 엔진으로

"인적자본 투자로 놀라운 경제성장을 이룩한 한국." 노벨경제학상을 받은 거시경제학의 대가 로버트 루카스 교수의 분석이다. 세계가 한국 경제의 원동력으로 주목했던 한국 교육이 OECD 최저 출산율이라는 강진 앞에 흔들리고 있다. 2025년 초·중·고 학생 수는 502만 명으로 1970년 1,000만 명에서 절반이나 줄었고, 2040년이면 지방대학의 50% 이상이 사라질 거라는 예측도 나온다. 대학을 중심으로 한 교육시스템 전반의 근본적인 변화가 불가피하다.

그간 한국 교육은 과도한 입시경쟁으로 사교육비 증가, 교육 기회 불평등 등 부작용을 낳았고 이는 불평등 재생산으로 이어졌다. 지난해 한국은행은 현재의 입시방식이 소득수준과 거주지역에 따른 진학률 격차를 심화한다며, 지역별 비례선발제 도입 등 입시제도 개편이 필요하다고 진단했다. 성적 중심의 선발이 학생들의 잠재력을 반영하지 못하고 불평등을 심화한다는 것이다.

실제 지역균형선발제의 성과는 많은 시사점을 준다. 2024년 2월 서울대를 졸업한 지역균형전형 학생들의 평균 졸업 평점이 전체 평균보다 높게 나타났다. 다자녀가정전형도 주목할 만하다. 일부 대학이 시행 중인 다자녀가정 출신 학생들이 뛰어난 사회성으로 학습공동체의 분위기를 긍정적으로 변화시키고, 학업 성취도도 더 빠르게 향상된다는 것이다. 이는 '성적순 선발'에 의문을 던진다.

해외 유수 대학들은 '기회의 사다리'로서 다양성과 기회 평등의 기치를 지키려는 노력을 계속하고 있다. 일례로 MIT는 잠재력 높은 학생을 선발해 우수인재로 성장시키는 것에 초점을 맞춘 결과 미국 어느 대학보다 입학 전 가구소득과 비교해 졸업 후 본인의 소득수준이 가장 많이 상승하는 것으로 나타났다.

대학교육의 혁신도 시급하다. DX(디지털 전환)와 AX(인공지능 전환)로 대표되는 급격한 산업 변화에 대학이 제대로 대응하지 못하면서 취업준비로 청년들의 사회 진출이 계속 늦어지고 있다. 대학 졸업이 늦어질수록 결혼과 출산도 늦어져 저출생 문제가 더 심각해진다.

이에 대학은 기업과 협력해 실무교육을 강화하고 조기 취업을 유도해 청년들의 사회 진출을 앞당길 필요가 있다. 각 800시간씩의 전공 교육과 프로젝트 과정을 통해 학생들을 기업이 원하는 인재로 키우는 삼성의 '싸피(SSAFY) 프로그램'이 좋은 예다. 대학이 산업 수요에 맞춘 교육과정을 제공하면 불필요한 스펙 경쟁을 줄이고 청년들이 더 빠르게 사회로 나가는 환경을 만들 수 있다.

고령화 문제에서도 대학은 중요한 역할을 할 수 있다. 넓은 부지와 교육·의료 인프라 등 대학의 자원을 활용해 고령층을 위한 교육 및 생활 지원 프로그램을 운영하면, 대학은 '초고령사회'의 핵심거점이 될 것이다. 또 고령층이 새로운 기술을 배울 수 있는 평생교육 플랫폼으로 기능한다면, 사회 전체의 생산성을 높이는 데 크게 기여할 수 있다.

대학은 이제 교육기관을 넘어 사회 변화를 이끄는 중심축이 되어야 한다. 대학 스스로 새로운 역할을 고민하며 실천하고, 정부는 이를 돕는 데 노력을 아끼지 않아야 한다. 저출생 시대, 변화만이 살길이다.

《매일경제》(2025. 02. 24.)

06 더 긴 호흡으로, 더 근본적인 구조 변화 모색

전 세계를 매료시키고 있는 K-컬처의 위상과 달리, 대한민국의 미래에 대해 긍정적인 시선을 갖고 있는 이들은 그리 많지 않다. 초저출생·초고령화·초인구절벽의 이른바 '3초(超) 인구 위기'라는 크고 무거운 문제를 해결하지 못하는 이상, 지금보다 더 나은 내일을 기대하는 건 어불성설이라는 사실에 모두가 공감하고 있기 때문이다. 그렇기에 몇 가지 단기 처방이 아닌, 더 근본적인 개선을 위한 접근이 중요하다. 저출생과 고령화를 촉발하는 다양한 이유에 대한 객관적 데이터를 수집하는 것이 중요한 까닭이다.

사상 초유의 속도로 진행되는 저출생과 고령화

대한민국은 전 세계에서 가장 빠른 속도로 출산율이 떨어지고 있는 나라로 손꼽힌다. 그 의미는 단순히 인구 총량이 줄어든다는 데에 그치지 않는다. 인구구조의 변화가 더 본질적인 문제이기 때문이다. 이로 말미암아 경제·사회·교육·안보 및 지역 전반에 걸쳐 국가 시스템이 붕괴되는 국가 비상사태에 직면할 가능성이 급격히 커지고 있다.

급속한 인구 변화는 데이터로도 확인할 수 있는데, 지난 7월 UN에서 발표한 「2024년 세계 인구 전망 보고서」에 따르면 2100년에는 대한민국의 인구가 현재의 절반으로 떨어질 것으로 예측된다. 이는 매년 36만 명의 국민이 줄어든다는 의미로, 76년 동안 해가 바뀔 때마다 약 38만 명에 달하는 세종특별자치시 인구가 사라지는 셈이라 표현해도 과장이 아니다.

하지만 더욱 심각한 문제는, 앞서 말한 것처럼 인구구조에 있다. 2100년에는 15세부터 64세 사이 생산인구와 65세 이상 고령인구의 비중이 각각 46%와 44%로 변화할 것으로 예상되는데, 현재 4:1인 생산인구의 고령인구 부양 비율이 1:1로 악화된다는 의미다. 게다가 한국은행의 추계대로라면 이미 산업인력이 부족한 상황에 돌입하기에 2040년 이후로는 마이너스 성장을 기록하기 시작할 우려도 있다.

인구구조 변화는 우리 사회안전망의 재정 지속 가능성을 저하하는 주된 요인으로 작용할 수밖에 없다. 그뿐만 아니라 2038년이면 현역 입영 대상자가 매년 20만 명을 밑돌 것으로 예상되기 때문에, 적정 상비군 50만 명 유지에도 큰 차질이 불가피하다. 안보에 상당한 불안 요소가 생기는 상황이다.

저출생·고령화가 빠르게 진행되는 이유로 다양한 요소들이 꼽히고 있다. 그중 통계를 통해 확인할 수 있는 가장 직접적인 원인은 일·

가정 양립, 양육, 주거 등 아이를 낳고 기르는 데 감수해야 하는 유무형의 부담이다. 불안정한 일자리와 높은 사교육비, 수도권 집중 현상 등 구조적인 문제 역시 경쟁 압력과 미래에 대한 불안과 부담을 가중시키는 요소로 작용한다. 물론 과거에도 이러한 문제를 완화하기 위한 다양한 정책이 시행됐지만, 추진 방식에 있어 선택과 집중이 이루어지지 못했으며 우선순위를 정하지도 못했다. 지난 6월 정부에서 발표한 저출생 추세 반전을 위한 대책은 이러한 문제 인식을 바탕으로 하고 있다.

구조적 문제 대응을 위한 정책적 노력

대한민국은 2025년 초고령사회로의 진입이 예정되어 있다. 이러한 흐름을 단기간에 되돌리는 일은 불가능에 가깝지만, 구조적 문제를 해결하기 위한 정책을 통해 그 속도를 늦추는 한편 장기적으로는 추세를 바꾸는 데 기여할 수 있을 것이다. 물론 출산율을 높이는 일은 상당히 긴 호흡을 필요로 하며 정부의 모든 부처가 같은 사명 아래 움직여야 달성할 수 있는 목표이기도 하다.

이러한 목표 달성을 위해 무엇보다 근본적으로 변화가 필요한 부분은, 수도권에 집중된 좋은 일자리를 전국으로 확대하는 일이다. 국내의 경우 안정적인 일자리로는 대기업, 중견기업, 금융기관 및 정부투자기관, 교육기관 등을 꼽을 수 있는데, 전체 일자리 중 1/3을 차지하고 있다. 그리고 그 대부분이 수도권에 소재하고 있다. 그러다 보니 상위 10개 대학 역시 수도권에 몰려 있게 됐다. 일본 역시 수도권 집중이 심화된 나라로 손꼽히지만, 도쿄 지역에는 단 4개 대학만 운영되고 있다. 기업 역시 마찬가지다. 기업을 시장가치로 환산해 계산했을 때 전체 기업 중 73% 정도만 도쿄에 소재하고 있는데, 95%라는 수치의 국내와 대조를 이룬다.

이러한 수도권 쏠림 현상은 각종 불균형을 만들어낸다. 수도권 대기업과 지방 중소기업 간의 임금 격차, 임금 격차를 심화시키는 정규직과 비정규직 간의 처우 격차, 이로 인해 공동화(空洞化)되는 지방과 수도권 간의 각종 인프라 격차 등이 대표적인 사례들이다. 이러한 문제는 반드시 정책을 통한 개선이 이루어져야 한다. 하지만 이렇게 데이터를 통해 지표화할 수 있는 부분들은 출산율을 높이기 위한 필요조건에 불과하다. 다양한 기반들이 갖추어진 후에는 생명의 가치와 가족의 소중함, 공동체의 지속 가능성에 대한 재인식 등이 뒤따라야 비로소 출산율이 반등하기 위한 충분조건을 충족시킬 수 있다.

현재의 위기를 타개하기 위한 많은 시도와 노력은 단기간에 효과나 변화를 기대하기 어렵다. 서두에 언급하고 당부했던 것처럼 그 기조가 흔들리지 않고 지속적으로 추진되어야 반등의 토대를 다질 수 있다. 위원회가 9월에 실시한 국민 인식 조사 결과, 지난 3월과 비교하여 결혼과 출산에 대한 긍정적 인식과 의향이 높아지고 있다(각각 61%에서 65.4%, 32.6%에서 37.7%). 이러한 흐름을 놓치지 않도록 다양한 정책 개발을 유도하는 것이 저출산고령사회위원회의 역할이라 생각한다.

우리 위원회는 지난 10월 6일 출범한 '국민WE원회', 10월 27일

출범한 '청소년·청년WE원회' 등을 활용해 정책 수요자의 정책 만족도를 조사 및 점검하며 일·가정 양립, 양육, 주거 등에 대한 부담을 덜어줄 수 있는 새로운 제도와 정책을 펼치는 데 최선의 노력을 아끼지 않을 계획이다.

《S&T DATA》(2024 Winter vol. 8.)

07 수도권 집중 완화,
화성시 사례에서 배우자

한국은 수도권 공화국이다. 전 국민의 50.7%가 국토 면적 12%에 불과한 수도권에 산다. 상위 30대 기업 중 27개 기업의 본사가 수도권에 있고, 일자리의 58.5%, 전체 GDP의 52.5%가 수도권에 집중됐다. 수도권인 경기도마저 2067년이 되면 31개 시·군 중 화성시를 제외한 30곳이 인구소멸 고위험지역이 된다는 전망도 나왔다.

여기서 주목해야 할 것은 '화성시를 제외한'이다. 전국을 덮친 지역소멸의 위협에서 '화성시'는 왜 예외인가? 수도권 집중을 완화하고 지역의 활력을 찾기 위해 꼭 봐야 할 곳이 있다면 단연코 화성시다.

화성시는 서울의 베드타운이 아닌 '자체동력'으로 성장했다. 2023년 기준 화성시 내국인 인구는 92만 명으로 2000년 18만 명에서 약 5배 성장했다. 단순 인구유입이 아니라 경제·인프라·인적 자본이 순환하며 확대된 결과다. 1990년대 이전부터 화성시에 있던 삼성전자, 현대·기아차 등 대기업 중심으로 제조업이 모이면서 제조업 사업체 수는 2010년 1만여 개에서 2022년 2만 8,000여 개로 성장했고, 대량 창출된 제조업 일자리의 바통은 서비스 일자리로 이어졌다.

그 결과 2024년 상반기 현재 화성시의 경제활동인구는 56만 3,000여 명, 이 중 취업자 수는 54만 7,000여 명으로 취업률이 무려 97.2%를 기록했다. 때마침 건설된 동탄 신도시에는 청년세대 등이 선호하는 신규 아파트가 대규모 공급되며 인구유입을 가속화했다. 스웨덴 출산율의 대반전을 이끌어낸 군나르 뮈르달의 이론처럼 일자리 증가가 인프라 개발로 이어지고, 이것이 인구 증가를 불러온 실증 사례다.

화성시에서 얻을 수 있는 팁은 명확하다.

첫째, 양질의 일자리를 비수도권에 분산하는 것이 핵심이다. 이를 위해서는 기업들이 지역으로 옮기고 싶을 만큼 파격적인 규제특례와 세제·제정 인센티브 등 실질적인 지원책이 뒷받침되어야 한다. 기업의 최대 고민인 인력 확보를 위해서는 좋은 주거환경과 병원, 학교 등 생활 여건 구축이 우선되어야 하며, 이전 근로자에는 주거, 자녀 교육, 교통지원 등 패키지형 인센티브도 병행돼야 한다. 특히 화성시처럼 앵커 기업이 없는 지역이 많으므로 특정 지역에 규제를 한꺼번에 푸는 메가 샌드박스를 도입하고, 이를 견인할 수 있는 산업 클러스터 유치 등 지역 맞춤형 지원책도 필요하다.

둘째, 선택과 집중이다. 청년들은 조건만 갖춰진다면 지방 이주도 마다하지 않는다. 최근 설문에 따르면 수도권 20~30대 청년 중

41.2%가 "수도권 수준의 정주 여건이 제공된다면 지방 이주 의향이 있다"고 답했다.

하지만 모든 지역에 고른 일자리와 정주 여건을 마련하는 것은 한정된 자원상 어렵다. 따라서 인구와 경제 기반이 갖춰진 1~2개의 거점도시를 집중 육성하는 것이 현실적이다. 거점도시에 주변 지역을 연계해 권역 전체의 삶의 질을 높이되 소수의 전략거점을 성공시킨 후 다른 권역으로 확산하는 방안이다. 비수도권 중 소득수준과 산업기반, 정주 여건 등이 고르게 잘되어 있는 대전권과 부산권 등이 그 후보지가 될 수 있다.

셋째, 일관된 추진체계다. 중장기적으로 거점지역 육성을 일관되게 추진하자면 재정과 행정역량이 결합된 체계적 추진기반이 필요하다. 정부와 지자체, 지역의 기업과 대학 등이 참여하는 전담 민관 협력 추진기구를 설립하는 것도 좋은 방안이 될 수 있다. 특히 지역 거점대학에 대한 투자를 획기적으로 확대하여 지역 인재 양성과 혁신·창업의 허브로 육성해야 한다. 기업-대학-지자체 간 협력체계를 구축해 지역에서 인재를 키우고 일자리를 연계하면 수도권으로의 인재 유출을 막을 수 있다.

화성시는 이를 실증적으로 보여준 사례다. 핵심은 '일자리와 삶이 공존할 수 있는 도시'를 어떻게 설계하느냐에 있다. 이미 우리에게 있는 귀한 실증이 있다. 이제는 행동해야 할 때다.

《파이낸셜뉴스》(2025. 05. 30.)

08 지방, 베이비부머
인생 2막의 무대로

저출산고령사회위원회 부위원장으로 취임 후 8개월 동안 전국을 돌며 많은 국민을 만났다. 어디에서나 비슷한 고충을 토로했지만, 수도권과 비수도권 사이에 미미한 차이가 있었다. 수도권은 일·가정 양립과 양육 부담 완화에 더 관심이 많았지만, 비수도권은 좋은 일자리와 의료·교육시설 등 생활 인프라 확충에 대한 요구가 많았다. 그럴 수밖에 없었다. 수도권은 저출생이 인구 감소의 주원인이지만, 비수도권은 인구유출이 큰 영향을 끼쳤기 때문이다.

2020년 수도권 인구가 비수도권을 추월한 이후 인구 격차는 더 커지고, 이로 인한 문제는 더 심각해졌다. 수도권은 인구가 집중되면서 집값과 교육비 상승 등 삶의 조건이 각박해졌고 결혼·출산·육아가 뒷전으로 밀린다. 인구소멸지역은 줄어드는 인구 때문에 삶에 꼭 필요한 생활 인프라가 점차 사라지고, 청년을 비롯한 새로운 인구유입 가능성도 줄어든다. 악순환이다.

이를 선순환으로 돌려세우는 방법은 비수도권에 '생활인구'를 늘리는 일이다. 생활인구는 주민등록상 거주지가 아닌 특정 지역에 체류하면서 생활하는 인구를 말한다. 그렇다면 어떤 방법으로 생활인구를 늘릴 수 있을까. 여기서 주목할 것이 베이비부머다. 은퇴했거나 은퇴를 앞두고 있는 1·2차 베이비붐 세대에 인센티브를 줘 지역에서 생활하게 하는 방안이다.

2023년 현재 1·2차 베이비붐 세대 1,660만 명 중 수도권에 거주하는 인구가 811만 명이다. 이 중 지역에 연고가 있는 사람은 440만 명으로 추정된다. 이들이 지역에서 생활하게 되면 수도권에 숨통이 트이고, 지역은 활기를 띨 수 있다. 그중 10%만 지역에 정착해도 수도권 집중을 완화하고 지역소멸을 막는 데 큰 도움이 될 수 있다.

이는 은퇴 후 별도 근로소득은 없는데 자산의 대부분은 부동산에 매인 베이비부머들의 생활비 부담 완화에도 도움이 된다. 이들이 상대적으로 생활비가 저렴하고 집값이 싼 지방에 가면 생활 부담이 적어진다. 게다가 이들이 살던 집이 매매나 임대되면 주택 공급이 늘어나 수도권 집값 완화는 물론, 청년 신혼부부의 주거 여건 또한 개선될 수 있다.

따라서 베이비부머가 지역에 내려갈 때 세제 혜택과 일자리를 마련해주는 등 생활인구를 늘리고 지방 정착을 유도할 필요가 있다. 1주택을 보유한 사람이 인구 감소지역에 세컨드 홈을 구입해도 1주택자로 인정하는 세제 혜택을 지방 대도시에도 적용하고, 기존 주택을 매각하는 경우에는 양도소득세 면제 등도 적극 검토해야 한다. "나이가 들수록 병원이 가까워야 한다"는 말이 있듯 의료 수요가 높은 세대 특성에 맞춰 지역 의료시설을 대폭 확충해야 한다. 미국의 대규모 은퇴자 마을인 애리조나주의 선시티(Sun City)처럼 주거와 의료시설 등이 잘 갖춰진 은퇴자 공동체가 대안이 될 수 있다.

수도권은 사람이 너무 몰려 힘들고, 비수도권은 줄어드는 인구 때문에 힘겹다. 그 힘듦과 힘겨움을 덜어낼 수 있도록 베이비부머의 귀향을 기대한다.

_____

《서울경제》(2024. 10. 01.)

5.

정책 성과

우리나라 합계출산율이 9년 만에 반등했다.

지금 중요한 것이 이 반등의 흐름을 구조적 반등으로 이끌어나가는 것이다.

중앙 주도의 획일적 처방에서 벗어나 중앙과 지방이 유기적으로 협력하고,

종교·경제·지자체·학계·언론 등 모든 사회주체의 노력이 어우러진다면,

저출생 위기 극복의 희망을 현실로 만들 수 있을 것이다.

01 출산율 반등, 변화는 시작됐다

대한민국 희망지수, 출산율이 반등했다. 2024년 합계출산율이 0.75명을 기록하며, 2015년 이후 무려 9년 만에 상승했다. 출산율 추이를 자세히 보면 더 희망적이다. 전국 17개 시·도 중 14곳에서 출산율이 올랐고, 4분기만 보면 모든 시·도에서 출산율이 증가했다. 주출산 연령대인 30대의 출산율이 크게 개선됐고, 20대 후반 출산율의 가파른 하락세도 현저히 둔화됐다. 혼인 건수는 통계 작성 이래 가장 크게 증가하며 출산율 반등을 견고히 뒷받침하고 있다.

이는 정부의 정책적 노력과 경제계, 지자체, 종교계, 방송 등 언론, 그리고 국민 모두가 힘을 모은 결과로 대한민국에서 저출생 추세 반전이 드디어 시작됐다는 중요한 신호다.

정부는 지난해 '인구 국가 비상사태'를 선언하고, '일·가정 양립', '양육·돌봄', '주거'의 3대 핵심 분야에 중점을 둔 「저출생 추세 반전을 위한 대책」을 발표하고 정책적 역량을 총동원했다. 매달 인구비상

대책회의를 열어 정책 실행을 점검하고, 현장과 소통하며 더 좋은 해결책 마련을 위한 정책적 진화를 멈추지 않았다.

그 덕분인지 젊은 층의 얼어붙은 마음이 조금씩 녹으면서 실제 한 결혼 중개 업체 대표는 「저출생 추세 반전을 위한 대책」 발표 이후 회원 가입과 혼인 성사율이 증가했다는 반가운 소식을 전해주었다.

기업과 지자체의 적극적 동참도 큰 힘이 됐다. 사내 눈치로 대표되는 일·가정 양립이 어렵던 기업 분위기가 달라졌다. 1억 원의 출산장려금으로 화제를 모은 부영을 시작으로, 게임사 크래프톤 등 많은 기업이 출산장려금 지급에 나섰고, 적극적으로 유연근무제를 도입하는 기업도 크게 늘었다. 지역에 맞는 혜택으로 체감도를 높인 지자체의 공도 크다. 전국 243개 지자체의 저출생 대응 자체 예산 규모만 약 4.6조 원에 달했고, 24시간 돌봄 서비스나 농·어업인과 소상공인 대상의 지역 특성에 맞는 실효적인 지원책을 추진하고 있다.

방송 등 언론은 이런 변화를 가장 먼저 알려주는 '풍향계'이자, 변화를 이끄는 '길잡이'로 역할을 했다. 주요 언론들은 연중 인구 문제를 다루는 심층 기획과 포럼으로 인구 위기 상황을 널리 알렸고 가족의 행복을 조명하는 드라마도 늘었다. 최근 한 드라마에서는 남자주인공이 육아휴직을 사용하는 장면이 등장했다. 불과 얼마 전까지는 상상도 어렵던 모습이 현실로 받아들여지는 것이다.

어렵게 시작한 이 변화가 확고한 흐름이 되려면 지속적인 노력이 중요하다. 정부는 2030년까지 합계출산율 1.0 달성을 목표로, 기존 정책의 실효성을 점검하고 보완하며 더 나은 해결책을 만들어가야 한다. 자영업자나 프리랜서 등 육아휴직 사각지대를 줄이고, 아동수당을 18세까지 점진적으로 확대하며, 육아휴직급여를 인상해 누구나 소득 걱정 없이 육아에 전념할 수 있는 환경을 조성하는 일도 시급하다.

일부에서 시작된 변화가 일상적 문화가 되도록 결혼·출산 지원과 일·가정 양립에 진심인 기업들도 많아져야 한다. 양성평등의 실질적인 실현도 중요한 과제다. 우리나라는 OECD 국가 중 남녀 임금 격차가 가장 크고, 여성 관리자 비율도 최하위 수준이다. 가정에서 엄마와 아빠가 가사노동과 육아를 분담하듯 직장에서도 채용부터 승진까지 모든 과정에서 차별적 요소를 없애야 한다. 이는 저출생 문제의 근본적 해법이자, 생산가능인구 감소로 어려움에 봉착한 기업의 생존전략이기도 하다.

"해결책을 진화시켜라. 좋은 해결책을 발견하더라도 멈추지 마라."

얼마 전 한 책에서 읽은 문장이다. 이 말처럼 우리 사회의 희망지수인 출산율 반등이 대한민국의 미래를 밝히는 첫걸음이 되도록 우리 모두 더 나은 해결책을 찾기 위한 노력을 멈추지 말고, 더 강한 의지로 함께 나아가자.

《**동아일보**》(2025. 02. 28.)

02　지역의 힘, 출산율 반등의 열쇠

　우리나라 합계출산율이 9년 만에 반등했다. 2024년 출생아는 23만 8,300명으로 전년 대비 3.6% 증가했고, 합계출산율은 0.72명에서 0.75명으로 상승했다. 출산율 상승은 전국에 걸쳐 이뤄졌다. 전국 17개 시·도 중 14곳에서 합계출산율이 증가했는데, 4분기에는 17개 모든 시·도에서 합계출산율이 증가했다. 이는 출산율 반등의 배경에 지자체의 적극적인 대응 노력이 있었다는 점을 보여준다.

　그동안 지방자치단체들은 각 지역의 특성을 반영한 맞춤형 정책으로 저출생 극복을 위한 다양한 정책적 실험을 시도해왔다. 가장 대표적인 사례는 인천 남동구가 2019년 전국 최초로 시작한 아빠 육아휴직 장려금이다. 남성 육아휴직자에게 정부 육아휴직급여에 더해 장려금을 추가 지원해 육아휴직으로 인한 소득 감소를 줄여주었다. 이 정책은 전국 20여 개 지자체로 확산됐다. 정책 체감도를 높이기 위해 여러 저출생 사업을 하나로 묶어 출생아 한 명당 18세까지 총

1억 원 상당을 지원하는 인천시의 '아이 플러스 1억드림' 등 '아이 시리즈' 정책 시행 후 2024년 인천 출생아 수는 전년 대비 11.6%나 증가하며 전국 최고 상승률을 기록했다. 경북도의 '소상공인 아이보듬'은 출산한 소상공인에게 월 200만 원을 6개월간 지급해 직장인과 달리 출산 후에도 쉴 수 없던 자영업자들에게 숨통을 틔워줬다.

이외에도 많은 지자체 정책들이 출산율 상승을 견인했다. 서울시의 '미리내집'이나 인천시의 '천원주택'은 결혼의 큰 걸림돌이던 신혼부부의 주거 문제 해소에 도움이 됐다. 충남의 '아이키움뜰', 경북의 '119아이행복돌봄터', 광주의 '삼삼오오 이웃집 긴급돌봄'은 빈틈없는 돌봄 제공으로 양육 부모에 기댈 언덕이 되어주었다.

이러한 지자체의 선도적 노력을 뒷받침하기 위해 정부는 부동산 지방교부세 교부기준에 저출생 대응 관점을 강화하고, 출산·양육 분야에 대한 지자체 재원을 연 1조 원 확충했다. 또 지방소멸대응기금의 사업 범위도 틈새 돌봄, 일·가정 양립 등으로 확대하며 지자체와 발을 맞췄다.

이는 저출생 문제 해소에 지자체와 중앙정부의 하모니가 중요하다는 것을 다시금 확인시켜 준다. 중앙정부가 정책의 큰 틀을 제공한다면, 지자체는 지역별 상황과 주민들의 요구를 반영해 상황에 맞게 적용하고 보완하며 지역 맞춤형 정책을 시행해 실질적인 변화를 만들어낸다.

지난해의 출산율 반등이 확고한 V자 반등이 될 수 있게 하기 위해서는 이러한 흐름을 더욱 강화·확대해야 한다. 지자체는 현장에서 효과적인 정책을 시행하며 출산율 반등의 주역이 되어온 만큼 앞으로도 지역별 강점을 살린 맞춤형 정책을 지속적으로 추진할 필요가 있다. 중앙정부는 전국적인 정책 방향과 재정을 뒷받침하고, 지자체에 자율성을 부여해 지역 상황에 맞는 정책 집행을 유도해야 한다.

출산율 반등의 흐름을 더욱 확산시키기 위해, 지역 간 정책 격차를 줄이고 효과가 입증된 정책을 전국적으로 확대하는 역할도 중요하다. 지역 간 정책 불균형은 출산율에도 영향을 미친다. 실제 2019년 기준 전국 226개 시군구 중 출산 건수가 0인 곳이 71곳에 달했는데 이 중 57곳은 산부인과가 아예 없는 지역이었다. 의료, 보육 등 기본 인프라의 부재가 출산율 저하를 촉진하는 셈이다. 이에 인접 지역을 광역 단위로 묶어 생활권을 공유하는 접근은 좋은 대안이 될 수 있다. 예를 들어 대도시와 주변 중소도시가 연계하여 광역 교통망과 주거 인프라를 구축하거나 작은 지역 단위끼리 묶어 국공립 어린이집이나 산후조리원 같은 필수 시설을 권역별로 균형 있게 배치하는 것 등이 좋은 예다.

저출생 극복의 열쇠는 중앙 주도의 획일적 처방이 아닌 지역 맞춤형 정책에 있다. 중앙과 지방의 유기적인 협력, 지역공동체의 노력이 어우러진다면, 저출생 위기 극복의 희망을 현실로 만들 수 있을 것이다.

《국민일보》(2025. 03. 18.)

3부

초고령사회,
새롭게 판을 짜다

노후를 지탱하는 세 기둥:
고용 · 돌봄 · 에이지테크

01 초고령화 실태 및 영향

현황 및 전망

한국은 지금 세계에서 가장 빠르게 늙어가고 있다. 2024년 12월, 한국은 65세 이상 인구가 전체 인구의 20%를 넘는 초고령사회에 진입했다. 전체 인구 중 65세 이상 고령인구의 비율이 7%를 넘어서는 고령화사회에 진입한 지 24년, 그 비율이 14% 이상이 되는 고령사회가 된 지 7년 만으로 세계 최단기간이다. 고령화사회에서 초고령사회가 되기까지 미국이 94년, 프랑스는 150년이 걸린 변화를 우리는 한 세대 안에 경험하고 있는 것이다.

이러한 빠른 고령화는 장기간 지속된 초저출생과 기대수명 증가, 그리고 총 1,660만 명에 이르는 거대 인구집단인 베이비부머의 고령층 진입이 맞물린 결과다. 한국은 이미 40년 전인 1984년 대체출산율 2.1명보다 낮은 1.7명의 합계출산율을 기록한 이래 꾸준히 출산율이 감소하다가 2018년 0.98명대까지 떨어졌다. 그 후 7년째 합계 출산율 0.7명대를 벗어나지 못하고 있다. 그사이 기대수명은 확연히 늘었다. 2000년 76세에서 2021년 83.6세로 7.6세 늘었는데, 같은 기간 일본은 3.3세 늘었고, 미국은 오히려 0.4세 줄었다.

한국 베이비붐 세대의 특성도 고령화를 가속화했다. 1차 베이비붐 세대(1955~1963년생, 705만 명)의 맏이인 1955년생이 65세가 된 2020년부터 2차 베이비붐 세대(1964~1974년생, 954만 명)의 막내인 1974년생의 고령층 진입이 시작되는 2040년까지 20년에 걸쳐 1,660만 명이 고령층에 들어온다. 일본의 베이비붐 세대인 '단카이 세대'(1947~1949년)가 전후 단 3년 동안 집중적으로 급증한 데 반해 한국은 1955년부터 1974년까지 오랜 기간에 걸쳐 대규모로 고령층에 합류하면서 고령인구가 폭발적으로 증가했다.

▶ 고령인구 비중 추이

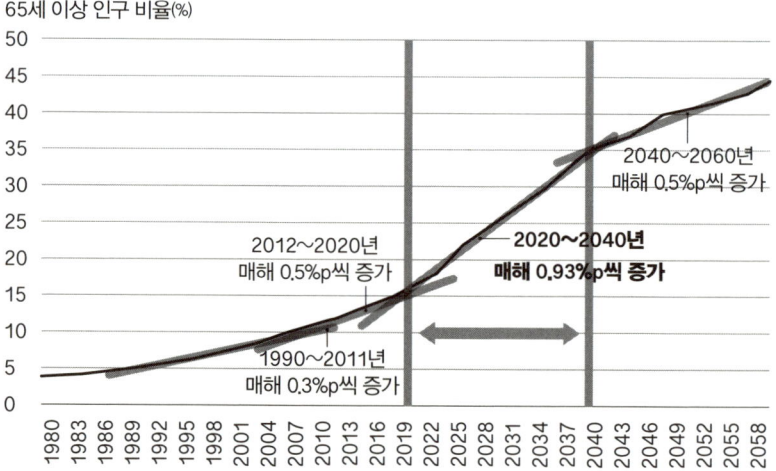

65세 이상 인구 비율(%)

* 국가데이터처

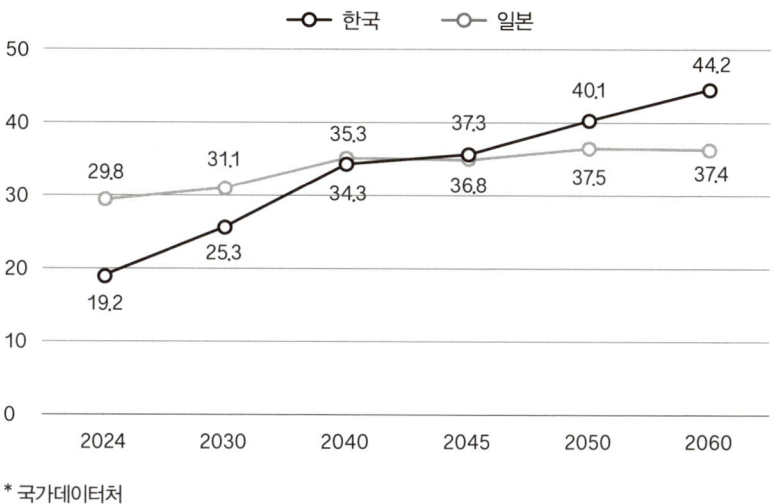

▶ **한국 vs 일본 고령인구 비중**

⊸⊃ 한국   ⊸⊙ 일본

* 국가데이터처

　문제는 앞으로 고령화 속도가 지금보다 더 빨라진다는 점이다. 베이비붐 세대의 고령층 진입 전인 2020년 이전까지 연평균 0.5%p(2012~2020년 평균)씩 증가하던 65세 이상 고령인구 비중은 2020년부터 2040년까지 그보다 약 두 배 큰 0.93%p씩 매년 증가할 것으로 전망된다. 이렇게 되면 한국은 2045년 고령인구 비중이 전체 인구의 37.3%에 이르러 일본을 추월하고 세계 1위 최고령국이 된다.

　고령층 내 고령화도 심각하다. 고령층 안에서도 상대적으로 의료·요양·돌봄 수요가 높은 75세 이상의 후기 고령인구 비중은 지난 25년 동안 약 3.4배(2000년 2.3% → 2024년 7.9%) 증가했다. 하지만 앞으로는 이보다 더 가파르게 늘어 2050년에는 24.5%로 2000년 대비 약 10.5배 증가한다. OECD 평균 2.5배, 미국 2.1배, 일본 6.6배 늘어나는 것을 감안할 때 압도적 증가세이다.

초고령화의 파급효과

고령화는 단순히 인구구조의 변화로 끝나지 않는다. 국가적으로는 노동력 부족 등으로 성장 동력을 상실하게 하고, 연금보험 등 재정 고갈은 심각해지며 각종 불균형과 격차 심화로 사회·경제의 지속 가능성을 위협한다. 개인 삶의 질 관점에서도 경제·신체·정신적 측면에서 중대한 영향을 미친다.

먼저, 생산가능인구가 줄고 고령 노동자가 늘어나면서 노동력은 부족해지고 질도 저하된다. 이는 노동생산성을 약화시켜 경제성장을 멈춰 세운다. 2019년 3,763만 명으로 정점에 도달한 생산가능인구는 2030년 3,417만 명으로 약 10% 감소, 2040년이 되면 2,903만 명으로 20%가 줄어들 것으로 전망된다. 불과 15년 뒤면 전체 노동력의 20% 이상이 사라지는 셈이다.

여기에 소비성향이 낮은 고령층의 증가는 소비 및 투자를 위축시킬 가능성도 크다. 기대수명 증가 등으로 가계는 노후에 대비한 예비적 저축을 확대하는 경향이 크고, 우리나라의 경우 노인 빈곤율이 높고 공적연금제도의 미성숙 등으로 고령층의 소비 여력도 제한적이다. 이로 인해 고령층의 소비 둔화가 총수요 둔화로 이어지면 다른 고령화 국가들보다 더 크게 성장 압박 요인으로 작용할 가능성도 크다.

노동생산성의 하락과 소비·투자의 위축은 경제성장 둔화로 이어진다. 한국은행은 「한국경제 80년(1970~2050) 및 미래 성장전략」 보고서에서 초저출생 추세가 지속될 경우 2050년 이후에는 마이너스 성장 가능성이 있다고 경고하기도 했다.

▶ 고령화가 경제성장에 영향을 미치는 주요 경로

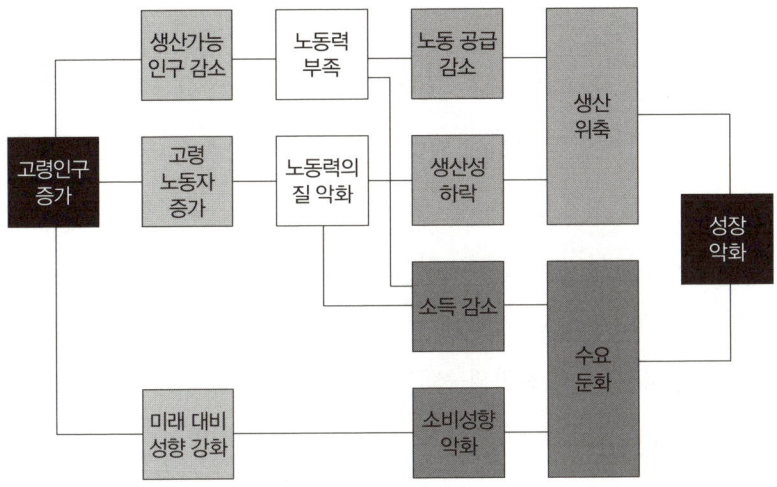

둘째, 연금, 의료비, 요양비 등 사회보장지출이 늘면서 사회·복지 시스템의 붕괴 위험이 커진다. 대표적인 사회보장지출 항목인 국민연금, 기초연금, 건강보험, 장기요양보험 등은 이미 구조적으로 지출 증가 압박을 받고 있다. 국회 예산정책처가 지난 6월에 발표한 「2025년 국민연금법 개정의 재정 및 정책 효과 분석」 자료에 따르면 현행 제도를 유지할 경우 국민연금은 2048년부터 적자로 전환되고 2065년부터 소진될 것으로 전망된다. 국민연금에 공무원·사학·군인연금을 포함해 4대 공적연금 전체로 넓히면 2040년부터 적자 전환이 예상된다.

또한 국회 예산정책처는 2024년 또 다른 보고서에서 국민건강보험도 빠르면 2026년부터 적자로 돌아설 것이라는 분석을 내놓기도 했다. 여기에 기대수명 증가로 인한 사회보장지출 증가도 감안해야 한다. 저출산고령사회위원회가 자체 조사한 결과에 따르면 기대수명

1세 상승할 때, 연간 연금·보험급여 지출은 111.6조 원 증가하는 것으로 나타났다.

게다가 2070년이 되면 노인부양비가 크게 늘어 생산가능인구 1명이 노인 1명을 부양하게 된다. 노인부양비 상승은 사회복지지출 증가, 국가 및 연금재정 악화, 국민부담 증가로 연결된다. 국가 재무 측면에서는 노동인구 감소와 성장세 둔화로 세입기반이 약화되고 의무지출 등 복지지출은 급증해 국가채무비율이 계속 높아지게 된다.

셋째, 경제·사회 전반의 불균형과 격차가 심화될 가능성이 크다. 고용노동부의 「2023~2033년 중장기 인력수급 전망」에 따르면 경제활동인구는 2023년부터 2033년까지 과거 10년간 증가 폭의 1/10 수준인 24.8만 명 증가에 그치고, 2028년부터는 감소할 것으로 예상된다. 양적인 축소뿐 아니라 고령층 비중 확대로 노동 공급의 제

▶ **2023-2033 취업자 수 증가 및 추가 필요 인력 전망**

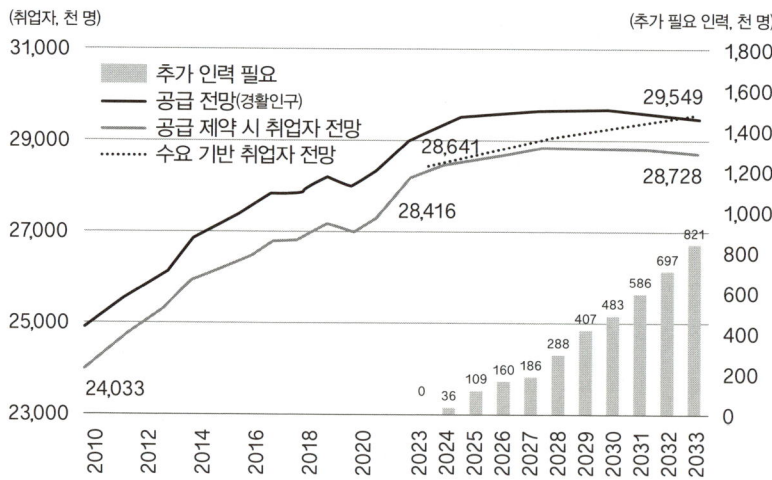

* 고용노동부, 「2023-2033년 중장기 인력수급 전망」

약은 심화될 것으로 예측된다. 이에 따라 추가 필요 인력은 2028년 28.8만 명 수준에서, 2033년 82.1만 명으로 급격히 증가해 체계적인 대응이 요구된다. 이 중 급속한 고령화로 돌봄 및 의료 수요가 증가하면서 보건·복지업 분야에서만 총 11만 명의 필요인력이 발생할 것으로 예상된다.

또한 소득·건강 격차도 심화될 위험이 있다. 2023년 기준 우리나라의 노인 빈곤율은 38.2%로 OECD 평균인 14.2%에 비해 현저하게 높다. 특히 75세 이상의 후기 고령자의 빈곤율은 89%에 달해 고령화가 진행될수록 사회 불평등이 더욱 심화되는 것을 확인할 수 있다. 더 큰 문제는 소득 격차가 건강 격차로도 이어진다는 점이다. 소득수준별 건강수명 격차를 보면, 2014년 소득 1분위와 5분위의 건강수명 격차는 7.3세였으나 2022년 8.4세로 더 벌어졌다.

넷째, 노인 개개인의 삶의 질 저하도 중요한 문제다. 2024년 12월 기준 국민연금 가입자의 평균 수령액은 월 65만 7,000원 수준이며, 20년 이상 가입자는 약 108만 7,000원이다. 은퇴 전 평균소득 대비 연금 수령액의 비율을 말하는 '국민연금 소득대체율'로 따져보면 한국은 31.2%로 OECD 평균 50.7%에 크게 못 미친다. 이 결과는 완전경력 남성 근로자를 기준으로 한 소득대체율로 OECD 보고서 「한눈에 보는 연금 2023」 자료를 바탕으로 했다. 국민연금의 낮은 소득대체율을 보완하기 위해 개인들이 준비하는 사적연금 대비도 퇴직연금 가입률 53%, 개인연금 가입률 9.4% 등으로 크게 부족하다. 이는 은퇴 후 소득절벽 및 노후 빈곤 문제를 다시 악화시키는 문제가 된다.

또 기대수명이 2014년 81.8세에서 2024년 83.7세로 10년 만에 1.9세가 늘어났으나, 건강수명은 같은 기간 65.2세에서 65.5세로 0.3세가 증가하는 데 그쳐 유병기간이 오히려 증가하는 경향을 보이고 있다. 유병기간의 증가는 고령자의 자립성과 활동성을 낮추고 가족의 돌봄 부담을 키운다. 특히 사회문화와 가족에 대한 가치관의 변화로 가족 돌봄에 대한 인식이 약화되고 독거노인이 늘어나는 상황에서 고령층의 고립감과 우울감을 심화하고, 고독사나 자살 등의 위험도 높이고 있다.

▶부모 부양 등 인식

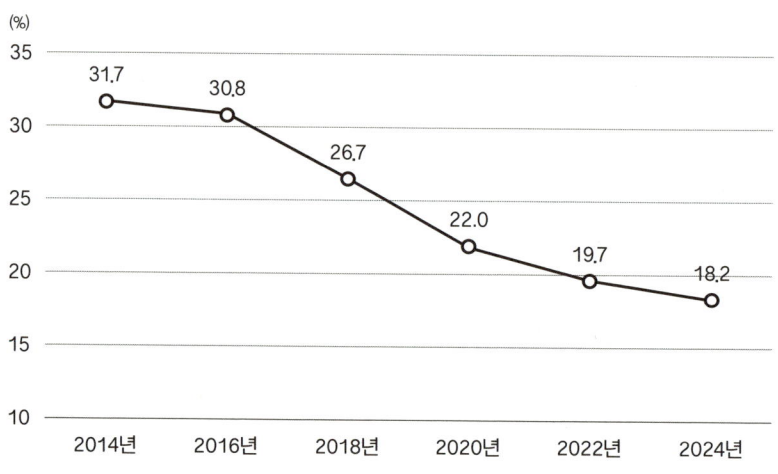

(%)

- 31.7
- 30.8
- 26.7
- 22.0
- 19.7
- 18.2

2014년 2016년 2018년 2020년 2022년 2024년

* 국가데이터처

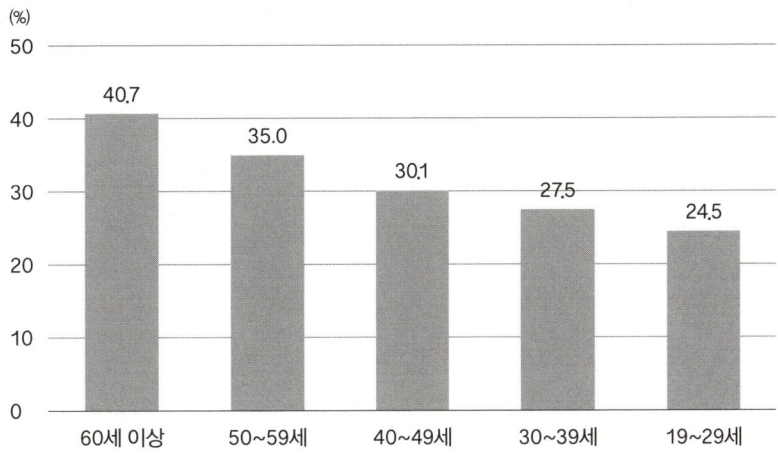

▶ 연령별 사회적 고립도

(%)

* 국가데이터처

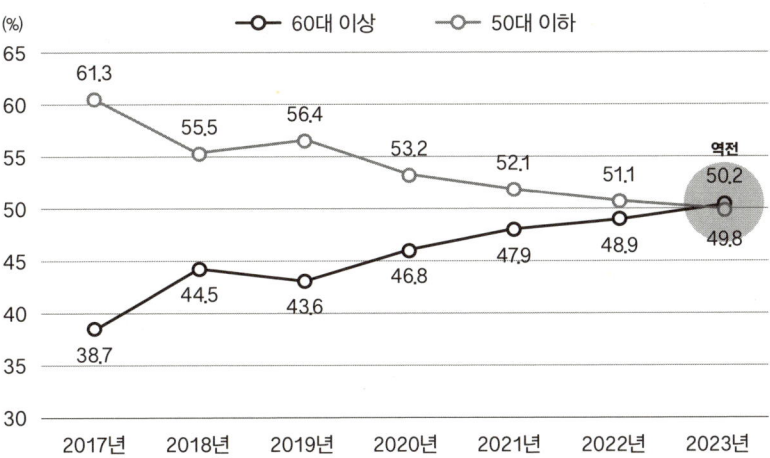

▶ 연도별 고독사 현황

(%)

* 보건복지부

02 초고령화, 정책을 준비하다

정부는 이러한 초고령화 문제를 국가의 지속 가능성을 위협하는 중대한 도전과제로 보고, 그간의 정책 대응을 엄정히 평가하고 정책 수요자의 실태와 수요를 면밀히 파악했다. 여기에 더해 주요 국가의 정책 사례 등을 분석하고 초고령화 대응을 위한 정책적 준비에 돌입했다.

그간 정책 대응 평가

그동안 정부는 고령화 문제의 중대성과 시급성에 대한 인식이 부족했고 이로 인해 사전 대비도 미흡했다. 그간의 정책 대응을 보자면 크게 세 가지 문제점을 찾을 수 있다.

첫째, 선제적·근본적·종합적 접근이 부족하였다. 사회 전반에 고령화가 급속히 진행되고 그로 인한 문제들이 도출되고 있었지만,

이를 먼 미래의 일로 여기면서 연금, 건강보험, 장기요양보험 등 복지제도 개혁과 같은 구조적 과제에 대한 사회적 논의가 지연되었다. 또한, 고령화 대응은 의료, 복지, 고용, 주거, 교육, 산업 등 범부처 통합적 접근이 필요한 사안임에도 각 부처에서 분절적으로 추진하면서 지원 대상과 지원 방식, 지원 주체 등에서 정책 일관성이 부족했다. 이 가운데 통상 65세를 기준으로 하는 노인 연령 기준 논의도 제대로 이뤄지지 못했다.

둘째, 고령자에 대한 지원 규모가 전반적으로 부족했고, 자원도 효율적으로 쓰이지 못했다. 초고령사회 진입 시점인 2024년도 말 기준으로 한국의 GDP 대비 공공사회복지지출 중 노인 관련 비중은 4.2%로 프랑스 12.4%, 핀란드 12.3%, 일본 7.9% 등 주요 선진국들보다 낮은 수준이다. 앞서 언급한 대로 국민연금의 소득대체율도 OECD 평균에 비해 크게 낮은 상황에서, 노인 돌봄 서비스의 보장수준 역시 재가가 8.1%, 시설이 2.6%로, 각각 OECD 평균인 10.2%, 3.5%보다 낮은 수준에 머물고 있다. 사회보장제도의 보장수준도 마찬가지 형편으로 2023년 기준 한국 노인 소득 중 연금 등 공적 이전

▶GDP 대비 공공사회복지지출 비율

(GDP 대비 %)	한국	일본	독일	이탈리아	프랑스	핀란드
공공사회복지지출 (초고령사회 진입 연도)	15.7 (2024년)	16.9 (2005년)	24.4 (2008년)	24.0 (2007년)	30.7 (2019년)	30.5 (2015년)
노령/유족 영역	4.2 / 0.5	7.9 / 1.2	8.4 / 2.0	11.6 / 2.3	12.4 / 1.5	12.3 / 0.8
보건 영역	5.4	5.8	7.4	6.3	8.5	5.9

* 주요국(OECD SOCX Stat. 2024년 11월 기준), 한국(제5차 사회보장 재정 추계 결과)
: 공공사회복지지출(SOCX)은 9대 항목(노령, 유족, 근로 무능력, 보건 등)의 사회보험과 일반재정 지출 규모

이 차지하는 비중은 30%로 OECD 평균 57.3% 대비 거의 절반에 불과한 수준이다. 특히 2023년 전체 고령사회 대응 예산 중 기초연금 비중이 80%에 달하는 등 그나마 지원도 취약계층 중심의 현금성 지원에 집중되어 있다.

셋째, 변화하는 정책 환경에 적시 대응하지 못했다. 고령층을 취약계층·부양대상자로만 인식하여 넓고 두터워지는 고령층에 대한 보편적 지원이 부족했다. 신노년층으로 불리며 학력·소득·건강 특성이 기존 고령층과는 다른 특성을 보이는 베이비붐 세대의 변화된 욕구와 환경도 반영하지 못했다. 베이비부머는 교육수준과 소비 여력이 높고 은퇴 후에도 계속 일을 하고 싶거나 사회에 참여 욕구가 높은 액티브 시니어(Active Senior)다. 그러한 정책 대상과 환경의 변화를 반영해 고령층이 계속 일할 수 있는 계속고용 환경이 잘 조성되지 못했고, 중산층 고령자를 대상으로 한 서비스 지원형 주거 지원 등이 부족했다.

고령층을 복지정책 대상으로만 접근하는 정책 경향성은 새로운 성장 동력이 될 수 있는 에이지테크(Age-Tech)의 육성에도 방해요소가 됐다. 에이지테크는 고령자를 주요 수요층으로 하고 고령자의 삶의 질 향상을 목표로 한 AI·IoT·웨어러블·로보틱스·바이오 첨단기술 기반의 제품과 서비스 등을 일컫는다. 고령층을 위한 기술을 넘어 사회 전반에 긍정적으로 기여할 수 있는 잠재력이 큰 신산업이 에이지테크다. 우선, 고령층의 증가 속도에 비해 돌봄 인력이 턱없이 부족한 상황에서 다양한 돌봄 보조 시스템을 통해 돌봄 인력 부족 문제를 완화하고, 돌봄 인력의 업무 부담도 경감시켜 업무 효율성을 높인다. 이는 돌봄 비용의 절감으로 이어져 복지서비스의 지속 가능성을 향상시킨다. 또 고령자의 일상 자립을 돕는 것은 물론, 고령층에 국한되지 않는 보편적 안전 기술로 일상생활이나 산업현장의 안전망에도 활용될 가능성이 매우 크다.

특히 의료, ICT, 로봇, 플랫폼 산업 등과 연계해 일자리를 늘리고 수출 산업으로의 육성 가능성이 큰 데다, 전 세계적으로 충분한 자산과 적극적 소비성향, 높은 IT 수용성 등을 갖춘 액티브 시니어가 늘어나면서 성장 가능성을 더 높이고 있다. 이에 애플과 아마존 등 글로벌 빅테크 기업들도 앞다퉈 진출하면서 글로벌 시장은 2019년 0.86조 달러에서 2025년 3.2조 달러로 연평균 23%씩 증가하는 추세다.

그러나 국내는 엄격한 규제와 제도적 지원 미비로 역량 있는 민간 공급자의 참여를 유인하는 데 한계가 크고 시장 환경 조성도 부족한 형편이다. 예컨대 노인성 질환 치료제의 임상 관련 규제나 디지털 특성이 반영되지 않은 의료기기에 대한 규제, 인공지능 기반 스마트 홈케어 구축에 필요한 데이터의 수집과 활용 등은 개인정보 규제 등이 문제로 작용했다. 또한 지원도 미흡했는데, 저출산고령사회위원회가 돌봄로봇 등 5대 중점 분야에 국한해 에이지테크의 R&D 투자를 추산해본 결과 연평균 약 3,910억 원으로 2025년 기준 전체 R&D 투자액의 1.3%에 불과한 것으로 나타났다.

돌봄 분야에서도 장기요양 지원서비스가 6종(주·야간 보호, 방문요양, 목욕, 간호, 단기 보호, 복지용구 대여)으로 제한되어 다양한 수요를 충족시키는 데는 미흡했다.

정책 수요자 실태 조사

이러한 정책적 한계는 정책 수요자 실태 조사에서도 확인할 수 있다. 보건복지부가 조사한 「2023년 노인 실태 조사 보고서」를 보면 정책 수요자들은 ① 계속근로 여건 조성, ② 전문가 돌봄을 통한 가족 부담 완화, ③ 재가 돌봄 확대 및 주거환경 개선 등을 주로 희망하였다.

2023년 국가데이터처 기준으로 고용시장 내 55세 이상 79세 이하 고령자의 주된 일자리 퇴직 연령은 52.8세이다. 그러나 위에 언급한 「2023년 노인 실태 조사 보고서」에 따르면 현재 65세 이상의 고령자 중 41.9%가 계속근로를 희망하는 것으로 나타났다. 같은 조사에서 돌봄과 관련해 공적 돌봄인 장기요양 이용이 증가 추세이긴 하지

▶ **경제활동 여부 및 계속근로 의향**

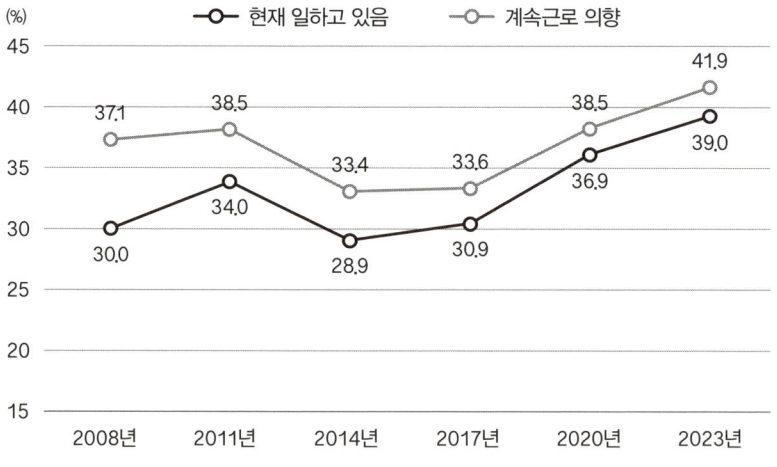

* 보건복지부, 「2023년 노인 실태 조사 보고서」

▶근무 여건 및 희망퇴직 연령

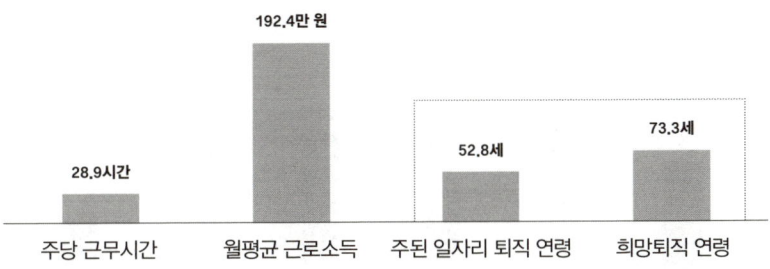

* 국가데이터처

만 가족 돌봄의 비중은 81.4%로 여전히 높았다. 돌봄 서비스의 경우 기능 회복 및 재활서비스, 서비스 내용 다양화, 서비스 시간 확대가 필요하다는 의견이 많았다.

또한 살던 집에서 계속 거주하며 돌봄받길 희망하나 주거환경이 불편하고 생활환경 내 노인 배려 설비가 없다(71.5%)는 의견도 높게 나왔고, 외출할 때 불편함을 느끼는 경우(56.6%)도 상당히 많았다.

▶건강 여부에 따른 희망 거주 형태

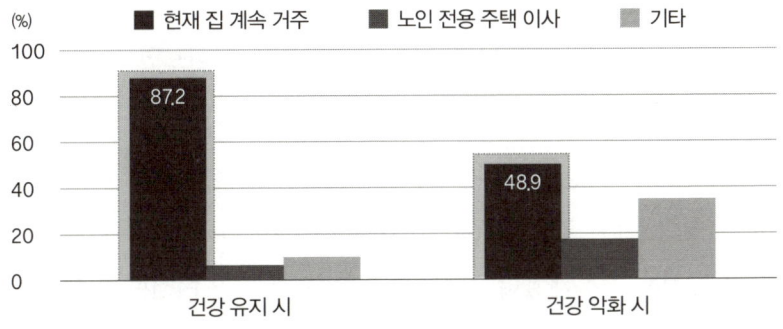

* 보건복지부, 「2023년 노인 실태 조사 보고서」

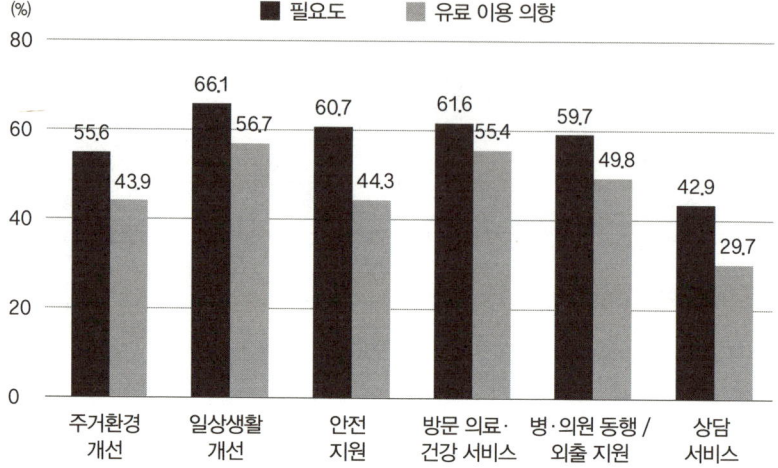

(%)

■ 필요도　■ 유료 이용 의향

80

66.1
60.7　61.6
55.6　　　　　　　59.7
56.7
55.4
49.8
43.9　　44.3
42.9
29.7

60

40

20

0

주거환경　일상생활　안전　방문 의료·　병·의원 동행 /　상담
개선　　개선　지원　건강 서비스　외출 지원　서비스

* 보건복지부, 「2023년 노인 실태 조사 보고서」

이에 노인 대상 맞춤형 서비스에 있어 일상생활 지원, 방문 의료·건강 서비스, 병·의원 동행 및 외출 지원, 주거환경 개선 등의 서비스에 대한 수요가 높게 나타났다.

해외 고령화 대응정책 사례

해외 주요국들의 고령사회 대응정책 사례를 살펴보면 세 가지 공통적인 흐름을 확인할 수 있다.

첫째, 고령자들이 더 오래 일할 수 있도록 노동시장 환경을 개선하고, 공적·사적 연금제도를 개혁하는 등 노후소득 보장체계의 지속 가능성을 강화해왔다. 둘째, '지역사회 계속 거주(AIP)'를 핵심으로 삼아 지역 중심, 재가 중심, 공공 중심의 지역사회 통합 의료·요

▶ 해외 주요국의 고령화 대응정책 사례

일본 계속고용 단계적 제도화 노력 + 지역 통합돌봄체계 구축	독일 사적연금 활용 + 시설보다 재가 돌봄 혜택이 크도록 지원 설계
* (고령화 수준) 2005년 초고령사회 진입 → 2024년 29.8%(OECD 최고 수준)	* (고령화 수준) 2008년 초고령사회 진입 → 2024년 23.2%
• 기업이 계속고용 방식(정년 연장, 정년 폐지, 재고용) 선택 • 복지용구 대여, 재가지원 확대를 통한 지역사회 자립 강조 • 산업현장, 의료 분야에 로봇과 AI 활용한 자동화 기술 도입	• 계속고용 유인(재교육, 재취업 적극 지원 등) 노력 • 저소득층 개인연금 가입 시 보험료 지원 • 재가돌봄 혜택을 높여 지역사회 계속 거주 유인
영국 고독 문제 적극 대응 등 돌봄 강화 + 전달체계 효율화	스웨덴 확정기여형으로 연금체계 개편 + 돌봄받을 권리 보장
* (고령화 수준) 2024년 19.5% → 2026년 초고령사회 진입 예상	* (고령화 수준) 2020년 초고령사회 진입 → 2024년 20.6%
• 충분한 사회적 논의를 통한 성공적 연금 개혁 추진 • 지역사회 재가요양 등 돌봄 보장성 확대 • 지방정부 책임의 지역 보건복지 통합 전달체계 구축	• 연금의 지속 가능성을 위한 자동 조정 장치 도입 • 의료 기능이 강화된 재가요양시설 도입 및 운영 • 영리기관까지 돌봄 사업 참여 허용

양·돌봄체계를 구축하고 있다. 이 과정에서 늘어나는 돌봄 수요에 대비해 국내외 인력을 적극적으로 확보하고 활용하였다. 셋째, 고령층을 새로운 수요 주체로 인식하고 에이지테크를 중심으로 한 실버 산업을 전략적으로 육성해 고령사회에 대응하는 새로운 성장 동력으로 삼고 있다는 점도 주목해볼 만하다.

03 초고령화 대응 방향

  정부는 이렇듯 기준 정책에 대한 엄정한 분석과 그에 따른 대안 모색, 해외 주요국의 정책 사례와 각종 전문가 연구 등을 바탕으로 2025년 1월 「초고령화 대응 방향」을 발표하였다. 이 대책은 '지속 가능한 대한민국'을 비전으로 삼고, '건강하고 활기찬 노후'라는 정책 목표하에 정책 수요자가 가장 필요로 하는 ① 고용과 소득, ② 돌봄과 주거, ③ 기술·산업의 3대 분야에서 정책의 방향을 제시하고 실천 가능한 주요 대응과제 발굴에 주력하였다.

▶ **3대 분야 정책 과제**

정책 대응과 더불어 긴 호흡으로 사회·문화적 인식 및 관행 변화를 위한 노력도 병행하고자 했다. 고령화의 심각성을 널리 공유하고, 노인 연령 기준 등 구조적 문제에 대한 공론화의 장을 적극 마련하며, 고령자를 능동적 활동 주체로 인식할 수 있게 우리 사회의 인식을 전환시켜 나간다는 내용이다.

다만 「초고령화 대응 방향」은 이름 그대로 방향성 위주로 정리되어 구체적인 정책과제는 꾸준히 발굴하여 정책화하는 작업이 수반되어야 하며, 이는 2026년 중 발표될 제5차 기본계획에서 구체화가될 것으로 보인다.

고용·소득: 계속 일하고 든든하게 보장받고

「초고령화 대응 방향」을 중심으로 초고령화 정책에 대한 구체적 방안을 검토해보자면, 먼저 일할 의지와 능력이 있으면 연령에 관계 없이 계속 일할 수 있는 고용환경을 조성하고, 그에 맞춰 노인 연령 기준도 단계적으로 조정하기 위한 방안이 필요하다. 정년퇴직 후 연금 수령까지의 기간 중에 발생하는 소득 공백을 가리키는 '소득 크레바스'를 해소하기 위해 연금 개시 연령인 65세(2033년)까지 계속 일할 수 있도록 하는 '계속고용'을 제도화해야 한다. 장기적으로는 정년 연장 또는 정년 폐지를 지향하되, 단기적으로는 선택적 재고용 후 의무 재고용 또는 정년 연장을 도입하는 단계적 접근 방안을 고려해볼 수 있다. 예를 들어 3년 등 일정 기간은 현행 정년 이후에 계속고용의 대상이 되는 퇴직자 기준을 정하여 선별적으로 재고용하도록 권고하고 그 기간 이후에는 의무적 재고용 또는 정년 연장 제도 도입 의무를 부과하는 방식이다.

이때 정년 후 재고용에 대해서는 성과나 직무급에 의거해 고용계약을 체결한다. 이를 위해서는 임금체계 개편을 지원하고 사회보험료의 가입 범위 등 노동시장의 규제와 제도를 개선하는 방안이 논의되어야 한다. 고용과 소득보장제도의 정합성을 고려하여 계속고용 환경을 조성하고, 고령 인력에게 지속적으로 교육·훈련을 제공해 생산성을 높이는 방안도 함께 마련되어야 한다.

현재 사실상 일률적으로 되어 있는 65세 노인 연령 기준에 대해서도 폭넓은 사회적 논의를 통해 단계적 조정 방안을 검토해볼 만하다. 관련 분야별 쟁점 및 영향, 고려사항 등에 대한 심층적인 연구를 추진하고, 현행 법률적 지원 기준 실태, 해외 사례 등을 토대로 변경 필요성과 최적의 변경 방식 등을 검토해볼 수 있다.

둘째, 생계 걱정 없이 안정적인 노후를 지낼 수 있도록 공적·사적 연금의 역할을 나눠 실질적이고 다층적인 노후소득 보장체계 구축이다. 저소득 노인의 소득보장을 강화하는 방향으로 대상을 축소하되 급여수준을 높이는 등 기초연금의 기능과 역할을 재설계하고, 국민연금의 지속 가능성을 높이기 위한 구조개혁과 소득보장 강화를 위한 사각지대 해소 방안도 검토해야 한다.

안정적인 노후를 위해 퇴직연금을 단계적으로 의무화하고 연금성을 강화할 수 있는 정책 검토도 필요하다. 퇴직연금을 의무화한다고 해도 연금 개시 연령이 되기 전에 중간에 인출하는 사람이 많아지면 제도 도입의 의미가 퇴색하기 때문에 중도인출 사유를 제한하거나 인출 한도를 설정하여 노후자금으로서 퇴직연금이 기능할 수 있도록 개선해야 한다. 이에 더해 퇴직연금의 수익률을 제고하기 위해 기금화 등의 방안도 검토해볼 수 있으며, 개인연금과 주택연금 등의 가입 유인 확대를 위해서는 세제 혜택 부여 등 제도 개선 방안도 논의할 필요가 있다.

또 치매 환자의 자산을 일컫는 '치매머니'를 체계적·전문적으로 관리하기 위해 치매 단계별로 대응책을 마련하고, 치매머니 통계를 중증도별·지역별·소득분위별로 정례적으로 산출해 정책 개선에 적극 활용해야 한다. 치매 발병 전에는 고령자들이 자산관리의 필요를 인지하고 제도를 활용할 수 있도록 후견제도와 신탁제도 등을 안내하는 정례 교육프로그램을 도입해 제도 이해와 치매 대비의 중요성을 알려야 한다. 치매 발병 이후에는 자산관리의 전문성과 공공성을 높이는 데 초점을 맞춰 신탁제도 활성화, 공공후견인 확대, 후견제도와 신탁제도의 연계, 공공신탁제도 도입 등 종합적인 대응 방안을 준비할 필요가 있다.

돌봄·주거: 지역사회 계속 거주를 위한 통합돌봄

노인 돌봄과 주거는 돌봄의 보장성과 지속 가능성을 동시에 높이는 게 핵심이다. 이를 위해 크게 3대 주요 분야를 중심으로 대책을 마련해왔다.

우선, 살던 곳에서 건강한 노후를 보낼 수 있도록 건강 단계별 재가서비스를 대폭 확충하고 치매 예방과 관리도 강화하는 방안이다.

예방부터 일상 돌봄과 장기요양, 생애 말기까지 건강 단계별로 재가 돌봄 지원을 확대하며, 치매 노인 급증에 대비하여 치매 예방과 조기 진단 등 초기 관리를 강화하고, 치매 환자 본인과 가족의 돌봄 부담을 덜어주는 지원도 강화해야 한다.

기존에 저소득층 등 취약계층 위주로 제공되던 가사·돌봄·영양 관리·병원 동행 등 노인 맞춤 돌봄 서비스의 지원 대상을 대폭 확대하고, 재가 장기요양서비스도 주·야간 보호 등 6종에서 고령자 수요가 높은 이동 지원 등을 추가하여 다양한 수요에 대응해야 한다. 가파르게 치솟는 치매 노인의 급증에 대비하여 치매 노인에 대한 돌봄 공백이 발생하지 않도록 종일 방문 요양 이용 횟수도 월 22회에서 24회로 확대했고, 주·야간 보호서비스 이용 가능 시간을 현행 3일에서 최대 주 5일로 늘렸으며, 이는 앞으로도 계속 늘려나가야 한다.

둘째로, 고령자의 거주 여건에 맞춰 고령 친화 주거환경을 구축하고, 이동 및 교통 인프라도 고령자에게 편리하도록 개선하는 것이다. 2023년 기준으로 65세 이상 고령자의 57%가 아파트 등 공동주택에 거주한다. 이는 지난 2000년과 비교해 배 이상 늘어난 수치로, 이러한 추세를 반영한 고령 친화 주거환경 구축이 필요하다. 이를 위해 신축·재건축을 통해 신규로 건설되는 공동주택에 고령자를 위한 무장애시설과 식사·청소 등 서비스를 제공하는 '고령 친화 주택'을 일정 비율 이상 건설할 경우 용적률 상향 등 인센티브를 부여하고, 고령자 등에게 식사 서비스를 제공하기 위해 지자체가 필요시 신규 공동주택에 공용식당을 설치·운영할 수 있도록 하는 규정 신설도 추진해야 있다.

또한 신규 공동주택 분양 시 입주자가 선택할 수 있는 품목에 안전손잡이 등 무장애시설을 추가해야 할 것이다. 기존 주택에 대해서는 고령자가 더 안전하고 편리하게 생활할 수 있도록 취약계층을 대상으로 한 주거 수선 사업의 최대 지원 금액을 기존 1,200만 원에서 1,600만 원으로 상향하는 것을 추진해야 하며, 노인복지주택의 경우 거주 중에 건강이 악화되어 장기요양 4~5등급을 받더라도 퇴소하지 않고 재가급여를 받으면서 계속 거주할 수 있도록 거주 요건을 완화해야 한다.

고령자의 민간임대주택(실버스테이) 활성화를 위해서는 주택연금 수령 중에 민간임대주택으로 이주하는 경우에도 주택연금을 계속 받을 수 있도록 실거주 예외를 허용하고 분양형 공급을 새롭게 도입해야 한다. 수요가 많은 도심 공급을 유도하기 위해서는 도심 내 고령자용 민간임대주택 건설 시 용적률을 기존 상한의 1.2배까지 상향하는 개선 방안을 발표한 바 있다. 중장기적으로는 일본 등 해외 사례를 참고하여 도심 내 재개발·재건축을 하는 경우, 예를 들어 3층 이하 저층부에는 노인을 위한 요양시설, 생활지원시설, 의료시설을 설치하도록 건축비 지원이나 용적률 대폭 상향 등의 인센티브 제공 방안도 검토해볼 만하다.

셋째로, 현행 시설과 병원 중심의 고비용 돌봄체계를 개선하고, 급증하는 돌봄 수요에 선제적으로 대응하기 위해 돌봄 공급 기반을 확충해야 한다. 요양병원은 의료적 처치가 필요한 노인을 위한 의료기관이지만, 사실상 장기 돌봄이나 간병 대체 등 돌봄시설로 왜곡되는 경우가 많이 발생하고 있다. 이로 인한 불필요한 사회적 입원을 줄이기 위해 요양병원의 기능을 전문적으로 세분화한다. 의료와 간병 필요도가 높은 중증 환자를 치료하는 '의료 중심형', 치매 환자에게 단기에 집중하여 전문 치료를 제공하는 '치매 안심형', 그 외 입원 환자를 대상으로 한 '일반형' 등으로 기능을 구분하여 요양병원의 역할을 명확히 하고 의료 필요도에 따라 환자 분류체계를 정비함으로써 간병과 돌봄을 요양병원이 대신하는 요양병원의 돌봄시설화를 지양해나가야 한다.

복지시설인 요양시설은 기존 4인실 위주에서 1·2인실의 유니트 케어로 전환하여 고령자의 사생활을 보다 보장할 수 있는 환경을 제공하는 것도 필요하다. 또 상급침실료, 식재료비, 이·미용비 등 3종으로 제한된 비급여서비스에 이동·외출·여행 지원이나 세탁 관리 등 특별 프로그램을 추가하는 방안도 검토해볼 만하다. 요양시설이 부족한 수도권 등 고비용 지역에 대해서는 토지와 건물을 임차해 요양시설을 설치·운영할 수 있도록 진입 요건을 완화하면 공급 확대를 유도할 수 있을 것이다.

고질적인 문제로 지적되어온 돌봄 인력 부족 문제를 해결하기 위해서는 요양보호사의 단일직급체계를 숙련도, 근무경력에 따라 2단계로 개편하고 대체인력 풀도 구축하여 안정적 인력 운영을 지원할 수 있다. 더불어 인력 수급의 어려움을 보완하기 위해 외국 돌봄·간병 인력 도입을 추진하고, 동시에 AI, 로보틱스 기반의 웨어러블 기기, 스마트 홈케어, 돌봄로봇(보행 보조, 배설 케어 등) 등을 집중 육성하여 돌봄 인력 부족에 대응해야 한다.

기술·산업: 에이지테크를 신성장 동력으로

지금의 고령자는 과거 돌봄의 대상이나 복지정책의 수혜자가 아니라 적극적이고 능동적인 활동 주체로 변화하고 있다. 이는 고령자에 대한 사회적 인식, 정책적 대응의 변화뿐 아니라 관련 산업의 패러다임 전환도 요구하고 있다. 과거 고령자를 대상으로 한 물품과 서비스를 생산하는 고령 친화 산업이 안전손잡이나 높낮이 조절 침대 등 기초적인 편의 제공에 머물렀다면, 이제는 AI, IoT, 로봇 기술 등 첨단기술과 융합된 에이지테크로 고도화되고 있는 것이다.

에이지테크는 단순히 고령자의 불편을 덜어주는 수준을 넘어 건강관리와 일상생활의 자율성을 높이고 돌봄 공백을 보완하는 등 삶의 질 개선에 기여하는 바가 크다. 예를 들어 돌봄로봇이나 스마트홈 기술은 일대일 인력이 없이도 고령자의 안전을 실시간 모니터링하여 맞춤형 서비스를 제공함으로써 복지비용 절감과 돌봄 인력 부족 문제 해소에도 도움이 된다. 특히 이러한 기술과 서비스는 고부가가치를 창출하는 신성장 동력으로 주목받고 있다.

이에 따라 정부는 아직 초창기인 국내 에이지테크 기업과 산업이 지속 가능성을 확보할 수 있도록 에이지테크 시장 형성 및 확대에 마중물 역할을 적극적으로 수행해야 한다. 이를 위해 조기 산업화 가능성, 국내 산업 기반 및 부가가치 창출 전망 등을 종합적으로 고려하여 ① AI 돌봄로봇, ② 웨어러블·디지털 의료기기, ③노인성 질환 치료 및 치료제, ④ 항노화·재생의료, ⑤ 스마트 홈케어 등 5개 중점 분야를 선정했다. 이렇게 선정된 5대 중점 분야에 대해서는 기술 투자를 늘리고 규제를 완화하며 초기 시장 수요 창출 등 전 주기에 걸쳐 지원하는 방안을 발표했다.

해당 정책 발표 사항은 크게 세 가지 방향이었다. 우선, 기술 투자의 확대다. 5대 중점 에이지테크 분야에 대한 기술 경쟁력을 확보하기 위해 R&D 투자를 체계적으로 늘리는 '에이지테크 기술 개발 로드맵'을 수립한다. 국내 고령 친화 산업 제품·서비스와 IT 기술을 융합하여 에이지테크로 고도화하는 약 3,000억 원 규모의 '에이지테크 플래그십 프로젝트'도 추진한다. 또한 에이지테크 스타트업 생태계 조성을 위해 노인성 질환, 재생의료 등의 바이오 분야에서 초기 벤처기업에 중점 투자할 수 있는 '바이오 투자펀드'를 500억 원 규모로 신규 조성하고, 시장에서 자금조달이 어려운 에이지테크 등 사회서비스 분야 혁신기업에 집중 투자하는 '사회서비스 투자펀드'도 지속적으로 운영(현재 215억 원 조성)하는 안이었다.

둘째, 5대 중점 에이지테크 제품과 서비스의 글로벌 경쟁력을 높이고 국내 확산 기반을 마련하기 위해 규제를 완화하고 실증 지원을 강화한다. 현재 '중대·희귀·난치 질환자'로 한정된 재생의료 치료 대상 범위를 임상연구를 통해 안전성이 입증된 경우에 한해 치매나 파킨슨병과 같은 노인성 질환과 관절염이나 근감소증 등 퇴행성 질환으로 점차 확대해나간다.

또한 자가유래 줄기세포 등 재생치료 기술의 활용 범위를 넓히기 위해 충분한 치료 사례를 축적하여 안정성이 확보된 경우에는 선행 임상연구 없이도 임상치료가 가능하도록 위험도를 중위험에서 저위험으로 조정한다는 계획도 담겼다. 아울러 본인이 동의할 경우 의료

기관이 보유한 본인의 건강정보를 제3자인 의료기기·의약품 제조업체가 제품 제조·생산에 활용할 수 있도록 의료 분야에 대해 '마이데이터 제도' 도입도 검토했다. 의료 '마이데이터'가 도입되면 의료기기 제조업체는 현재보다 더 개인 맞춤형이고 정밀한 질병 진단이 가능해지며, 예방 중심의 디지털 헬스케어 기기 생산에도 도움이 된다.

셋째, 에이지테크 제품과 서비스에 대한 초기 수요 창출의 지원이다. 새로운 기술이 적용된 복지용구에 한시적으로 급여를 제공한 후 복지용구 본 급여 전환 여부를 향후 평가하는 '복지용구 예비급여 시범사업(본인 부담 30%)'에 웨어러블 기기, 디지털 의료기기 등 에이지테크 품목을 확대한다. 수요자가 추가비용을 부담하는 경우에는 현 연 160만 원인 복지용구 급여 한도액을 초과하는 제품도 사용이 가능하도록 제도를 개선하고, 복지용구 급여 대상 품목에 에이지테크 품목을 단계적으로 확대한다. 향후에는 에이지테크에 대한 수요 증가 추이를 분석하여 복지용구 급여 한도도 상향할 필요가 있다.

에이지테크 수요 창출의 거점이 될 수 있는 스마트경로당도 2025년 2,000개까지 확산한다. 스마트경로당은 고령층의 건강관리, 여가활동, 사회참여를 지원하기 위해 ICT 기술을 활용한 시설로, 에이지테크 기술을 적용한 대표 사례다. 건강진단 키오스크나 화상통신 인프라를 통해 양방향의 시니어 교육·여가 프로그램을 제공하고 어르신들의 안전·건강·여가활동을 지원한다. 또 돌봄 수요 현장에 간병로봇 실증사업을 지속하는 등 에이지테크 제품과 서비스의 현장 보급도 확대한다는 내용이다.

넷째, 이러한 과제를 원활히 추진하기 위해 체계적인 에이지테크 산업의 체계적인 육성 기반의 마련이다. 기존의 전통적 고령 친화 산업 중심의 법과 제도를 에이지테크 환경에 맞춰 고도화할 수 있도록 '고령 친화 산업 진흥법' 개정을 추진하고, 유전체 데이터 분석이나 인체조직 분석 플랫폼 등 노화 관련 연구를 뒷받침할 플랫폼을 함께 구축해야 한다. 또한 민간·학계·공공이 함께 참여하는 논의구조를 통해 실효성 있는 투자 확대와 규제 개선, 시장 창출 및 해외 진출 방안 모색도 담겼다. 이를 위해 2025년 5월 출범한 '에이지테크 민관 얼라이언스'의 기능을 더욱 강화하고, 요양시설·실버타운 운영자 등 실제 수요 기업들의 참여도 점차 확대해 정책의 실효성을 높여나가야 한다.

04 첫발 뗀 초고령화 대응

앞으로의 과제

2024년 말 초고령사회로 진입하면서 저출산고령사회위원회가 주요 3대 정책 분야 중심으로 발표한 「초고령화 대응 방향」은 초고령사회 대응의 첫 시작에 불과하다. 해당 정책 방향에 맞춰 더 많은 정책과제를 구체적으로 발굴·시행하고, 시행 정책들은 이행 상황을 점검하면서 현장의 의견을 수렴해 꾸준히 개선하며 정책 효과를 높여 나가야 한다. 고령화는 매우 빠르게 다가오는 한국 사회의 위협 요소인 데다가 특정 세대만의 문제가 아니라 모든 세대가 맞닥뜨릴 미래의 공동 과제이기 때문이다.

심각한 초고령화 상황과 열악한 고령화 정책 여건에 대응하기 위해서는 기존의 틀을 넘어서는 유연하고 창의적인 정책 전환이 필요하다. 또한 고령층의 건강·일자리·사회적 역할은 물론 세대 간 연대와 공존을 아우르는 다층적이고 통합적인 접근이 필수적이다.

먼저, 「초고령화 대응 방향」에서 발표한 3대 핵심 분야의 정책을 보다 강화해나가는 것이 우선이다. 고용·소득 분야 측면에서는 사회적 합의기구인 경제사회노동위원회를 통해 선택적·의무적 재고용과 정년 연장을 포함해 계속고용 제도화 방안을 조속히 합의하고 단계적인 로드맵을 마련해야 한다. 2033년에는 국민연금 수급 개시 연령이 65세로 상향 조정되는 점과 제도 연착륙을 위한 단계적 시행 등을 감안할 때 조속히 합의안을 도출하는 것이 중요하다. 또한 계속고용이 제대로 제도화되고 안착되려면, 고령자의 노동 공급 시간에 맞춰 임금체계를 유연하게 개편하고 국민연금·건강보험·고용보험·산재보험의 4대 보험도 고령자의 고용 특성에 맞춰 개선해야 한다. 사중 손실 우려가 제기되는 고용보조금 관련 제도는 유사한 제도 간 기능을 통합하고 제도 전반을 현실에 맞게 재설계해야 할 필요가 있으며, 재취업과 창업, 이·전직을 지원하는 지원체계도 병행 추진해나가야 한다.

노후소득 보장에 있어서는 기초연금, 국민연금, 퇴직연금 등 연금 전반에 대한 개선 논의가 필요하다. 기초연금은 기능과 역할을 재정립하는 방향 설정과 부부 수급자의 감액 규정 문제 등의 검토가 필요하다. 국민연금은 수급자의 근로소득에 따른 연금감액 규정을 폐지하여 고령층의 경제활동을 위축시키지 않도록 개선되어야 한다. 퇴직연금의 경우 실질적인 노후소득으로 기능할 수 있도록 연금화율을 높이고 수익률 제고를 위해 기금 운영 방식의 개선도 적극 검토해야 한다.

둘째, 노인 돌봄과 주거 분야는 단순 복지 차원이 아니라 누구나 누려야 할 보편적 권리로 인식되어야 한다. 이를 위해서는 돌봄체계를 시설 중심에서 재가 중심으로, 가족 책임에서 공공 책임으로, 분절적 접근에서 지역사회 통합으로 근본적으로 전환해야 한다. 이는 의료·요양·돌봄 및 주거에 걸친 다양한 제도들을 유기적으로 연계하여 통합적으로 접근해야 가능한 일이다. 특히 사후에 치료하고 돌보는 방식보다는 건강 상태를 사전에 진단하고 질환을 예방하는 근본적 혁신도 필요하다.

지역사회 통합돌봄의 핵심은 '지역'에 있다. 돌봄 수요를 가장 잘 알고, 실질적인 대안을 마련할 수 있는 주체는 지방정부이기 때문이다. 지자체가 지역별 특성에 맞춰 주거와 돌봄을 연계한 다양한 사업 모델을 개발하고, 이를 바탕으로 안정적인 돌봄 서비스를 제공할 수 있도록 지자체의 책임과 권한을 확대하는 방안도 구체화 되어야 한다. 동시에 공적 돌봄만으로는 급증하는 돌봄 수요를 감당하기 어려운 만큼, 공공과 민간의 협력체계를 강화하고, 창의적이고 효율적인 민간의 참여를 확대하기 위한 제도적 기반과 여건을 조성하여 민간의 적극적인 참여를 유도해야 한다.

아울러 인구구조 변화와 장기요양 수요 증가는 복지지출의 증가로 이어지므로 안정적 재원 마련이 무엇보다 중요하다. 실제 최근 10년간 우리나라 복지지출은 9.3% 늘어났는데, 이는 OECD 평균인 4.1%의 두 배 이상 수준으로, 현재의 보장수준에서도 제도의 지속 가능성에 대한 우려가 큰 상황이다. 이런 가운데 건강보험과 요양보험으로 인한 미래 세대의 부담을 키우지 않으면서 노인 돌봄체계를 전환하기 위해서는 지출 효율화와 함께 중장기적 재원 규모와 조달 방식을 어떻게 개편할 것인지에 대해서도 심도 깊은 논의가 서둘러 진행될 필요가 있다.

셋째, 에이지테크 산업에서는 앞서 선정된 5대 중점 분야에 대한 전 주기 지원체계를 더욱더 확대 발전시켜 나가야 한다. R&D 확대, 규제 완화 및 실증 지원, 초기 수요 창출 등을 보다 구체화하고 지속해서 추진해나가야 한다. 특히 에이지테크는 돌봄의 효율성을 높여 날로 심각해지는 돌봄 인력난을 해소하는 데도 도움이 된다. AI·IoT·스마트홈 기술을 활용해 고령자의 안전·건강·이동을 지원하면 재가 돌봄이 가능해지고 요양시설의 인력 부족과 돌봄 인력의 업무 부담을 동시에 줄이는 한편, 맞춤형 실시간 돌봄도 가능하게 할 수 있다는 점에서 고령화 문제 해소의 중요한 대안이기도 하다.

이를 위해 현재 연 0.4조 원으로 추산되는 에이지테크 R&D 투자 규모를 2030년까지 1조 원 규모로 확대하고, 관련 스타트업 창업 활성화를 위한 전용 펀드도 신설할 필요가 있다. 또 2025년 2,000개 소 수준으로 확대된 스마트경로당 구축 사업도 더 확대될 필요가 있다. 복지용구 급여 한도를 폐지하거나 한도액을 대폭 상향하여 에이지테크 시장 창출을 촉진해야 한다. 또 에이지테크 제품과 서비스를 전국 어디에서든 용이하게 검증하고 적용해볼 수 있도록 하는 에이지테크 리빙랩도 17개 시·도에 최소 1개씩은 조성할 필요가 있다.

초고령사회에 대응하여 노화에 대해 체계적이며 종합적으로 연구하고 필요한 정책을 발굴하고 개발하는 가칭 '국립노화연구소'도 설립을 검토해야 한다. 이를 위한 추진체계로 관련 기업 및 학계, 정부 등이 함께 참여하는 에이지테크 융합 얼라이언스(민관협의체)를 더욱 활성화하여 공동 R&D, 표준화, 규제 완화 과제 등을 추가로 적극 발굴해나가야 한다.

근본적인 전환과 혁신을 준비하자

초고령사회 진입은 우리가 직면한 가장 중대한 도전과제로 단순한 인구구조 변화를 넘어 근본적인 전환과 혁신을 요구하고 있다. 가까운 시일 내에 초저출생 추세가 반전된다고 하더라도 누적된 인구구조 변화 양상은 당분간 지속될 수밖에 없는, 거스를 수 없는 흐름이다.

현재 속도와 변화 양상을 감안할 때 향후 10년이 초고령화 대응의 마지막 골든타임이라 생각한다. 앞으로 10년간 2차 베이비붐 세대의 은퇴가 본격화되고 1차 베이비붐 세대가 2030년부터 75세 이상의 후기 고령층에 진입하기 때문이다. 이미 예견된 변화였음에도 불구하고 충분한 대비를 못 한 것을 인정하고 이번에는 실기하지 않도록 총력을 기울여야 한다. 이번마저 실기할 경우 고령화의 파급력이 증폭되고 이를 해결하기 위한 사회적 비용과 갈등이 감당하기 어려운 수준에 이를 가능성이 크다.

지금부터라도 국가 존망이 걸려 있다는 비상한 각오로 근본적·종합적 대응 방안을 모색해야 한다. 단기 대책을 넘어 미래 지향적 관점에서 초고령사회에 걸맞은 지속 가능한 사회 모델과 새로운 성장전략을 마련해나가야 한다. 그 과정에서 정책 대응의 실천력과 사회적 수용성을 높이고 국민적 이해와 지지를 이끌어내기 위한 노력도 병행해나가야 할 것이다.

2장

복지에서 산업으로: 초고령사회의 새 질서

01 초고령사회에도 '아보하'!

2025년 트렌드 키워드 중 하나가 '아주 보통의 하루'를 뜻하는 '아보하'라고 한다. 무탈한 보통의 하루면 족하다는 사람들의 마음이 전해지는 키워드지만 아쉽게도 '아보하'는 쉽게 주어지지 않는다. 닥쳐올 문제를 예측하고 준비해야만 누릴 수 있다.

문제는 대체로 현실이 예측을 앞선다는 점이다. 먼 미래의 일이라고 생각했던 문제가 느닷없이 눈앞에 나타나고, 어느 순간 큰 변화의 소용돌이에 휩쓸리기도 한다. 우리 사회에 닥쳐온 인구 위기가 딱 그렇다.

2024년 12월 23일, 한국은 65세 이상 인구가 전체 인구의 20%를 넘는 초고령사회에 진입했다. 고령화사회 진입 후 24년, 고령사회가 된 지 7년 만으로 세계 최단기간이다. 이것도 시작에 불과하다. 고령 인구 비중은 2035년까지 매년 약 1%씩 증가해 2045년이면 37.3%로 일본을 추월해 세계 최고령국이 될 전망이다. 80세 이상 후기 고령자의 폭증도 문제다. 2050년이 되면 전체 인구 5명 중 1명은 80세 이상 노인이 된다. 2000년 대비 15.8배가량 늘어나는 것인데, 같은 기간 OECD 국가들의 증가세가 3.4배임을 감안하면, 한국의 고령화는 '예상을 뛰어넘는 쓰나미'에 가깝다.

초고령사회 진입은 한국 사회를 뒤흔들 폭풍의 서막이다. 고령화에 따른 저성장·고부담으로 우리 사회의 안전망이 송두리째 흔들릴 위기다. 50년 후 생산가능인구가 현재의 절반 이하로 줄고 경제 전체의 생산성까지 저하된다면 마이너스 성장을 피할 수 없을 것이다. 재정 부담은 날로 늘어나는데 기대수명이 1세 늘어나면 연금, 건강보험 등 추가로 필요한 급여지출은 약 112조 원 규모다. 2040년에는 우리나라 기대수명이 지금보다 2.9세 증가한 87.2세가 될 전망이니 약 324조 원의 추가 지출이 요구된다.

고령인구 증가로 역피라미드가 된 인구구조를 지탱할 힘은 경제인데 고령화로 인한 저성장은 그 버팀목마저 흔들어놓는 상황이다. 이를 돌파할 방법은 사회보장지출의 효율성을 높이는 '사회 모델'을 완성하는 것과 지속적 경제성장을 이끌도록 '성장 모델'을 혁신하는 것뿐이다.

먼저 초고령사회를 맞아 비효율적인 사회보장시스템을 조정해 지속 가능하면서 모두가 합리적인 보장을 받을 수 있게 '사회 모델'을 혁신해야 한다. 계속고용과 연금, 장기요양, 의료보험 등의 재정 지속 가능성을 높이는 개혁이 필수다. 다행스럽게 우리의 경우 아직 유럽처럼 고비용 사회안전망이 고착화되지 않아 유연한 개혁이 가능하다.

'성장 모델'은 '사회 모델'의 든든한 뒷배가 되어주어야 한다. 70만 명에 육박하는 청년 니트(NEET)와 여성, 고령자 등 가용 인력 자원의 활용을 최대한 높이면서 과감한 구조개편과 산업 구조조정을 통해 AI와 바이오를 중심으로 신성장 동력을 육성한다면 초고령 사회를 지탱할 경제의 힘을 높일 수 있다.

과거는 돌이킬 수 없지만 만회할 수는 있다. 포용적이면서도 효율적인 사회 모델과 혁신적인 성장 모델을 주축으로 경제·사회 시스템을 재구축한다면, 초고령사회 진입으로 시작한 2025년 한 해에도 우리의 '아보하'는 지켜질 것이다.

《매일경제》(2025. 01. 02.)

02 회색 코뿔소,
이제 멈춰 세워야 할 때

위험을 감지하고도 간과하여 대응하지 못한 상황을 일컫는 용어
가 '회색 코뿔소'이다. 한국의 회색 코뿔소는 이미 오래전 그 모습을
드러낸 고령화 문제다. 작년 말 초고령사회에 진입한 한국은 세계에
서 가장 빠른 속도로 고령화가 진행 중이며 그 속도는 더 빨라지고
있다. 앞으로 15년간 고령화 속도는 기존의 두 배인 약 1% 수준으로
올라가 불과 20년 뒤인 2045년이면 한국은 고령인구 비중이 37.3%
로 세계에서 가장 늙은 나라가 된다.

이처럼 빠른 고령화의 가장 큰 원인은 베이비부머의 고령층 진입
이 20년에 걸쳐 이뤄지기 때문이다. 일본의 단카이 세대는 5년 내 고
령층 진입을 마무리한 반면, 한국의 베이비붐 세대는 장기간 고령층
에 진입하면서 고령화에 가속도가 붙는다. 게다가 앞서 진입한 고령
자는 후기 고령자로 편입되어 25년 뒤에 국민 4명 중 1명은 75세 이
상 노인이 된다.

고령화로 인한 노동력 감소, 연금과 사회보험 재정의 고갈은 국가 근간을 흔드는 위협이다. 생산가능인구 감소는 경제성장을 멈춰 세우고, 의료와 연금 등 사회지출의 폭증은 복지시스템을 붕괴시킬 우려가 크다. 1차 베이비붐 세대(1955~1963년생, 705만 명)가 후기 고령자 진입을 앞두고 있고, 2차 베이비붐 세대(1964~1974년생, 954만 명)의 은퇴가 본격화되는 지금이 마지막 골든타임이다. 이를 위해 연금, 건강보험, 장기요양 등을 합리적 수준으로 보장하면서 지속 가능성도 갖추도록 고비용·저효율의 사회보장시스템을 혁신하는 등 '사회 모델'을 개편해야 한다. 이를 뒷받침할 '성장 모델'은 고령자 계속고용으로 경제활동인구를 확충하고 K-로봇 등 에이지테크(Age-Tech)로 고령친화적 혁신을 추진하며 생산성 위주로 전환해야 한다.

저출산고령사회위원회는 이 방향에 맞춰 1월 23일 '돌봄·주거', '고용·소득', '기술·산업' 등 3대 분야로 나눈 「초고령사회 대응 방향」을 발표하고 첫 번째로 가장 시급한 돌봄·주거 분야의 「지역사회 중심 통합돌봄체계 강화 방안」을 내놓았다. '고용·소득'과 '기술·산업' 분야도 순차적으로 정책을 발표할 계획이다.

「지역사회 중심 통합돌봄체계 강화 방안」은 집에서 받는 돌봄 서비스를 대폭 늘리고, 집에서 편안한 노후를 보낼 수 있게 주거환경을 개선하며, 시설과 병원 중심의 고비용 돌봄체계를 개선하는 3가지 방안으로 구성된다. 우선 노인 돌봄의 대상을 모든 노인으로 확대하고 재가 장기요양 서비스를 대폭 늘려 이제부터는 살던 곳에서 돌봄을 받을 수 있도록 돕는다. 아파트 중심의 한국 주거문화와 고령자의 수요를 고려해 내 집에서 안전한 노후를 보낼 수 있는 주거환경 구축에도 주력한다. 일정 비율 이상의 고령 친화 주택을 건설할 경우 용적률 상향 등 인센티브를 제공하고 수요가 높은 도심은 용적률을 상한의 1.2배로 더 올린다. 또 요양병원의 불필요한 사회적 입원을 줄여 의료 필요도가 높지 않으면 집에서 노후를 보낼 수 있도록 요양병원의 기능을 전문화·세분화한다. 높은 땅값으로 요양시설이 부족한 수도권 등의 지역은 비영리법인이 토지와 건물을 임차해 요양시설을 운영할 수 있게 허용한다.

향후 발표할 '고용·소득' 분야는 계속고용의 여건을 조성하고 정년 연장, 노인 기준 연령, 연금개혁 등 예민한 문제는 공론화를 거쳐 구체적이면서 실천 가능한 개편 방안 모색을 본격화할 계획이다. '기술·산업' 분야는 에이지테크 투자를 확대해 실버경제를 확산하고, 의료·요양 등 돌봄 비용을 절감하는 대책 마련에 주력하고자 한다.

이번 고령화 대책은 초고령화 대응을 위한 모든 문제를 더 이상 좌시하지 않고 정면 돌파하는 것이 핵심이다. 노인 연령, 정년, 사회보험 등 첨예한 이해관계 대립으로 단기간에 결론을 내기 어려운 사안도 관계부처, 전문가, 이해관계자 등과 폭넓게 논의해 연내 발표될 「5차 저출산·고령사회 기본계획」에 구체적 방안을 담고자 한다.

이와 같은 정책적 대응과 함께 고령층을 '능동적 활동 주체'로 바라보는 사회·문화적 인식 전환도 필요하다. 정부와 기업, 국민 모두가 초고령사회로의 변화를 받아들이고 인식 전환을 실천하며 적극적으로 대응할 때 우리의 회색 코뿔소를 멈춰 세울 수 있을 것이다.

《중앙일보》(2025. 02. 05.)

03 노인 돌봄:
'공공', '재가', '지역'이 핵심이다

한국은 세계에서 가장 빠르게 늙어가고 있다. 지난해 초고령사회에 진입한 우리나라는 2045년이면 국민 10명 중 4명이 65세 이상, 이 중 2.5명은 의료·돌봄 필요가 매우 높은 75세 이상 노인이 될 전망이다. 노인인구 폭증에 장기요양 수급자는 2024년 116만 명에서 2045년엔 240만 명에 이를 것으로 예상된다. 그러나 현행 돌봄체계는 현재의 수요조차 감당 못 하는 실정이다. 2023년 노인 실태 조사를 보면 돌봄 필요 노인 중 47.2%만 돌봄을 받고 있으며, 돌봄의 책임은 여전히 가족과 개인에게 과중하게 전가되고 있다.

돌봄의 어려움에 부닥친 가족들이 대안으로 시설을 이용하면서 원칙적으로는 재가서비스 대상인 장기요양 3~4등급 노인이 시설 이용자의 77.8%에 달한다. 살던 집에서 돌봄받기를 희망하는 노인의 의사를 존중하지 못하고, 수준 높은 돌봄도 제공하지도 못하면서 사회 재정은 악화되는 악순환이다. 이제, 돌봄체계의 대전환이 필요하다. '공공·재가·지역' 중심이 핵심이며 안정적 재정이 이를 뒷받침해야 한다.

첫째, 공공 중심 전환이다. 국민은 돌봄의 공공 책임을 요구하고 있다. 2025년 「한국 장기요양 노인 코호트 1차 추적조사」에 따르면 노인 돌봄에서 "공공돌봄이 우선이고, 가족은 보완"이라는 의견이 78.4%에 달했다. 주된 돌봄자의 61.7%가 일상이나 일을 포기하고, 48%는 독박 돌봄에 시달리는 현실의 반영이다.

정부는 노인 맞춤 돌봄 서비스를 전 노인으로 확대하고 종일 방문 요양을 월 24회로 늘렸지만, 아직 부족하다. 요양보호사 처우 개선과 외국 인력 도입으로 돌봄 인력을 확충하고, AI·로봇 기반 돌봄 기술도 개발해 공공돌봄 서비스를 대폭 확대해야 한다. 시설 돌봄의 질과 양을 개선해 가족의 비용 부담(48.4%)과 심리적 죄책감(36.3%)도 줄여야 한다.

둘째, 재가 중심 서비스로 전환해야 한다. 노인들은 집에서 돌봄을 받길 원하지만, '돌봐줄 사람이 없어서'(45.6%), '주거환경이 불편해서'(25%), '가족에게 돌봄 부담을 주기 싫어서'(10%) 시설에 입소한다.

고령 친화적인 주거환경 마련을 위해 정부는 기존 주택의 개조 지원금을 늘리고, 신축·재건축 공동주택에 무장애시설 등을 설치하면 용적률 상향 인센티브를 부여한다. 도심 내 고령자용 민간임대주택 건설 시에는 용적률을 1.2배 상향할 수 있다. 하지만 민간의 적극적 참여를 유도하자면 용적률 상향 폭을 더 높여야 한다. 더불어 등급별 재가서비스를 세분화하고 24시간 돌봄이나 긴급 돌봄, ICT 기술을 활용한 비대면 건강관리, 인공지능 돌봄로봇 등의 혁신 기술로 돌봄 필요도에 맞춘 다층적이고 두터운 재가서비스를 제공해야 한다.

셋째, 공공·재가 돌봄의 토대인 지역사회 중심의 통합돌봄체계를 구축해야 한다. 재가 중심의 공공돌봄이 잘 구현되자면 지역별 상황과 수요에 맞는 통합적 돌봄체계가 필요하고, 이를 위해서는 지방정부의 자율성과 재량권이 더 확대되어야 한다. 또 지방정부·민간기관·의료기관이 함께 하는 지역 돌봄 거버넌스를 활성화하여 민관 협력형 지역 통합돌봄 실증사업을 전국으로 확대하고, 발굴된 다양한 지역형 모델을 확산해야 한다.

이는 지속 가능한 재정이 뒷받침해야 가능하다. 한국의 복지지출은 OECD 평균의 두 배에 달하는 연평균 9.3%씩 증가하며, 2050년에는 GDP 대비 23.8%까지 확대될 전망이다. 미래 세대의 부담을 가중시키지 않으면서도 지속 가능한 재원 마련을 위해 건강보험과 요양보험을 치료 위주에서 예방에도 지출할 수 있도록 중장기적으로 재설계해야 한다. 일본의 본인 부담 확대나 호주의 홈케어 중심의 재가서비스 등급 관리체계도 참고할 필요가 있다.

노인 돌봄은 우리 모두의 문제다. 공공 중심으로 책임을 분담하고, 재가 중심으로 존엄을 지키며, 지역 중심으로 지속 가능성을 확보해야 한다. 바로 지금이 사회 전체로 번질 돌봄 위기를 막을 마지막 기회다.

《서울신문》(2025. 05. 09.)

04 마지막 스퍼트, 공동체로 완성하다

핀란드어로 '로푸키리(Loppukiri)'는 '마지막 스퍼트'를 뜻한다. 삶의 마지막 단계를 수동적으로 받아들이는 것이 아니라, 스스로 준비하고 즐기며 가장 빛나는 순간으로 만들겠다는 선언이기도 하다. 헬싱키 외곽의 아라비안란타(Arabianranta) 지역, 과거 산업단지가 재개발된 주거단지 한가운데 위치한 이곳을 찾았을 때, 나는 이름 그대로의 에너지를 느낄 수 있었다.

'로푸키리'는 정부나 복지법인이 아닌 고령자 스스로 설립하고 운영하는 주거공동체다. 1990년대 핀란드 경제위기로 공공 복지서비스가 축소되자, 노후를 스스로 설계하겠다는 50대 여성 네 명이 협회를 조직했고, 6년간의 준비 끝에 2006년 4월 이 토지 임대부 공동체 주택이 준공되었다. 토지는 헬싱키시가 소유하며, 임대계약은 2055년까지 유효하다. 현재 7층 건물 안에는 58가구가 거주하며, 각 가구는 입주자의 요구를 반영해 설계되었다.

1층에는 공동 주방·식당·도서관·세탁실이 자리하고, 옥상에는 사우나와 운동실, 테라스가 마련돼 있다. 공간 배치는 입주자들의 합의로 결정됐으며, 회의는 건축 단계부터 매달 이어졌다. 즉 이곳의 모든 벽과 문, 그리고 복도의 길이까지 '노년의 눈높이'에서 기획된 셈이다.

로푸키리의 삶은 개인의 독립성과 공동체의 유대를 절묘하게 결합한다. "이 공동체가 없었다면 아마 고독사나 우울증 위험이 컸을 것입니다." 설립자 중 한 분의 회고다. 각 세대는 자가 소유 형태로 독립적 생활을 누리지만, 주 3회는 저녁을 함께 먹는다. 공동 식사는 입주민들이 돌아가며 준비하고 뒷정리까지 맡는다. 식사뿐 아니라 요가, 독서, 원예, 음악회 같은 프로그램도 모두 입주민 주도로 운영된다. 원하는 사람이 제안하면 언제든 새로운 활동이 시작되고, 참여는 자율적이다.

운영 방식은 철저히 민주적이다. 주택 관리, 유지보수, 재정 운영은 매달 열리는 자치 회의에서 결정된다. 갈등이 생기면 입주자들이 모여 토론으로 조율하며, 필요시 외부 전문가를 고용한다. 관리비는 공동 부담이지만, 주택 가격은 헬싱키시의 '히타스(Hitas)' 가격 통제 제도 덕분에 비교적 합리적으로 유지된다. 입주민 대표는 이렇게 말했다. "여기서 중요한 건 '자기 결정권'입니다. 복지법인이 시키는 것이 아니라, 우리가 스스로 규칙을 만들고 공동체의 삶을 지켜간다는 점이 가장 큰 차이입니다."

특히 인상적이었던 건, 건강 악화로 자립이 어려워진 입주자가 생기면 공동체가 함께 해결책을 찾는다는 점이다. 필요할 경우 지자체와 연계해 외부 돌봄 서비스를 도입하지만, 기본적으로는 이웃이 함께 도우며 책임을 나눈다.

흥미롭게도, 기술 활용도 입주민 주도로 이루어진다. 출입 통제 시스템, 건강 측정 기기, 알림 시스템 등 디지털 장치가 도입되어 있지만, '감시'가 아니라 '자율적 노화를 지원하는 도구'로 활용된다. 관계자는 "에이지테크는 어르신들이 스스로 선택하고 사용할 때 의미가 있다"라고 강조했다. 사용자 경험(UX)에 기반한 기술 도입이야말로 'AIP(Aging in Place, 지역사회 계속 거주)'의 핵심이라는 설명이었다.

나는 한국의 현실을 떠올리지 않을 수 없었다. 우리 사회는 빠른 속도로 초고령사회에 진입하고 있으며, 2045년에는 고령인구 비중 세계 1위가 될 전망이다. 특히 1인 고령가구 비율은 전체 고령자 가구 수의 37%를 넘어섰고, 고독사 문제가 심각한 사회적 우려로 대두되고 있다.

지금까지 한국의 고령자 주거 정책은 요양원이나 실버타운 등 시설 중심이었다. 최근 들어 재가 중심 커뮤니티 케어로 정책 전환을 시도하고 있지만, 아직은 공공 주도형 모델에 머물러 있다. 로푸키리는 다른 길을 보여준다. 고령자가 스스로 기획·설계·운영하는 '자기 기획형 모델'이다. 이는 고독감 해소, 우울증 예방, 생활 리듬 유지라는 효과와 함께, 공공이 제공하는 개별 돌봄보다 지속 가능성이 크다.

시사점은 명확하다. 첫째, 한국도 '노인 주거 자조 조합' 같은 자율 설계 모델을 적극 검토해야 한다. 둘째, 공동체 기반 생활 구조화가 사회적 고립을 완화하는 효과가 크므로 고독사 예방 차원에서도 정책적 가치가 크다. 셋째, 기술은 통제가 아니라 자립 지원의 도구여야 한다. 사용자가 직접 선택하고 활용하는 방식이어야 고령자 삶에 진정한 힘이 된다.

일부 세대 방문을 마치고, 우리는 옥상 테라스의 사우나 공간으로 향했다. 깨끗한 사우나 공간에서 함께 사우나를 할 노인들의 모습을 상상하니, '마지막 스퍼트'라는 이름이 낯설지 않았다. 이곳의 노인들은 여생을 기다림으로 보내지 않았다. 스스로 삶을 설계하고, 이웃과 함께 마지막 단계를 가장 충만한 시간으로 채우고 있었다.

이번 로푸키리 방문을 통해 노인의 자율이 곧 존엄이며, 공동체는 그 존엄을 지켜내는 방식이라는 생각이 들었다. 한국도 초고령사회 대응에 있어 공공의 틀을 넘어선 '자기 기획형 주거 모델' 도입을 고려해볼 필요가 있다.

05 3초(超) 위기, 예고된 돌봄 인력난 타개하려면

초저출생·초고령화·초인구절벽, '3초(超)의 위기'가 현실화됐다. 우리나라 합계출산율은 2024년 0.75명으로, 7년째 1명 이하다. 지난해 말에는 65세 이상 인구가 전체의 20%를 넘기는 초고령사회에 진입했고, 생산가능인구는 2040년까지 22.8%가 줄어들 전망이다. 이러한 변화는 산업 전반의 인력난을 초래하는데, 돌봄 분야는 문제가 더 심각하다.

한국은행의 「돌봄 서비스 인력난·비용 부담 완화 방안」 보고서에 따르면 전체 돌봄 서비스직의 부족 인력이 2022년 19만 명에서 2032년 38만~71만 명, 2042년 61만~155만 명까지 늘어날 전망이다. 최악의 경우 2042년 돌봄 인력은 수요의 30% 수준에 그칠 수 있다는 경고다.

문제는 돌봄 인력난이 오래전부터 누적된 구조적 문제라는 점이다. 요양보호사의 경우 자격증 보유자는 280만 명에 달하지만, 실제

활동 인력은 25.6%인 72만 명에 불과하다. 2024년 조사 기준 아이돌보미, 요양보호사 등 돌봄 노동자의 평균 급여가 월 172만 원으로 법정 최저임금 수준인 데다 경력이 쌓여도 임금은 거의 제자리이기 때문이다. 결국, 근본적 처우와 여건 개선 없이는 신규 인력 유입과 기존 인력 이탈을 막기 어렵다.

이를 해소하자면 국내 인력 확충과 외국 인력 도입, 기술을 통한 돌봄 효율성 제고 등 3가지 차원의 접근이 필요하다.

첫째, 국내 인력 확충을 위해 처우부터 개선해야 한다. 장롱면허 보유자의 현장 복귀를 유인하고 청년 등 젊은 세대의 유입과 장기 근로를 촉진하자면, 임금을 현실화하고 일반-선임-팀장 등 3단계 직급 체계를 도입해 경력에 따른 승진 경로를 제공해야 한다. 나아가 간병인 전문 교육과정 등 양성체계를 정비해 돌봄을 전문직으로 육성하여 사회적 인식도 개선하고 서비스의 질도 함께 높여야 한다.

둘째, 전략적으로 외국 인력을 도입해야 한다. 일본처럼 돌봄 분야 특화 비자 정책을 도입하거나 국제협력사업(ODA)과 연계해 현지 교육기관에 간호·요양 전문과정 신설 시 한글 교육을 병행한 후 원할 경우 한국에서 바로 일할 수 있게 루트를 마련해주는 방안 등을 검토할 수 있다. 한국은 높은 최저임금과 연장이 가능한 고용허가제 등으로 동남아 인력 유치에 유리한 조건을 갖추고 있다.

셋째, 에이지테크 활용으로 돌봄 효율성을 높여야 한다. AI·IoT·스마트홈 기술을 활용해 고령자의 안전·건강·이동을 지원하면 재가 돌봄이 가능해지고 요양시설의 인력 부담도 줄일 수 있다. 일본은 이미 혈압·수면을 체크하는 모니터링 장비와 이동·식사·배설 등을 돕는 돌봄로봇을 통해 인력 부족을 보완하고 실버케어의 질도 높이고 있다. 한국도 에이지테크 도입을 서둘러야 한다.

아동 돌봄의 경우 인프라는 확충됐지만, 인력은 여전히 부족해 돌봄 인력 확충이 시급하다. 아이들 등·하원 등 피크시간대에는 아이 돌봄 단가를 차등화하여 인력 유입을 유도하고, 민간기관 등록제 시행으로 신원을 관리하고 서비스 질을 높여야 한다. 돌봄 바우처 제도 도입을 검토하여 부모의 선택권을 보장하고, 일부 지자체가 시행 중인 조부모 돌봄수당 제도를 전국으로 확대하여 가족 참여를 유도하는 것도 좋은 방안이다.

저출생·고령화로 인한 돌봄 인력 부족은 단순한 인력 문제가 아니라, 사회시스템 전반의 혁신을 요구한다. 종사자 처우 개선, 외국 인력 도입, 에이지테크 활용이라는 3대 전략을 통해 돌봄의 공급체계를 재구축하고, 예방 중심의 보험체계 정비로 돌봄의 비용 절감과 지속 가능성을 확보해야 한다. 이러한 정책적 전환이 위기를 기회로 바꾸는 계기가 될 수 있다.

《**이데일리**》(2025. 07. 04.)

06 그들은 어리석지 않다

휴대폰에 뜨는 실종 안내 문자를 가끔 유심히 쳐다본다. 열에 아홉은 나이가 많은 분이다. 혹시나 치매로 집을 찾지 못해 헤매고 있는 건 아닐지, 가족들은 또 얼마나 마음을 졸일지 싶은 생각에 쉽사리 눈을 떼기 어렵다.

「2023년 대한민국 치매 현황 보고서」에 따르면, 2022년 기준 65세 이상 노인 인구수는 900만여 명이며, 90만여 명이 치매를 앓는 것으로 나타났다. 노인인구 10명 중 1명꼴로 이 질환을 앓는 셈인데 치매 인구는 더욱 늘어날 것으로 전망된다. 고령화 속도가 가파르다 보니 2050년이면 315만 명으로 증가할 것으로 예측된다.

우리나라는 일찍부터 치매를 국가가 관리해온 편이다. 2008년 치매와의 전쟁을 선포했고, 2011년 치매관리법을 제정했다. 2017년부터는 치매국가책임제를 시행하는 등 지속해서 치매 대응을 위해 노력해왔다. 치매 조기 검진과 예방을 위해 전국에 256개에 이르는 치매안심센터를 설립했다. 치매 환자를 위한 장기요양시설과 치매 전문병동도 운영 중이다.

하지만 치매 환자 가족이 겪는 어려움은 여전하다. 치매의 특성상 24시간 돌봄이 이뤄져야 하기 때문이다. 가족 위주의 돌봄 시스템이 크게 개선되지 않고 있을 뿐 아니라 영유아 돌봄에 비해 자원도 부족하다.

이는 비단 치매 환자 가족만의 문제가 아니라 경제에도 악영향을 미친다. 한국보다 더 빠르게 고령사회에 진입한 일본의 경우 치매 환자가 보유한 자산, 즉 '치매머니'가 사회문제가 되고 있다. 이들이 금융기관에 예치해둔 돈이나 부동산이 사실상 동결되면서 돈이 돌지 않고 있다. 2018년 일본 제일생명경제연구소의 조사 결과에 따르면 2020년 기준 일본 치매 환자가 보유한 금융자산은 한화로 1,560조 원에 달했다. 2030년에는 일본 가계 전체 금융자산의 10% 수준인 2,300조 원에 이를 것으로 전망된다. 초고령사회로 진입을 코앞에 둔 한국도 곧 겪을 문제이다.

치매 대책은 의료·복지·인권 측면을 모두 아울러야 한다. 의료 측면에서는 치매에 대한 조기 진단과 조기 치료가 중요하다. 복지 측면에서는 환자와 환자 가족에 대한 신체·정서·경제적 부담을 낮추는 접근이 필요하다. 그러나 무엇보다 중요한 첫걸음은 '치매 환자의 인권'이다. 치매 환자의 인권을 높이기 위해 가정 먼저 할 수 있는 것이 '치매' 명칭을 바꾸는 것이다. 어리석을 치(癡)와 어리석을 매(呆)가 결합된 '치매'는 환자의 존엄성을 해친다. 해당 질병에 대한 거부감을 높여 조기 진단을 방해하는 문제도 나타난다. 이에 프랑스와 일본, 대만 등 주요 국가는 '신경퇴행성 질환' 등으로 이름을 바꾸는 추세다.

치매 환자는 판단력이나 의사결정에 어려움이 있다 보니 함부로 대하기 쉽다. 그래서 더욱 치매 환자의 인권과 존엄성에 근거해 정책을 마련해야 한다. 국가적인 인식 개선에 나설 필요도 있다. '치매' 이름을 바꾸는 것부터 치매에 대한 인식 개선을 시작할 수 있다.

《서울경제》(2024. 10. 29.)

07 치매머니 488조 시대, 지금 준비해야 한다

154조 원. 저출산고령사회위원회가 지난 5월 고령 치매 환자의 자산, 일명 '치매머니'를 처음으로 전수 조사한 결과다. 우리나라 전체 GDP의 6.4%에 이를 정도로 규모가 크다. 2050년이면 고령 치매 환자가 397만 명에 이르고, 치매머니는 GDP의 15.6% 수준인 488조 원으로 급증한다.

치매머니는 치매 환자의 자산이 꽉 막혀 가정의 경제위기를 키우고 투자와 소비가 위축되는 '돈맥경화'를 불러와 국가 경제에도 심각한 영향을 준다. 이번 조사로 치매 환자의 자산관리를 위한 체계적 대책 필요성이 부각되면서 국민적 관심과 후속 정책 요구가 높은 상황이다.

현재도 치매 환자의 자산관리를 위해 임의후견, 성년후견 등 후견제도와 유언대용신탁 등 다양한 금융상품이 존재하지만, 활용도와 전문성에서 한계가 분명하다. 치매 발병 이전에 후견인을 미리 지정하는 '임의후견'은 지난 10년간 229건에 그쳤고, 치매 발병 시 의료·생활비 지원 등을 설정할 수 있는 '유언대용신탁'도 5대 시중은행 잔액이 약 3.5조 원으로 전체 치매머니의 2%에 불과하다.

치매 발병 이후에는 법원이 선임하는 '성년후견인'을 통해 자산을 관리하도록 하고 있지만, 소요 기간이 길고 친족 후견인이 85%나 되어 전문성이 크게 부족한 상황이다. 일본이나 독일 등 공공후견인 비중이 높은 국가와 비교할 때 우리나라의 후견제도는 전문성과 공공성 측면에서 개선이 요구된다. 또 후견제도와 신탁제도 간 연계가 부족해 자산의 전문적 관리도 어려운 실정이다.

이에 저출산고령사회위원회는 관계부처·전문가와 협력하여 기존 정책을 치매 발병 전과 발병 후에 맞춰 체계적으로 개편하고 신규 과제를 발굴해 종합 관리 방안을 마련하고, 이를 「제5차 저출산·고령사회 기본계획」에 반영할 계획이다.

우선 치매 발병 전에는 고령자들이 자산관리의 필요를 인지하고 제도를 활용할 수 있도록 지원하고자 한다. 65세 전후 고령자를 대상으로 임의후견, 성년후견 등 제도와 신탁 등 금융상품을 안내하는 정례 교육 프로그램을 도입해 제도 이해와 치매 대비의 중요성을 알린다.

치매 발병 이전에 대비하는 민간신탁도 치매에 따른 의료·간병·생활을 원활히 지원하여 전문적인 생활지원·자산관리 서비스를 제공할 수 있도록 제도를 개선하고 활성화해야 한다. 이를 위해 주택담보대출이 설정된 부동산까지 신탁의 재산 범위를 확대하고, 의료·간병비 지급을 위해 부동산 유동화도 지원해야 한다. 의료, 세무 등 전문 서비스와의 연계를 위해 신탁 업무 위탁 범위를 확대하는 것도 필요하다. 또 후견제도와 신탁제도 간 법적 불확실성을 해소해서 제도 간 연계를 원활하게 도와야 한다.

치매 발병 후에는 자산관리의 전문성과 공공성을 높이는 데 초점을 맞춘다. 저소득층에 국한된 치매 공공후견제도를 일반 고령자로 확대하고, 민간 전문후견인의 참여를 활성화한다. 전문후견인 양성을 위한 교육 인프라를 구축하고 후견 개시 기준, 업무 범위, 수행방식 등에 대한 명확한 가이드라인을 마련하고자 한다. 더불어 후견인의 업무 수행에 대한 관리 감독을 강화하고 적정 수당을 지급해 참여를 유도하는 방안도 추진해야 한다. 성년후견제도와 민간신탁을 연계하여 법원이 후견인을 선임할 때 신탁기관과 협력해 치매 환자가 일상생활에 필요한 자산 외의 자산은 전문적으로 관리받을 수 있도록 돕는 제도도 마련하려고 한다.

이러한 제도의 기반이 되는 치매머니 통계는 중증도별·지역별·소득분위별로 정례적으로 산출하고 공표해 정책 개선에 적극 활용할 계획이다.

앞으로 20여 년간 베이비붐 세대가 후기 고령자로 진입한다. 치매 사회는 더 이상 피할 수 없는 우리의 미래다. 지금부터 민관이 협력해 제도의 틀을 갖추고 누구나 존엄한 노후를 보장받을 수 있는 토대를 구축해야 한다.

《헤럴드경제》(2025. 06. 02.)

08 에이지테크,
한국 경제의 새로운 성장 동력으로

한국은 지난해 말 세계에서 가장 빠른 속도로 초고령사회에 진입했다. 국민 5명 중 1명이 65세 이상인 시대가 도래한 것이다. 이러한 고령화는 단순히 사회적 부담으로만 여겨질 것이 아니라, 오히려 새로운 산업 성장의 기회로 전환할 수 있는 잠재력을 가지고 있다. 그 중심에 바로 '에이지테크(Age-Tech)' 산업이 있다.

에이지테크는 고령자의 삶의 질을 향상하기 위해 AI·IoT·웨어러블 같은 첨단기술을 활용한 제품과 서비스를 포괄하는 산업이다. 예컨대 낙상을 예방하는 IoT 침대, 움직임을 보조하는 웨어러블 로봇 등이 대표적인 사례다. 에이지테크는 고령자의 안전과 건강, 사회적 연결을 강화하며 동시에 돌봄 인력 부족과 같은 사회적 문제 해결에도 기여하고 있다.

덕분에 글로벌 시장에서도 에이지테크는 빠르게 성장하고 있다. 전 세계 에이지테크 산업 규모는 2019년 이후 연평균 23%씩 증가해

2025년 3.2조 달러에 이를 것으로 전망된다. 세계적인 빅테크 기업들도 이 분야에 적극 뛰어들고 있다. 애플은 애플워치에 낙상 감지 기능을 탑재해 고령자의 안전을 강화했으며, 소프트뱅크는 반려로봇 '페퍼'를 2만 대 이상 요양시설에 보급하며 돌봄의 새로운 패러다임을 제시했다. 아마존은 스마트기기와 연동해 고령자의 안정과 일상을 지원하는 '알렉사 투게더'를 출시하며 시장 선점에 나서고 있다. 에이지테크가 기술과 사회적 가치를 융합한 미래 산업으로 급부상하고 있는 것이다.

하지만 국내 에이지테크 산업은 아직 초기 단계다. 삼성, LG 등 일부 대기업들이 관련 제품을 출시하고 있지만, 산업 전반 생태계는 여전히 미비한 수준이다. 그간 실버경제를 복지사업의 보완재 정도로 인식하여 투자가 미흡했던 탓이다. 저출산고령사회위원회가 돌봄 로봇 등 5대 중점 분야에 국한해 에이지테크의 R&D 투자를 추산한 결과, 연평균 약 3,910억 원으로 2025년 기준 전체 R&D 투자액의 1.3%에 불과한 것으로 나타났다. 이는 디지털 헬스케어, 바이오, 로봇 등 에이지테크의 수요 증가에도 불구하고 엄격한 규제와 제도적·재정적 지원 부족 등으로 역량 있는 민간기업 육성과 산업 발전이 제약받고 있음을 보여준다.

그러나 한국은 에이지테크 강국으로 도약할 수 있는 강력한 기반을 이미 갖추고 있다. 세계 최고 수준의 반도체, 로봇, 배터리 등 제조업 경쟁력은 물론, 5G·AI·IoT라는 에이지테크의 핵심 기반 기술도 앞서 있다.

더불어 에이지테크는 단순한 산업을 넘어 돌봄 인력 부족, 건강수명 정체 등 고령사회가 직면한 다양한 사회적 문제를 해결할 수 있는 중요한 대안이기도 하다. 일본의 사례를 보면 요양시설에 돌봄로봇을 도입한 결과 운영비가 10~15% 절감되고 일하는 사람의 부담을 크게 낮추는 등 비용 효율성과 서비스 품질 향상에 효과가 있는 것으로 나타났다.

특히 에이지테크 기반의 실버경제 육성은 세 마리 토끼를 동시에 잡을 방안이기도 하다.

첫째, AI와 로봇 기술을 돌봄에 접목하면 만성적인 돌봄 인력 완화하고, 간병 비용 부담도 줄일 수 있다. 예를 들어 야간 돌봄 공백을 메우는 AI-IoT 융합 홈케어 시스템은 고령자의 자립적 생활을 지원한다.

둘째, 건강수명 연장에도 도움이 된다. 기대수명은 계속 증가하고 있지만 건강수명은 정체되면서 유병기간이 길어지고 있다. 디지털 헬스케어와 바이오 기술은 고령자의 건강을 유지하고 질병을 예방하는 데 도움을 주어 건강수명을 연장하는 데 기여할 수 있다.

셋째, 한국의 강력한 제조업과 IT 기반을 토대로 에이지테크를 '제2의 반도체 산업'으로 육성하여 실버경제를 한국 산업의 주축으로 이끌 수 있다. 이는 고부가가치 산업으로서의 경제 활성화와 일자리 창출을 이끌 잠재력을 지닌다.

한국은 이미 글로벌 트렌드를 선도하는 기술 보유국이자 소비시장으로 내가 지난해 유럽을 방문했을 때 다수 국가에서 한국과의 기술 실증 협력을 적극 요청하기도 했다. 이는 기술 개발부터 실증, 국제 표준화까지 이어지는 종합적 산업 생태계 구축의 기회가 될 수 있다.

이에 발맞춰 정부는 지난 3월 「에이지테크 기반 실버경제 육성 전략」을 발표했다. 이 전략은 AI 돌봄로봇, 웨어러블·디지털 헬스케어 기기, 노인성 질환 치료·치료제, 항노화·재생의료, 스마트 홈케어 등 5대 중점 분야에 집중하여 R&D, 실증, 초기 수요 확보, 수출까지 전 주기를 지원하는 체계다. 하지만 이는 시작에 불과하며 보다 담대하고 구체적인 전략과 강력한 추진이 필요하다.

첫째, R&D 투자를 확대하고 문제 해결형 기술 개발에 주력해야 한다. 현재 추정된 연평균 3,900억 원 수준인 R&D 투자 규모를 최소 조 단위 이상으로 확대해야 한다. 연구의 방향은 단순 기술 개발이 아닌 야간 돌봄 공백 문제 해소와 같은 '문제해결형 기술 개발'에 초점을 맞춰야 한다. 정부는 이를 위해 AI-IoT 융합 홈케어 플랫폼 모델 등 에이지테크 핵심 기술을 체계적으로 개발하고, 투자 규모도 대폭 확대하는 '에이지테크 R&D 로드맵'을 수립할 예정이다. 또 보행보조기, 내시경, 보청기 등 기존 고령 친화 제품과 서비스에 AI, 로보틱스, 바이오 등 기술을 융합하여 첨단 에이지테크 제품으로 고도화하는 3,000억 원 규모의 '에이지테크 플래그십 프로젝트'도 기획에 착수했다.

둘째, 과감한 제도개혁이 필요하다. 재생의료 임상 규제 완화, 디지털 의료기기 인허가 간소화, 개인정보 활용 기준 명확화 등으로 기술 구현을 가로막는 제약을 해소하는 규제를 과감하게 개선해야 한다. 이는 민간기업의 혁신 역량을 강화하고 시장 진입의 장벽을 낮추는 데 필수적이다.

셋째, 초기 시장 창출에도 정부가 힘을 보태야 한다. 에이지테크 제품에 대한 보험급여 수준을 대폭 상향하고, 적용 가능한 제품군을 확대해야 한다. 요양병원과 시설, 실버 주택 등에서 에이지테크 도입 시 설치비 지원이나 보험수가 인센티브 부여 등 안정적 기반을 조성할 필요가 있다.

마지막으로, 실증과 시장 개척을 위해 글로벌 협력을 강화해야 한다. 덴마크 등 헬스케어 선진국과 공동 연구·실증·인증까지 할 수 있다면 글로벌 신뢰를 높이면서 해외 시장 진출의 교두보를 마련할 수 있다. 이러한 전략을 통해 스타트업 기업의 창업을 촉진하고 글로벌 시장을 무대로 성장할 수 있도록 연구개발부터 실증, 상용화와 글로벌 진출까지 전 주기를 지원하는 에이지테크 생태계를 구축해야 한다.

이미 정부·공공기관·민간기업과 연구기관이 참여하는 '에이지테크 민관 얼라이언스'가 출범했고, 관련 법제도 정비와 통계 기반의 데이터 구축이 본격화되고 있다. 이는 에이지테크 산업의 지속 가능한 성장을 위한 초석으로, 이제 남은 과제는 실행이다. 에이지테크는 초고령화 사회의 해법인 동시에 대한민국의 미래를 이끌 동력이다. 한국이 글로벌 에이지테크 강국으로 도약하기 위해 민관의 협력, 과감한 투자 등을 통해 산업 생태계를 구축하고, 과감하게 실행하자.

《머니투데이》(2025.06.20.)

09 고령자의 노동시장 지속 참여를 위한 과제와 방향

2013년 60세 정년이 법제화된 이후, 고령자 고용에 대한 논의는 끊임없이 이어져 왔다. 최근에는 각계에서 정년 연장을 비롯한 고령자 고용 문제를 제기하며 사회적 관심이 더욱 커지고 있다.

행정안전부는 공무직 근로자의 정년을 65세까지 단계적으로 연장하고 있으며, 정치권에서는 정년을 63세에서 65세까지 단계적으로 연장하는 법안 발의를 준비하고 있다. 대한노인회는 정년을 65세에서 75세까지 연장할 것을 제안했다. 현대자동차는 생산직 근로자의 정년 이후 2년간 계속고용을 도입했다. 이러한 움직임은 고령자 고용 활성화가 단순한 선택이 아니라 필수적인 과제임을 보여준다.

특히 2024년 국가데이터처 자료에 따르면, 고령층(55~79세)의 69.4%가 노후소득 부족, 일하는 즐거움 등 다양한 이유로 평균 73.3세까지 계속 일하기를 희망하고 있다. 베이비붐 세대는 이전 세대와 달리 높은 교육수준, 풍부한 직업 경험, 소득, 건강, 정보화 능력을 갖추고 있어 일자리 지속 의지가 강하다. 하지만 현실은 녹록지 않다. 많은 중·고령자들이 52세 전후로 주된 일자리에서 준비 없이 조기 퇴직한 후, 저임금·비정규직(2022년 55~64세 임금근로자의 34.4%)으로 이동하는 불안정한 고용환경에 놓여 있다. 강한 연공서열형 임금체계와 배치 전환의 경직성은 정년 연장과 계속고용 확산의 주요 장애물로 작용한다.

해외 사례는 우리에게 시사점을 준다. 일본은 2020년부터 기업에 70세까지 고령자 취업 확보 조치를 의무화했으며, 싱가포르는 2030년까지 정년을 65세, 재고용 기회를 70세로 연장하는 정책을 추진 중이다. 이처럼 고령자 고용 활성화를 위한 제도적 기반 마련은 글로벌 트렌드다.

우리나라에서도 고령자들이 원하는 만큼 계속 일하며 생산적인 경제활동에 참여할 수 있도록, 제도적·문화적 환경을 조성하는 것이 시급하다. 고령자들이 능동적 주체로서 사회에 기여할 수 있다면, 개인의 삶이 풍요로워지는 것은 물론, 국가와 사회의 성장에도 크게 기여하게 될 것이다.

특히 한국은 OECD 국가 중 우리나라의 노인 빈곤율은 가장 높은 수준에 속하며, 특히 연령이 높거나 여성일수록 빈곤이 심화되는 양상이 두드러진다. 이는 기초연금이나 국민연금과 같은 공적 이전 소득이 빈곤을 완화하는 데 기여하는 효과가 줄어든 때문이다. 이에 따른 대안 마련이 필요한 상황이다. 고령자가 양질의 일자리에서 적정한 소득을 보장받으며 계속 일할 수 있는 환경을 조성하는 일은 노인 빈곤 완화의 직접적 대안이기도 하다.

이에 따라 저출산고령사회위원회는 관계부처·지자체·기업과 협력하여 고령층이 노동시장에서 핵심 인력으로 활약할 수 있는 환경을 조성하는 데 정책적 역량을 집중하고 있다. 고령자 고용 작업반을 운영하여 중·고령층 노동시장 여건을 고려한 정책 방향과 주요 과제를 발굴하는 한편, 경제단체협의체를 통해 기업들의 참여를 촉구하고, 다양한 현장의 목소리를 정책에 반영하려는 노력을 지속하고 있다.

최근에는 계속고용 도입 방안을 논의하며, 고령자 고용이 필요한 산업, 직종, 기업 규모, 고령 인력 현황, 정년 연장과 청년 고용 간의 관계 등을 구체적으로 검토하고 있다.

이처럼 고령자들이 계속 일할 수 있는 환경을 조성하는 것은 초고령사회에 대비하는 필수 전략이지만, 고령자 당사자의 의지와 고용환경과 사회적·제도적 지원이 맞물려야만 가능한 일이다. 정부는 기업의 부담은 낮추고, 고령자 본인의 의지와 역량을 높이는 환경을 만들면서, 고령자 고용 활성화에 대한 사회적 공감대를 더 키워나가야 한다.

'노인 일자리·소득보장 포럼' 축사

10 요즘 65세, 노인입니까?

법은 65세 이상을 노인으로 규정한다. 하지만 65세 당사자들은 자신을 '노인'이라고 부르는 것에 쉽게 동의하기 어렵다. 「2023년 노인 실태 조사 보고서」에 따르면 노인이 자신을 노인이라고 생각하는 연령은 71.6세였다.

1981년에 제정된 노인복지법이 노인을 '65세 이상의 자'로 규정한 지 40여 년이 지났다. 그동안 기대수명은 1981년 66.7세에서 2024년 84.3세로 17.7세가 늘어났다. 같은 65세라도 1981년에는 기대여명이 불과 2년이었지만, 지금은 약 20년이니, 많은 이가 여전히 일하며 왕성하게 활동하고 있다.

2023년 기준 한국의 65세 이상 고령층 고용률은 37.3%로 경제협력개발기구(OECD) 평균인 13.6%의 3배에 달한다. 만 55~79세 고령층 절반 이상이 평균 73.4세까지 일하기를 희망한다. 이들은 생계비 마련뿐 아니라 '일하는 즐거움'도 계속 일하고 싶은 이유 중 하나로 꼽았다. 법률과 제도는 65세를 노인의 출발점으로 규정하지만, 사회 현실과 개인의 인식은 이렇게 달라졌다.

전문가들은 사회적·생물학적 변화에 따라 노인 연령의 현실화가 필요하다고 지적한다. 이중근 부영그룹 회장이 2024년 19대 대한노인회장으로 취임하면서 노인 연령을 단계적으로 75세로 상향하자고 건의했다. 지난 5월에는 대한노인회와 한국노년학회 등 학계와 시민단체, 전문가들이 노인 연령 상향을 공식 제안하기도 했다.

노인 연령 조정은 고령층도 원하는 경우 계속 일하거나 활동할 수 있는 환경을 조성하기 위한 조치이면서 노인 인구의 증가로 인한 사회보장지출의 급증과 이로 인한 재정 악화를 막는 대안이기도 하다. 당장 내년부터 건강보험이 적자로 돌아서는 등 사회보장 재정이 악화되는 지금, 더 이상 논의를 회피할 수 없는 상황이다.

그러나 무리한 조정은 오히려 갈등만 부추길 우려가 크다. 지하철 무임승차, 기초연금 등 65세부터 제공되는 복지 혜택과 맞물린 문제로 갈등이 증폭될 우려가 크기 때문에 공론화를 거쳐 매우 섬세하게 진행되어야 한다. 이를 염두에 두고 노인 연령 기준 조정에 대한 사회적 논의를 크게 4가지 방향에 따라 추진해야 한다.

첫째, 고령층의 삶의 질을 떨어뜨리지 않으면서도, 지속 가능성과 사회적 부담 간의 균형점을 찾아야 한다. 고령층의 사회적 기여와 역량을 높이는 방식으로 접근한다면 복지지출을 줄이면서 생산가능인구를 넓히는 효과를 얻을 수 있다.

둘째, 제도별로 유연하게 접근해야 한다. 의료·돌봄은 건강 상태가 기준이 되게 하고, 경로우대제도는 소득 등을 기준으로 하는 등 노인 기준을 다층적이고 유연하게 적용한다면 재정 건전성을 높이면서 사회적 정당성도 확보할 수 있다.

셋째, 고령층을 둘러싼 제도 간 정합성을 고려해야 한다. 고용정책과 사회보장제도가 맞물려 움직여야 소득과 일할 기회의 공백이 발생하지 않을 수 있다.

넷째, 점진적 변화를 통해 사회적 수용성을 확보해야 한다. 노인 연령 상향은 고용과 복지, 경제 등 사회 전반의 변화를 요구하는 문제로 청년·중장년·노인 세대가 모두 납득할 수 있도록 충분한 예고와 단계적 조정이 필요하다.

인구구조 변화는 더 이상 피할 수 없는 현실이며, 노인 연령 조정은 우리 사회의 지속 가능성을 위해 반드시 다뤄야 할 과제이다. 늦었다고 해서 아무것도 못 하는 것이 아니라 아무것도 하지 않을 때 오히려 늦는 것이 아닐까? 고령자의 삶을 존중하면서도 사회의 지속 가능성을 지켜내기 위해 필요한 것은 '나중에'가 아니라, '지금 행동' 하는 것이다.

《한국경제》(2025. 09. 24.)

4부

초인구절벽,
유입하고 통합하다

이민정책 재설계,
'유입에서 통합까지'

01 이민제도의 현황과 문제점

인구 감소 시대의 도래와 노동력의 위기

우리나라는 급격한 저출생과 고령화로 인한 인구 감소로 노동 시장과 경제 전반이 위협받고 있다. 인구주택총조사 결과에 따르면 2024년 총인구는 5,181만 명으로 전년 대비 3만 명 증가했다. 저출생에도 불구하고, 총인구수가 늘어난 것은 외국인 유입 증가 때문이다. 전년 대비 내국인은 8만 명 감소한 반면 같은 기간 국내 상주 외국인은 11만 명 늘어났다. 그러나 외국인이 견인한 인구 증가는 미미한 수준이다. 생산가능인구는 3,626만 명으로 2018년 이후 8년째 감소하고 있으며, 2040년에는 2,903만 명까지 줄어들 것이라는 전망도 나온다.

이로 인한 노동력 부족 문제가 산업계 전반으로 확산되고 있다. 2025년 5월 외국인 취업자는 111만 명으로 사상 최고치를 기록했으며, 2024년 중소기업중앙회 조사에 따르면 92.2%의 기업이 내국인 구인난으로 외국인 근로자를 고용한다고 답했다. 제조업에서 시작된 인력 부족은 돌봄 서비스, 농축수산업은 물론 AI·바이오·반도체 같은 첨단산업까지 확산되고 있다. 이미 인력 공백으로 어려움이

▶인구 대비 외국 전문인력 비중(2016~2020)

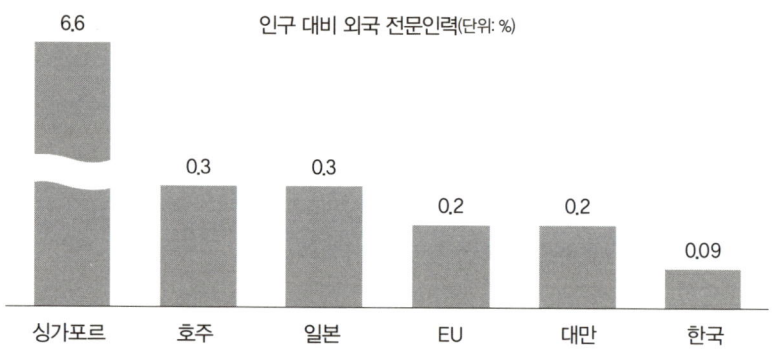

인구 대비 외국 전문인력(단위: %)

싱가포르 6,6
호주 0,3
일본 0,3
EU 0,2
대만 0,2
한국 0,09

* 서울대, 「해외 전문인력 입국/체류 실태 분석」(2023)

▶AI 인재 국가별 유·출입

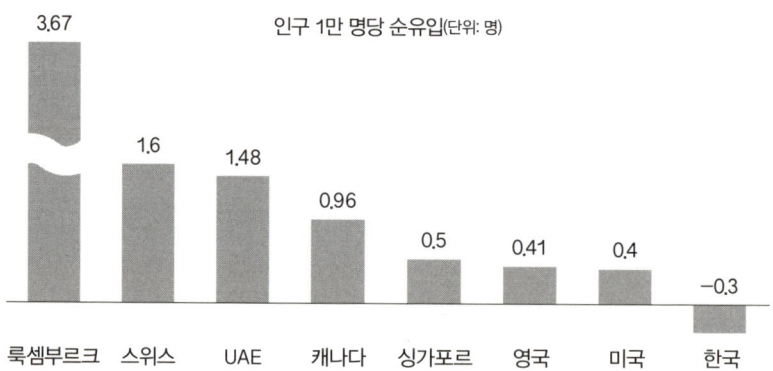

인구 1만 명당 순유입(단위: 명)

룩셈부르크 3,67
스위스 1,6
UAE 1,48
캐나다 0,96
싱가포르 0,5
영국 0,41
미국 0,4
한국 −0,3

* Stanford Univ, AI Index Report(2024)

시작된 돌봄 분야는 2030년이 되면 약 10만 명의 간호·요양 인력이 부족할 것으로 추정된다.

고급인재의 확보는 더욱 어렵다. 고용노동부가 2023년 조사한 결과를 보면 AI·클라우드·빅데이터·나노의 4대 신기술 분야의 경우, 2027년까지 AI 분야는 약 1.3만 명, 클라우드는 1.9만 명, 빅데이터는 2만 명, 나노 분야는 8,000명가량 부족할 것으로 추정된다. 반도체산업도 예외가 아니다. 반도체산업협회에 따르면 2030년까지 필요한 인력은 약 30만 명이나 현재 양성 속도로는 7만 7,000명이 부족할 것으로 추산된다. 하지만 아직 국내로의 전문 외국 인력 유입은 타 국가에 비해 미미한 실정이고, AI 분야는 오히려 인력 유출을 걱정하고 있는 상황이다.

국내 외국 인력 활용제도의 현황 및 문제점

1) 현황

한국의 이민정책은 인구구조의 변화나 외국 이주민의 장기 정착을 고려한 '인구전략' 차원이 아니라 산업현장의 노동력 부족을 메우기 위한 단기적 인력 수급정책으로 출발했다. 인력이 부족한 산업군을 중심으로 인력 보충 차원에서 진행됐던 '외국 인력 활용제도'가 점차 정주와 사회통합을 아우르는 '이민정책'으로 확장되고 있는 것이다.

시작은 1980년대 한국 경제의 급속한 성장에서 비롯됐다. 1980년대 후반 국내 건설 경기의 호황과 제조업 확장으로 인해 산업 전반에 걸쳐 인력 수요가 급증했다. 그러나 근로환경이 열악하고 육체적 노동 강도가 높은 이른바 3D 업종에 대한 내국인의 기피 현상이 심화되면서, 특정 업종 중심으로 만성적인 인력난이 구조화됐다.

이에 따라 주택사업협회 등 주요 사용자단체들이 정부에 저숙련 외국인 인력의 합법적 도입을 건의하였다. 중소·영세기업의 생존과 국가 산업 경쟁력 유지를 위해 정부는 1991년 산업연수생제도를 도입한다. 이 제도는 외국인 인력을 근로자가 아닌 '기술전수와 직무연수'라는 명분의 연수생 신분으로 유입시켰고, 해당 연수생들은 근로기준법의 적용을 받지 않았다.

이렇게 유입된 외국 인력은 임금·복지·인권에서 구조적 사각지대에 놓이게 되면서 인권침해가 빈번하게 발생하고, 이로 인한 사업장 이탈, 불법체류자 양산 등의 문제가 지속됐다. 유입 과정에서의 송출 비리 문제도 컸다.

이러한 문제를 해소하고 더욱 체계적인 외국 인력 관리를 위해 정부는 2004년 외국 인력을 근로자로 규정하고 이들의 고용 절차를 국가가 직접 주도하고 관리하는 '외국인 고용허가제'를 도입한다. 기업이 외국인 근로자를 채용하려면 정부로부터 고용허가를 받고, 외국인 근로자 유입은 국가 간 협정과 협력으로 이뤄지는 방식으로 전면 개편되었다.

2008년부터는 기존의 단순 저숙련 인력 유입에서 한발 더 나아가 고급인력 유치를 위해 유입부터 정주까지를 고려하는 다층적 이민정책을 추진하기 시작한다. 해외 우수인재 유입을 위해 창업비자(D-8), 구직비자(D-10), 투자이민제도 등을 도입하면서 기술력과 자본, 전문성을 갖춘 외국 인력의 국내 유입을 유도했다. 우수인재 유치를 위한 다양한 제도적 보완은 이후 계속됐다. 신청부터 심사, 발급전 과정을 온라인으로 간소화하는 '우수인재 온라인 비자 발급', 외국인의 학력·전공·소득수준·한국어 능력·국내 체류 경력을 종합 평가하여 체류와 정주를 지원하는 '우수인재 점수제' 도입 등이 대표적이다.

최근에는 사회 전반에 노동력 부족이 심해지고 세계적으로 이민 전쟁이라 일컬어질 만큼 우수인재 유치 경쟁이 심화되면서, 외국 인력 확보를 넘어 그들의 정주와 사회통합까지 포괄한 이민정책으로 더욱 확장되고 있다. 바이오나 반도체, AI, 우주항공 등 국가 전략산업을 중심으로 한 맞춤형 인재 유입과 국내 이공계 대학 및 연구기관에서 석·박사를 취득한 외국인은 일정 요건을 충족하면 영주권이나 국적을 빠르게 취득할 수 있도록 하는 패스트트랙 등이 제도화됐다. 동시에 사회통합정책들도 병행되고 있다.

2) 문제점

하지만 한국은 외국 우수인재 유치를 위한 제도적 기반이 아직 충분하다고 보기 어렵다. 제도의 시작부터 일부 산업군의 부족 인력을 메우기 위한 방식으로 접근해 장기적인 관점이나 사회 전체의 통합을 고려하지 못하고, 그때그때 필요에 따라 보완하는 '땜질식 정책'이 계속된 탓이다.

이로 인해 제도의 유연성이 부족하고, 사회적 포용력도 상대적으로 낮은 데다 유입부터 정주, 사회통합에 이르는 전 과정을 유기적으로 지원하는 총체적 정책 접근도 크게 미흡하다. 이는 외국 인력의 확보에 있어서도 부정적으로 작용하는데, 크게 5가지의 문제점을 짚어 볼 수 있다.

첫째, 외국 인력이 적고 그나마도 단순 저숙련 인력에 치중되어 있다. 현재 한국은 장기 체류하는 외국인이 적고, 이 중 취업이 가능한 체류 자격 보유자의 비중은 더 낮다. 《출입국·외국인정책 통계월보》 2025년 1월호에 따르면 2025년 1월 기준 90일 초과 장기 체류 외국인은 전체 인구의 4% 수준인 204만 명가량이다. 2023년 기준 OECD 회원국 평균이 10.6%임을 감안할 때 한국의 외국인 비율 자체가 높지 않다. 취업 자격(E-1~10) 외국인은 그중 28%로 약 57만 명에 불과하다. 총인구 대비 약 1% 수준이다.

이들 대부분은 고용허가제에 의해 입국한 비전문취업(E-9) 체류 자격자로 전체 취업 자격 외국인의 83%를 차지한다. 이는 현재 외국 인력 제도가 주로 제조업, 건설업 등 3D 업종 중심의 단순 기능인력 충원에 집중되어 있다는 방증이다. 결과적으로 현재의 이민정책으로는 산업구조의 다양성이나 고부가가치 인력 수요에 효과적으로 대응하기 어렵다는 점을 시사한다.

둘째, 고숙련 인재 유치가 어려운 구조다. 저숙련 인력 비율이 높

▶ 취업 자격 체류 외국인 업무 유형별 현황 (2025년 1월 31일 현재) (단위: 명)

구분	총계	전문인력[1]	단순기능인력[2]	기타
취업 자격 체류 외국인	566,461	90,193 (15.9%)	472,520 (83.4%)	3,748 (0.7%)

1) 전문인력: 단기취업(C-4)·교수(E-1)·회화지도(E-2)·연구(E-3)·기술지도(E-4)·전문직업(E-5)·예술흥행(E-6)· 특정활동(E-7)
2) 단순 기능인력: 계절근로(E-8)·비전문취업(E-9)·선원취업(E-10)·방문취업(H-2)

다는 말은 고숙련 인재가 적다는 말이다. 중·고숙련 인력의 취업비자인 전문인력(E-7) 비자 소지자는 2025년 1월 기준 전체 57만 명의 취업 자격 외국인의 11%인 6만 4,659명에 불과할 정도로 중·고숙련 인력이 적다. 문제는 E-7 비자가 87개 직종에 한해서 발급되는데 매우 세부적으로 구분되어 있어 실제 산업현장의 융복합성 직무와 맞지 않는 경우가 많다는 점이다. 예를 들어 AI나 바이오 전문인력이라고 하더라도 코드상 직종이 일치하지 않으면 비자 발급이 거부된다. 또 직종별로 학력, 경력, 자격증, 소득 등의 엄격한 요건이 명시되어 있어 비자 발급이 까다로운 데다 기업이 외국인 취업이 필요한 사유를 직접 입증해야 하는 절차적 부담도 크다.

셋째, 우수한 인재가 유입되더라도 정착으로 이어지는 비율이 낮은 것도 문제다. 이는 비자 간 전환 및 단계 이동의 경로가 매우 제한적이기 때문이다.

정부는 외국 인력의 숙련도 성취에 따른 단계적 이동 경로를 마련하기 위해 비전문취업(E-9) 비자에서 전문인력(E-7)으로 전환할 수 있는 '숙련기능인력 점수제'를 운영하고 있다. 그러나 직종 제한에다 한국어능력시험 2급 이상 등 요건이 까다로워 제도 활용이 낮다. 2024년 기준으로 연간 쿼터 3만 5,000명 중 실제 전환자는 38%인 1만 3,391명에 불과하다.

또 우리가 놓치고 있는 인재 파트 중 하나가 약 26만 명에 이르는 외국인 유학생이다. 외국인 유학생은 상대적으로 한국어 능력이 뛰어나고 한국 문화에 적응해 있어 업무 적응력, 즉시 투입 가능성, 지속성 등이 우수한 잠재적 고숙련 외국 인력이다. 하지만 2022년 기

▶ 연도별 전환(E-9 등 → E-7-4) 현황　　　　　　　　　(단위: 명)

분	2017년	2018년	2019년	2020년	2021년	2022년	2023년	2024년	합계
총 전환자	293	471	706	983	1,218	1,781	12,035	13,391	30,878

준 유학생 졸업자의 국내 취업률은 겨우 8.2%로 한국에서의 체류 및 정착 가능성이 매우 낮다는 것을 보여준다. 가장 큰 이유는 전공과 산업 수요 간 미스매치 문제로, 유학생의 약 70%가 인문사회계를 전공해서 취업으로 연결되지 못하는 구조적 한계가 크다. 전문인력 (E-7) 비자는 직종과 연관성 있는 분야의 학위를 소지하고 있어야 하는데 전공-직무 일치 요건이 충족되지 않아 국내 취업으로 이어지지 못하는 것이다.

넷째, 비자 체계가 지나치게 복잡하고 관리 조직 간 연계가 미흡하다. 일반 외국인 대상 비자는 단기 체류, 장기 체류, 특별 체류로 나뉘며, 목적에 따라 D비자군(유학·연수), E비자군(취업), F비자군(거주), H비자군(재외동포)으로 나뉘고, 그 아래에 여러 하위 종류로 나뉜다. '취업' 목적만 분류해도 전문직 취업과 비전문직 분야에 약 20여 개의 세부 비자가 존재한다. 그에 따라 자격 요건, 심사 기준이 제각각이어서 외국인 입장에서 전문가의 도움 없이 각자의 상황에 맞는 비자를 고르는 것조차 어려울 정도다. 특히 E-7 비자는 87개의 직종에 대한 업무 범위 적합성 여부, 외국인 고용 필요성 등을 엄격하게 심사하고 있어 비자 발급이 자주 지연된다는 평가도 있다.

비자 체계의 복잡성은 유입에서 정주까지 이민 경로를 복잡하게 만드는 원인이 된다. 예를 들어 유학생(D-2)이 졸업 후 구직(D-10)을 거쳐 취업(E-7)한 후 장기 거주(F-2)에서 영주(F-5)로 나아가는 단계를 시뮬레이션해보면, 경로 설계가 복잡하고 단계별로 별도의 기준과 절차를 운영해 비자 간 전환도 쉽지 않다.

이처럼 복잡하고 이동이 어려운 비자 체계는 비자별로 관리 부처가 분산되어 운영되는 것이 원인 중 하나다. 예를 들어 유학생(D-2)는 교육부, 취업비자 중에서도 전문인력(E-7)은 법무부, 비전문취업(E-9)은 고용노동부, 선원취업(E-10)은 해양수산부 등이 각각 운영하고 있는 구조이다. 비자별로 규모를 결정하고 도입과 관리도 부처별로 분산되어 있어 통합적 관리가 필요하다는 지적이 나온다.

마지막으로, 연간 40만 명에 달하는 불법체류도 기존 이민정책의 문제를 여실히 드러내는 요소 중 하나다. '불법체류자'로 통칭되는 체류 자격 위반자는 '미등록 체류 상태'이거나 '체류 기간 경과 상태'의 외국인을 의미한다. 체류 자격 위반자의 증가는 이민정책의 문제를 드러내는 지표 중 하나다. 인력 수요에 비해 제도적 수용이 불충분해서 발생한 불법 유입의 문제, 유입된 외국인 근로자의 노동권 등 인권이 제대로 보장받지 못하면서 일어나는 사업장 이탈 문제, 단기

▶ 연도별 합법·불법 체류 현황　　　　　　　　　　　　　　(단위: 명)

구분		2017년	2018년	2019년	2020년	2021년	2022년	2023년	2024년
총 체류자		2,180,498	2,367,607	2,524,656	2,036,075	1,956,781	2,245,912	2,507,584	2,650,783
합법 체류		1,929,457	2,012,481	2,134,375	1,643,879	1,568,081	1,834,642	2,083,912	2,253,261
불법 체류		251,041	355,126	390,281	392,196	388,700	411,270	423,675	397,522
	비율	11.5%	15.0%	15.5%	19.3%	19.9%	18.3%	16.9%	15.0%

수요로 들어온 외국 인력이 장기 체류를 희망하나 정책이 이를 뒷받침하지 못하는 문제 등을 모두 드러낸다.

외국인의 수도권 쏠림 현상도 심각하다. 2025년 1월 기준으로 국내에 90일 이상 상주하는 장기 체류 외국인 중 등록 외국인 약 149만 명 중 55.3%가 수도권에 거주한다. 수도권에 쏠림이 발생하면 이민정책의 애초 목적 중 하나인 지역 간·업종 간 인력 불균형 해소에 도움이 되지 않게 된다. 지방 소재 중소기업으로선 외국 인력이 유입되어도 구인난이 계속될 수 있다는 얘기다.

해외 사례

전 세계적으로 저출생·고령화가 고속화되면서 많은 국가가 이민정책을 단기 노동력 확보 수단이 아닌 국가의 인구구조 변화에 대응하고 산업 경쟁력을 증진하기 위한 핵심 전략으로 삼고 있다. 캐나다는 3년 단위로 발표하는 「이민 수준 계획(Immigration Levels Plan)」에서 "이민을 경제성장과 인구구조의 안정, 혁신을 위한 전략적 자원"으로 규정했다. 호주도 2023년 발표한 「이주 전략(Migration Strategy)」에서 "이민 시스템을 장기 경제 번영과 사회통합을 위한 전략 체계로 전면 개편한다"라고 밝혔다.

이들 국가는 유입·정주·사회통합이라는 전 주기적 관점에서 정책을 통합적으로 설계하고 있으며 유연한 제도 운영과 제도 간 연계성, 사회적 포용성을 지속적으로 강화해나가고 있다. 주요국의 이민정책을 유입·정주·사회통합의 관점에서 살펴보면 다음과 같다.

첫째, '유입' 단계에서는 점수제 등 유연한 외국 인력 유입제도를 운영해 적극적으로 유치한다. 이 과정에서 지역별 필요를 반영하거나 특정 직업군을 우선하여 국가 경제에 기여하거나 인구 불균형을 해소한다. 캐나다는 학력, 경력, 연령, 언어능력 등을 평가해 고득점순으로 이민을 허용하는 'Express Entry' 제도를 통해 우수한 기술인력을 유입하고 있다. 호주도 캐나다와 유사한 기술 이민 점수제를 운영하면서 고용주가 외국 인력을 우선 채용한 후 3년 후 일정 요건을 충족하면 영주권을 부여하는 방식으로 산업 수요에 맞는 외국 인력 공급을 확대하고 있다. 특히 지역의 노동력 부족을 채우기 위해 주정부가 직접 이민자를 추천하는 지역 추천 프로그램도 운영하고 있다. 독일은 고학력·고소득 전문인력을 대상으로 하는 취업비자인 EU 블루카드 제도를 적극 활용하여 IT·의료 같은 특정 직업군을 타깃팅하여 고숙련 인재를 확보하고 있다. 한국과 유사하게 이민에 다소 소극적이던 일본도 고급 인재 유치를 위한 특별비자제도를 도입하여 2013년 13만 명 수준이었던 해외 전문인력 규모를 2023년에 60만 명으로 확대하였다.

둘째, '정주' 단계에서 주요국들은 임시 체류 → 영주권 → 시민권으로 이어지는 비자 사다리 체계를 마련하여 인력 유입의 안정성을 높이고 있다. 캐나다는 유학생이 졸업 후 자국에서 취업하는 경우 영주권자 전환을 우대하고, 호주는 기술 이민 상위 점수자에게 비자 승인 즉시 영주권을 부여하고 있다. 일본도 '고도인재'는 1년 체류만으로도 영주권 신청 자격을 부여하는 파격적인 인센티브를 제공하고 있다.

셋째, '사회통합'을 위한 다각적인 정책 노력이다. 이민 선진국들은 다문화 교육, 차별 금지 제도, 시민권 취득 기회를 통해 이민자들이 사회의 핵심 구성원으로 자리 잡도록 돕고 있다. 독일과 캐나다는 장기적인 인재관리 차원에서 통합교육, 직업훈련, 언어교육 등 사회통합 프로그램을 체계적으로 제공하고 있다. 일본도 '조화로운 공존 사회'를 지향하며 지차체와 민간단체 중심으로 운영되어오고 있는 사회통합 교육을 중앙정부 차원에서도 강화해나가고 있다.

02 새로운 이민정책 추진 방향

기존 정책에 대한 현황과 도출된 문제점을 개선하기 위해 앞서 살펴본 해외 사례와 우리의 인구·산업구조 전반을 참고하여 한국의 이민정책도 전면 업그레이드해야 한다.

먼저 필요한 것은 한국의 인구구조 및 산업구조 지형에서 필요한 외국인 인력의 유형과 역량을 명확히 규정하는 일이다. 첨단기술과 돌봄 분야 등 분야별, 중간숙련 인력 등 숙련 정도별, 필요한 기능 조건까지 세분화된 인력 수요체계를 구축하고 이들이 한국을 매력적인 선택지로 느끼게 하는 유입정책과 각종 인센티브로 우수 외국 인력 유입에 적극 나서야 한다.

외국 인력이 유입되면 그들이 단기 체류에 그치지 않고 한국에서 장기 정착할 수 있도록 정주 여건을 획기적으로 개선하는 노력도 필요하다. 주거, 교육, 의료, 금융 등 일상생활 전반에서 접근성과 안정성을 보장하고 고용 안정성을 담보하면서 경력의 개발 경로도 제도적으로 뒷받침해야 한다.

장기 정착이 영주로 이어지기 위해서는 그들을 우리 사회의 구성원으로 함께 살아갈 수 있도록 돕는 사회통합 프로그램을 강화하여 상호 이해와 공존의 기반을 마련해야 한다.

이렇듯 유입-정주-통합에 이르기까지 체계적이고 촘촘히 마련된 정책체계가 지속적이고 안정적으로 추진되기 위해서는 국민의 인식 전환과 함께 정책 추진을 총괄하는 이민정책 거버넌스 체계도 정비되어야 한다. 외국 인력의 유입이 단기 산업 수요에 대한 대응을 넘어 우리 사회의 미래 인재 확보와 지속 가능한 인구구조 재설계의 핵심축으로 자리매김하자면, 이를 일관되고 통합적으로 운영할 전담부처가 중심이 되어 '종합적 이민정책'으로 나아가야 한다.

유입: 전략적 인재 유치

인구전략 차원의 종합적 이민정책으로 나아가자면, 단순히 노동력 부족을 채우는 차원에서 벗어나 국가가 정밀한 수요 분석과 예측에 기반하여 인력 유입의 방향과 규모를 설정한 후 대상 맞춤형 유치 전략을 수립해야 한다.

그러자면 반도체, AI, 바이오 등 첨단산업 분야의 우수인재, 기술 숙련도가 높은 전문직군, 지역경제를 지탱할 기능인력 등 다양한 인재군에 대한 수요를 설정하는 것이 출발점이 되어야 한다. 이들을 성공적으로 유입하자면 비자 체계를 유연하게 바꾸고, 경쟁력 있는 인센티브를 제공하며, 가족동반이나 교육·의료 등 정주에 유리한 제도적 지원을 종합적으로 설계하여 한국을 살고 싶은 나라로 만드는 것이 중요하다.

1) 첨단 분야 고급인재 유치를 위한 파격적 지원

2025년 4월부터 시행된 톱티어(Top-tier) 비자는 반도체, 바이오, 2차전지, 디스플레이 등 첨단산업 분야에서 프로젝트를 기획하고 기술 개발을 주도할 수석 엔지니어급 고급인재와 그 가족에게 '최우수 인재 거주(F-2)' 자격을 부여하는 제도다. 정주 3년이 지나면 영주권을 취득할 수 있다.

발급 대상은 세계 순위 100위 이내 대학의 석·박사 학위 취득자 중 500대 기업에 3년 이상 근무를 포함한 8년 이상 경력자 중 연간 1억 4,000만 원(1인당 GNI의 3배) 이상의 보수를 받고 국내 첨단기업에 근무 예정인 사람으로 문턱이 매우 높은 편이다. 특히 이들 우수 인재들의 선호가 영어권 등 미국이나 유럽 선진국이라는 점을 감안할 때 비영어권 국가이면서 정주 여건 측면에서 불리한 우리의 경우 유입 단계에서의 제약을 최대한 풀어줄 필요가 있다.

이에 따라 영주권 패스트트랙 부여 기간을 단축하고 대상도 더 유연하게 운영할 필요가 있다. 영주권을 신청할 수 있는 필수 거주 기간을 기존 3년에서 1~2년으로 단축하고, 지나치게 제한된 산업 분야도 우리의 차세대 먹거리인 AI, 방산, 문화 콘텐츠, 스마트 제조, 클라우드 등으로 대폭 확대할 필요가 있다. 또 발급 대상 기준을 완화하거나 유연하게 바꿔 실무형 기술인재나 스타트업형 인재가 배제되지 않도록 해야 한다.

현재 개인 대상으로 추진하는 우수인재 영입 방식을 확장하여 해외 대학·연구소 등의 전문기관을 국내에 유치하는 전략도 검토해볼 만하다. R&D 지원, 세제 감면, 보조금 등 파격적인 혜택으로 해외 유수의 연구소나 그 분원을 국내에 유치하고, 해외 유입 연구자에게는 장기 체류 및 가족동반 비자 지원, 맞춤형 정주 서비스 등을 제공한다면 인재 유치를 넘어 더 큰 시너지를 발휘할 수 있다. 아울러 국내 기업이 필요한 글로벌 인재를 직접 초청할 수 있는 맞춤형 비자 트랙을 만드는 것도 생각해볼 수 있다. 예컨대 매출이나 기술력이 검증된 기업이 필요로 하는 인재를 자체적으로 선발하고 보증한다면 정부가 임금, 학력, 경력 등 요건을 완화하여 신속하게 비자를 발급하고 가족동반 입국 허용 범위도 확대해주는 방식이다.

2) 숙련 외국 인력 도입 체계 개편

한국 산업현장은 이미 고령화와 저출생의 이중 압력 속에서 숙련 인력 부족이 심각한 문제로 대두되고 있다. 특히 숙련된 베이비붐 세대의 대규모 은퇴가 본격화되면서 향후 10년간 약 1,000만 명에 육박하는 은퇴자가 쏟아질 것으로 예상된다. 전체 인구의 18.6% 규모다. 한국은행은 2024년 발표한 보고서를 통해 2차 베이비붐 세대의 은퇴로 인해 우리나라 경제성장률이 최대 0.38%p까지 하락할 수 있다고 내다봤다. 이들의 은퇴로 제조업, 건설업, 농어업 등 기반 산업 전반에서 경험과 노하우를 갖춘 숙련인력 공백이 더욱 심화될 것으로 예상된다. 이러한 구조적 인력난을 해결하자면 중·장기적 관점에서 중·고숙련 외국 인력의 전략적 유치와 체계적인 역량 개발 시스템이 필요하다.

앞서 설명한 대로 외국 인력의 취업자격은 E-7(전문취업), E-9(비전문취업), H-2(방문취업) 등으로 세분화되어 있으며 비자별 관리 부처가 달라서, 이력 관리와 경력 이동이 어렵고 현장에서 숙련인력을 적시에 확보하는 데도 걸림돌이 되고 있다. 따라서 외국인 체류 및 취업 자격을 고급인력-전문인력-기능인력의 3단계로 재편하고, 이를 통합적으로 관리할 수 있는 단일 정책 플랫폼을 마련해야 한다. 예를 들어 '기능인력'으로 입국한 외국인이 국내 체류 중에 일정 수준의 경력과 숙련을 쌓으면 '전문인력' 트랙으로 승급하여 더 높은 임금과 안정적 체류권을 부여받는 방식이다. 현재 고용허가제에 따른 비전문취업(E-9) 인력에 명확한 승급 경로를 제시함으로써 외국 인력에게는 동기를 부여하고 산업계에는 지속 가능한 인재 확보를 가능하게 할 수 있다.

또한 정부 주도의 고용허가제를 민간 중심 체제로 점진적으로 전환해야 한다. 지금까지 한국은 국가 간 MOU 등을 통해 송출국 정부와 협의하여 외국 인력을 선발하고 배정하는 고용허가제를 중심으로 외국 인력 유입을 관리해왔지만, 다변화하는 산업현장의 수요에 유연하게 대응하기에는 한계가 있었다.

앞으로는 정부가 인증한 민간 인력 중개기관과 기업이 인력 선발과 매칭에 참여할 수 있도록 문호를 대폭 확대해야 한다. 예를 들어 우수한 평판의 국내외 인력 중개 업체를 정부 인증제로 지정하고, 이들이 공정하게 외국 인력을 모집·매칭하도록 허용하는 방식이다. 이를 통해 해외 인력 도입의 속도를 높이고 산업계 수요에 기민하게 대응할 수 있다.

한국에서 업무 역량을 쌓은 인력이 타국으로 유출되는 것을 방지하기 위해 업무 숙련도가 높은 인력은 장기 체류 자격을 더 많이 부여할 필요도 있다. 현재 비전문취업(E-9) 인력은 국내 체류 기간이 4년 10개월로 제한되어 있어 이어서 재취업하자면 출국한 후 1개월이 지나 재입국을 해야 한다. 업무 숙련도가 우수한 인력이나 농어업 등의 특수한 상황에서는 출국-재입국 과정 없이 10년 내 지속 체류가 가능할 수 있도록 제도를 개선할 필요가 있다.

3) 우수 유학생의 국내 취업 유도 및 상호호혜적 인력 교류

한국의 교육시스템을 이수하면서 일정 수준 이상의 한국어 능력과 한국 문화에 대한 이해와 적응력을 갖춘 외국인 유학생은 잠재적 우수 인적자원이다. 이들을 국내 취업으로 연계해 산업 수요에 부합하는 정착형 인재로 전환하는 전략이 필요하다.

현재 외국인 유학생은 졸업 후 6개월간 구직활동을 할 수 있는 구직비자(D-10)가 부여되고 있는데, 이는 충분히 취업을 준비하거나 기업 매칭을 하기에 지나치게 짧다. 이 체류 기간을 여타 이민정책 선진국들과 유사하게 최대 1~2년 수준으로 대폭 확대해 더욱 안정적인 구직환경을 조성할 필요가 있다. 더불어 외국인 유학생 유치 단계부터 산업현장의 수요에 맞춘 교육과정과 인턴십 프로그램을 연계하여 졸업과 동시에 국내 기업이 필요로 하는 기술과 역량을 갖춘 인재로 양성할 수 있도록 하는 '글로벌 인재 취업 선도 대학' 모델도 검토할 수 있는 방안 중 하나다.

아울러 예비 인력 확보 차원에서 개발도상국에 대한 공적개발원조사업(ODA)과 연계하여 현지 입국 전 사전교육 프로그램(Pre-departure)을 운영하는 방안도 고려해볼 만하다. 개도국 현지에 간호학교나 기술학교를 설립하고 직무교육과 함께 한국어나 한국 문화 교육도 선택적으로 실시하여 해당 국가의 인력 양성을 돕는 동시에 원하면 한국에서도 일할 수 있게 기회를 제공하는 것으로, 독일 등 선진국들은 이미 추진하는 방식이다.

예를 들어 베트남 하노이에 '한-베간호인력양성원'을 세워 연간 수백 명의 간호 인력을 양성하고, 졸업 시 원하는 경우 한국의 병원이나 요양시설 취업을 알선한다. 시설 설립과 교육비는 한국의 ODA 자금으로 지원하여 훈련생에게 무상으로 교육하고 한국어를 선택과목으로 이수할 수 있도록 한다. 간호 및 요양보호 자격을 취득한 후에는 한국 취업비자(E-7-2, 준전문인력)를 발급해주고, 한국에 온 이후에도 정착 지원과 경력 발전 기회를 제공하는 것이다.

이럴 경우 한국은 해당 업무에 대한 전문적 지식은 물론 한국어 및 문화에 대한 소양까지 갖춘 검증된 간호·돌봄 인력을 안정적으로 확보하게 되어 급증하는 돌봄 수요에 대응할 수 있다. 베트남 등 파트너 국가 입장에서도 자국 청년에게 양질의 교육을 무료로 제공하면서 해외 취업의 경로까지 마련해주기 때문에 취업 기획 확대와 송출인력의 기술 향상 기회를 얻을 수 있게 된다. 이러한 ODA 기반 인력 양성 모델은 간호·돌봄 분야 외에도 제조업 기능인력, 건설 기술인력 등으로 확대 적용할 수 있다.

체류·정주: 장기 체류 기반 강화

이제 한국은 외국 인력의 활용을 넘어 장기적 정주와 사회 구성원으로의 통합까지 고려한 종합적 이민정책으로 패러다임을 완전히 전환해야 한다. 이를 위해서는 한국으로 들어온 인재가 지속적으로 머물 수 있도록 '개인 중심 단기 체류'에서 '가족 단위 정착'이 가능한 정주환경을 구축하는 것이 핵심이다.

현재 한국에 장기 체류하는 외국인 중 가장 많은 수를 차지하는 비전문취업(E-9) 인력 등 기능인력은 근로자 단독 체류만 허용하고 있어 다수의 외국 인력들이 오랜 기간 국내 체류하면서도 가족을 데려올 수 없는 상황이다. 이는 외국 인력의 국내 정착을 가로막는 장벽 중 하나로, 일정 요건을 충족하면 배우자와 미성년 자녀의 동반 체류를 허용하는 방향으로 제도를 개선할 필요가 있다.

또한 인구 감소가 심각한 지방의 인력 확보를 위해 외국 인력의 지역 정착을 유도해나가야 한다. 지방 산업단지나 농촌 등 인구 유입이 필요한 지역에서 일정 기간 이상 근무한 외국 인력은 영주권 신청 요건을 완화해주고 이주 정착금을 지원하는 것은 물론, 세금 감면이나 공공임대 등의 다양한 정주 인센티브를 제공하는 방안을 고려해 볼 수 있다. 인구소멸 지역에 대한 정착 유도는 지역 내 필요한 인력 유치뿐 아니라 지역 활력 회복의 중요한 전략이 될 수 있다.

아울러 외국인들이 언어 장벽과 복잡한 행정절차에 지치지 않도록 비자 신청부터 연장, 영주권 취득까지 디지털 기반의 행정서비스를 제공할 필요가 있다. AI 기반의 다국어 지원을 확대하고, 언제 어디서든 비자 상태 조회나 체류 기간 알림, 필요 서류 제출 등이 가능하도록 모바일 기반의 행정플랫폼을 강화해야 한다. 이를 통해 농어촌 등 행정서비스 접근성이 낮은 지역에서도 실시간 상담과 민원 대응이 가능하도록 해야 한다.

그러나 무엇보다 중요한 것은 외국인의 인권을 존중하는 사회를 만드는 일이다. 그들이 신뢰와 안정감을 가지고 생활할 수 있도록 인권을 보장하고 포용적인 지역사회를 구성해야 한다. 이를 위해서는 외국인 다수 거주 지역에 외국인 대상 고충 상담, 통역 지원 등의 서비스를 강화하고 각종 문화행사, 네트워킹 등을 통해 지역사회 거주 환경을 마련해줄 필요가 있다. 또 사업장 안전, 임금 체불, 강제노동 등 노동권 침해 사안에 대한 감독을 강화하고, 산업재해 예방을 위한 안전교육과 사업장 지도 점검도 확대해야 한다. 이는 외국 인력 유입과 정주 유도뿐 아니라 국가와 기업 이미지에도 긍정적 영향을 미친다.

사회통합: 체계적 적응과 국민의 인식 개선

2024년 12월 기준 국내 체류 외국인은 단기 체류자 약 60만 명을 포함해 총 265만 명으로 역대 최대치를 기록했다. 우리나라 총인구 기준으로 볼 때 100명 중 5명이 외국인이다. 일반적으로 체류 외국인 비중이 총인구의 5%를 넘으면 '다문화·다인종 국가'로 분류한다.

한국은 이제 명실상부하게 '다문화·다인종 국가'로 진입했으며,

이는 새로운 사회통합전략이 필요하다는 것을 의미한다. 이제 한국도 다문화 국가로서 외국 인력의 근로조건, 산업 안전을 내국인 수준으로 보장하는 '인력의 관점'을 넘어, 함께 살아가는 사람들을 포용하는 다양성에 기반한 정체성을 만들어나가야 할 때다.

그러자면 일정한 자격과 요건을 갖춰 정주 조건에 도달한 외국인 근로자는 본인뿐 아니라 가족 또한 우리나라의 교육·복지 등의 제도와 노동시장에 참여하여 사회의 일원으로 자리 잡을 수 있도록 돕는 정책적 대응과 이민자를 이웃으로 받아들이는 사회적 인식 전환 노력이 병행되어야 한다.

장기적으로는 "한국인이란 누구인가(Who is a Korean)?"라는 질문을 다시 성찰하면서 한국인을 새롭게 정의하는 근본적 논의도 시작해야 한다. 단일민족 중심의 정체성을 넘어 다양한 배경을 가진 사람들이 함께 어우러져 살아가는 새로운 한국 사회의 정체성을 정립해야 할 때다.

1) 사회 구성원으로서 기본 교육 강화 및 일자리 지원

외국인이 우리 사회의 안정적 구성원으로 자리 잡기 위해 가장 필요한 것은 한국어 교육과 생활 적응 지원 강화다. 현재 법무부 주도로 운영되는 사회통합 프로그램(KIIP)은 일정 성과를 거두고 있지만 모든 외국인을 대상으로 획일화된 커리큘럼을 적용하고 있어 대상의 다양성을 포괄하기 어렵다. 다양한 체류 목적과 유형, 산업현장의 특성을 반영할 수 있도록 맞춤형 체계로 개편해야 한다.

이를 위해 정부는 외국인이 한국에 입국하기 전 현지에서부터 정착에 필요한 정보를 제공하고, 한국 사회에 대한 기본적인 이해를 도울 수 있는 사전 사회통합 교육설명회를 확대 개최해야 한다. 입국 후에는 산업 안전·성범죄 예방 등 필수 교육을 이수하도록 하는 초기 적응 지원체계를 의무화할 필요가 있다.

특히 숙련기능(E-7-4) 인력과 같은 산업 비자 신청자들이 빠르게 한국어 요건을 충족할 수 있도록 강사가 직접 찾아가는 현장형 교육 프로그램을 운영하는 등 수요자가 이용하기 쉬운 형태의 프로그램을 만들어야 한다. 또한 다문화가족센터나 대학 내 한국어 교육기관, 지자체별 평생학습시설 등을 이민자에 특화된 '한국어 교육 허브'로 지정하고 맞춤형 한국어 교육 프로그램도 제공할 필요가 있다. 이러한 한국어 교육 프로그램은 일상생활에 필요한 일상어 외에도, 첨단산업, 제조업, 돌봄 등 산업별로 근무현장에서 필요한 업무용어를 습득할 수 있도록 맞춤형 프로그램으로 구성되어야 한다.

또 외국 인력의 가족에 대한 사회경제적 정착 지원도 중요하다. 우선 언어 장벽과 문화 차이로 인해 학교와 사회생활에 어려움을 겪는 이주 배경 청소년에 대한 종합적 지원체계가 절실하다. 단순한 언어교육을 넘어 기초학력 보충, 진로 탐색, 정서적 지원 등을 포괄한 다층적 교육과 복지시스템을 구축해 이들이 대한민국의 미래 인재로 성장할 수 있는 기반을 마련해야 한다. 배우자에게도 합법적 고용 기회를 확대·제공함으로써 이주 가정의 경제적 안정을 도모하는 등 가족 단위 이주의 질을 높이는 방향으로 정책이 전환되어야 한다.

2) 국민 수용성 확대

이민정책은 외국 인력의 유입을 넘어 함께 살아가는 이웃을 확장하는 문제로, 국민의 수용성과 공감대가 수반되어야 가능한 일이다. 그러나 체류 외국인의 증가세에도 불구하고, 외국인에 대한 국민 수용성은 제자리걸음이다. 2025년 6월 여성가족부가 발표한 「2024년 국민 다문화 수용성 조사」 결과를 보면, 성인은 100점 기준에 53.85점으로 10년 만에 하락세에서 반등했지만, 2015년 53.95점보다 낮고 청소년은 2021년에 비해 1.62점 낮아진 69.77점으로 나타났다. 국민 수용성을 높이기 위한 정책과 사회적 인식 전환의 노력이 시급하다.

이를 위해서는 저출생과 고령화에 따른 인구구조의 변화와 지방의 인구소멸 위기에 대응하기 위한 이민정책의 전략적 필요성을 알리고 설득하는 작업이 필요하다. 정부는 이민정책의 목적과 사회통합전략, 관리체계의 투명성을 국민에게 지속적으로 공유하면서 공감을 확대하고, 수용성을 높여나가야 한다.

한동안 계속됐던 이민청 반대 시위에서 알 수 있듯 아직 많은 국민이 외국인 유입에 따른 일자리 경쟁 심화, 치안 불안, 복지 부담 등에 대한 우려가 크다. 이러한 불안은 많은 경우 정보와 경험의 부족에서 비롯된다. 실제로 외국인과 상호작용이 많을수록 다문화 수용성도 높은 것으로 나타났다.

이에 따라 정부는 시민사회와 협력하여 이민자에 대한 편견을 해소하고 상호 존중하는 문화를 확산하는 노력을 강력하게 추진해야 한다. 정규 교육과정 내에 다문화·인권 감수성을 포함시키고 언론,

지역사회, 기업 등 사회 각계각층과 협력하여 다문화 콘텐츠, 성공 사례, 문화 교류 활동 등을 대중적으로 알리는 생활 속 인식 개선 캠페인도 적극 추진해야 한다. 또 이민자가 많이 거주하는 지역을 중심으로 지역사회 구성원들이 이민자의 안정적인 정착과 사회통합을 함께 도모할 수 있도록 공동체 기반의 통합 협력체계 모델을 발굴하고, 이를 적극 지원해야 한다.

국민 불안이 높은 불법체류 문제에 대해서는 명확하고 단호하게 대응하여 외국인 전반에 대한 부정적 시선으로 확장되는 것을 방지해야 한다. 정부 기관 간 협업을 확대하고 적발 시스템을 고도화하여 단속 역량을 강화하고, 불법체류가 불법취업과 연계된 사례가 많은 만큼 고용주에 대한 강력한 제재도 이루어져야 한다. 더불어 범법 이력, 사회 적응력, 고용 기여도 등을 고려하여 조건에 맞는 경우 합법으로 전환하는 제도를 병행하여 사회통합성과 인권 보호 가능성을 높이는 균형 잡힌 노력도 경주할 필요가 있다.

특히 이 과정에서 외국인 혐오를 조장하는 허위정보나 왜곡된 통계, 자극적 표현에 대해서는 강력하게 대응해 사회 분열을 막아야 한다. 포털, SNS 등 민간 플랫폼 사업자와 협력하여 자발적인 모니터링 체계를 구축하고, 사회 각계의 리더들을 대상으로 이민정책의 필요성과 효과성을 지속적으로 안내하면서 사회 전반의 이해를 높여나갈 필요가 있다.

이민정책 거버넌스 개편: 통합적 이민정책 체계 구축

이민정책의 실효성을 높이자면 정책 전반을 관장하는 거버넌스 체계를 개편해야 한다. 우리나라의 이민정책은 외국인 비자 발급은 법무부, 고용허가제는 고용노동부, 다문화 가족은 여성가족부 등 부처별로 분절적으로 운영되면서 정책 간 연계성과 일관성이 부족하다는 지적이 계속 나왔다.

이러한 문제의식을 반영해 정부는 2024년 국무총리를 위원장으로 하는 '외국인·다문화정책위원회'를 신설하여 법무부의 외국인정책위원회, 고용노동부의 외국인력정책위원회, 여성가족부의 다문화가족정책위원회 등으로 나뉜 정책 심의 기능을 통합했다. 하지만 이

▶**외국인 정책 심의기구 개편** (2024년 6월)

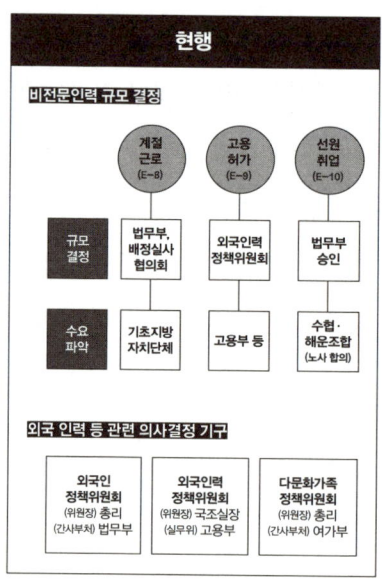
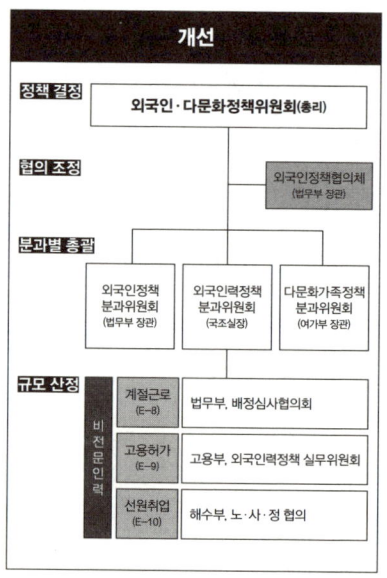

위원회 역시 외국 인력의 수급과 운영에 주된 초점을 맞춰 이민정책 전반을 아우르는 통합 거버넌스에는 미치지 못하고 있다.

미국이나 캐나다, 호주 등 주요 이민 선진국들은 외국인 유입-정주-사회통합의 전 과정을 총괄하는 중앙 컨트롤타워를 두고 있다. 미국은 국토안보부를 중심으로 이민정책을 통합 관리하고, 캐나다는 연방 이민·난민·시민권부가 주정부와 협력해 맞춤형 이민 프로그램을 집행한다. 중앙과 지방이 역할을 분담하여 사회통합 프로그램을 추진하는 방식의 거버넌스다.

다문화·다인종 국가에 진입한 한국 역시 인력 관리를 넘어 국가전략의 일환으로 접근하여 유입부터 정주, 사회통합까지 이민의 전 과정을 포괄적으로 다루는 범정부 차원의 전담기구를 설치해야 할 때다. 각 부처의 이민 관련 기능을 법무부 중심으로 재편하거나, 아예 독립된 조직으로 일원화하여 원스톱 관리함으로써 정책의 체계성과 실행력을 높여야 한다. 또 정주와 사회통합 영역에서는 행정안전부와 지자체가 긴밀히 협력해 각 지역의 특성과 여건에 맞는 프로그램을 설계하고 실행하도록 해야 정책의 지속성과 책임성을 담보할 수 있을 것이다.

다만 이민정책을 법무부 등이 전담하여 추진하도록 하는 등 조직이 개편되더라도, 이민정책은 저출생과 고령화 대책처럼 인구정책의 큰 틀 안에서 종합적으로 다뤄져야 한다. 따라서 저출산고령사회위원회를 가칭 인구전략대응위원회 등으로 확대·개편하면서, 인구 문제 전반과 연계하여 이민정책을 종합적으로 기획·조정할 수 있는 기능을 부여해야 한다.

03 포용적 이민 국가를 향하여

한국은 2024년 4월 체류 외국인 비중이 5%를 돌파하면서 소위 다문화·다인종 국가가 됐다. 초저출생과 초고령화는 초인구절벽으로 이어져 인구구조의 변화가 심화되고 지역은 인구소멸로 몸살을 앓고 있다. 이러한 사회 변화 속에서, 이민정책은 이제 단순한 노동력의 보완을 넘어 대한민국의 지속 가능성과 미래 경쟁력을 좌우할 핵심 전략이다.

산업계에 필요한 인력을 단기로 채우는 방식을 넘어 외국인 유입에서 정주, 통합에 이르는 전 과정을 전략적으로 접근하고 통합적으로 구축하는 이민정책의 대전환이 필요하다. 이민은 국가의 성장 잠재력과 산업 경쟁력을 높이는 동력이자, 지역사회의 활력을 되살리고 다양성과 포용성을 확산시키는 사회 혁신의 촉매가 될 수 있다.

외국인을 '일시적 인력'이 아닌 '함께 살아갈 이웃'으로 바라보고, 국민과 이민자가 함께 공존하고 성장할 수 있는 제도적 기반과 문화적 환경을 조성하는 것은 더 이상 미룰 수 없는 과제다. 모든 세대가 공존하고, 다양한 배경을 가진 사람들이 함께 미래를 만들어가는 역동적인 사회로 나아가기 위해 국가 차원의 치밀하면서도 중장기적인 관점을 가진 이민정책을 서둘러 설계해야 한다. 포용적 이민국가로의 전환은 지속 가능한 대한민국을 위한 필수조건이다.

2장

고령화의 해법은 사람: 글로벌 인재 전략

01 고숙련 외국인 인센티브 빈약한 한국, 젠슨 황·리사 수 나올 수 없다

세계에서 유례없는 속도로 초저출생·초고령화가 진행되면서 인구절벽에 처한 한국에서 '이민 확대'는 피할 수 없는 과제요, 생존전략이다. 이민은 이미 많은 나라에서 인구 문제 해소를 위한 시대적 과업이 된 지 오래다. 영국은 이민자가 매년 사상 최대를 경신하고 있고 독일은 인도와 이민협정을 체결했다. 이제야 본격적인 의제화가 시작된 한국은 뒤처진 만큼 이민정책의 과감한 확대와 전환이 시급하다.

이민정책의 골자는 크게 3가지다. 우수 외국 인력이 한국에 오도록 하는 '유입정책', 유입된 외국 인력의 한국 정주를 돕는 '사회통합정책', 마지막은 이를 총괄 추진할 '통합 거버넌스 구축'이다. 그리고 이 정책들의 동력은 '전환'과 '혁신'에 있다.

유입정책부터 대담하게 바꿀 필요가 있다. 저숙련의 노동자를 단기간 고용 후 돌려보내는 것이 아니라 중숙련 이상의 인력을 유치해 한국에 정착하게 하는 방식으로 전환해야 한다. AI, 로봇, 우주항공 등 첨단 분야 인재를 유치하기 위한 톱티어(Top-tier) 비자 신설과 비자 심사 기간 단축, 동반 입국 허용 범위 확대 등을 조속히 시행해 고급인력 유치를 촉진하고 초고령사회 진입으로 수요가 큰 간병·돌봄 인력의 공격적 유치도 필요하다. 이를 위해 저숙련 단기 중심의 고용허가제를, 우수인재 유치에 유리하게 민간 매칭을 확대하고 한국 정착을 전제로 개편하는 방안도 고민해야 한다.

유입된 외국 인력의 한국 정착이 수월하도록 사회통합정책도 전환하고 혁신해야 한다. 핵심은 노동시장 통합에 있다. 고숙련 인력은 물론 입국 후 산업현장에서 오래 경력이 쌓인 이들도 한국에 정착해 국적까지 취득할 수 있도록 행정안전부와 지역사회가 종합적으로 서비스를 제공해야 한다. 특히 고숙련 인력이 원할 경우 영주권에서 국적까지 바로 취득하는 패스트패스를 적용하고, 배우자·자녀 외 부모나 가사도우미까지 폭넓게 동반 입국을 허용하는 파격적 방안도 필요하다. 이를 단계적으로 확대한다면 뒤늦게 참여한 이민전쟁에서 승기를 잡을 수 있다.

한국에 대한 적응을 높이는 사전교육 프로그램(Pre-departure)도 좋은 대안이다. 개도국 현지에 간호·기술학교 등을 세워 한국어와 한국 문화를 함께 교육하고 원하는 이들에게는 한국에서 일할 기회를 제공하다면, 해당 국가의 인재 양성에도 도움이 되면서 한국 또한 우수 인력을 유치할 수 있고, 그들도 빠르게 한국에 정착할 수 있어 모두에게 도움이 될 수 있다.

유입과 통합정책이 맞물려 시너지를 내려면 이민을 총괄하는 통합 거버넌스 구축이 필수다. 고숙련 노동자는 법무부, 저숙련은 고용노동부 등 여러 부처가 산발적으로 추진하는 현 시스템으로는 이민 사회의 큰 그림을 그리기 어렵다. 국회에서 논의 중인 인구부가 저출생·고령화 등 인구대책 총괄에 더해 이민정책의 기획·조정 기능을 맡아 이민자의 고용부터 실업·복지, 정착 지원까지 아우르는 체계적인 제도를 설계해야 한다.

한국은 단일민족 정체성이 강해 이민에 대한 우려가 크다. 하지만 고정관념과 달리 이민자들은 사회에 새바람을 불어오는 혁신의 촉매제 역할을 해왔다. AI 반도체 분야를 선도하는 엔비디아의 젠슨 황, 반도체 기업 AMD의 리사 수, 기업을 넘어 미국 전체의 혁신을 불러올 일론 머스크 등 쟁쟁한 이들이 이민으로 새 기회를 얻어 세계적 성공을 거두었다.

한국은 이미 외국인 비율이 5%에 육박하는 다문화 사회의 문턱에 와 있다. 한국인이 누군지에 대해 국적 여부나 기존의 정체성을 넘어 열린 마음으로 새롭게 정의하고 이를 토대로 적극적인 이민정책을 편다면 어떨까? 새로 쓰인 통합의 준거 틀 속에서, 한국에서도 제2의 젠슨 황·리사 수가 탄생할 수 있을 것이다.

《**조선일보**》(2025. 01. 20.)

02 글로벌 인재 확보, 인구전략의 새로운 축

대한민국이 직면한 인구구조 변화는 국가적 차원의 심각한 도전이다. 급속히 진행되는 저출생과 고령화, 그리고 그에 따른 노동력 부족 문제는 더 이상 특정 부문만의 고민이 아니다. 경제, 사회, 교육, 안보 등 국가 시스템 전반을 흔들 수 있는 잠재적 위협으로 다가오고 있다. 동시에 전 세계적으로 우수인재 확보 경쟁이 심화되면서, 우리 역시 글로벌 인재 공급 시스템을 시급히 구축해야 한다는 점에 공감대가 형성되고 있다. 정부 역시 이러한 문제의식을 공유하며 외국 인력 정책과 관련해 전문가 및 관계부처와 다양한 준비를 진행하고 있다.

외국 인력 정책의 방향은 크게 두 가지로 요약된다.

첫째는 '정책 대상'의 변화다. 현재는 주로 저숙련 인력에 의존하고 있지만, 앞으로는 고숙련 전문인력과 중숙련 인력, 그리고 향후 10년 내 38만~71만 명 이상 부족이 예상되는 간병·돌봄 인력을 집중적으로 유치할 계획이다.

둘째는 '활용 방식'의 전환이다. 지금까지는 최대 10년 정도 활용 후 본국으로 돌려보내는 구조였다면, 앞으로는 우수인재를 중심으로 정주를 유도하는 방식으로 바꿔나갈 예정이다. 단순한 노동력 차원이 아니라, 장기적으로 우리 사회의 구성원으로 받아들이는 방향으로 나아가려는 것이다.

이를 뒷받침하기 위해 정부는 세 가지 정책적 축을 마련하고 있다.

우선, 해외 인재가 더 쉽게 한국에 들어올 수 있도록 비자, 영주권 등 제도적 제한을 대폭 완화할 계획이다. 우수인재의 경우 비자 심사 기간을 대폭 단축하고, 동반 입국 범위도 배우자와 자녀에 한정하지 않고 부모, 가사도우미까지 확대한다. 또한 일정 기간 거주하면 영주권과 국적 신청을 허용하고, 배우자의 자유로운 취업도 보장할 예정이다. 지금의 고용허가제는 저숙련 인력 중심으로 제한적으로 운영돼 다양한 분야의 인력 수요를 충족하기 어렵다는 지적이 많은데, 이를 정책 대상 전환 방향에 맞게 보다 유연하고 포괄적으로 개편해 필요한 인력이 적재적소에 공급될 수 있도록 하겠다는 구상이다.

예비 인력 확보 차원에서도 새로운 접근이 검토되고 있다. 개발도상국에 대한 ODA 사업과 연계해 현지에서 입국 전 교육 프로그램을 운영하는 방식이다. 현지 간호학교나 기술학교를 설립해 직무 교육과 함께 한국어·한국 문화 교육을 제공함으로써, 해당 국가의 인력 양성을 돕는 동시에 이들이 원할 경우 한국에서도 일할 수 기회를 마련하는 방안이다. 독일 등 선진국들이 이미 활용 중인 정책을 벤치마킹하는 것이다.

두 번째로는 외국 인력의 국내 정주 여건을 획기적으로 개선하는 것이다. 교육·주거 분야에서는 국제학교 확대와 공공임대주택 지원 등 실질적인 대책을 검토하고 있으며, 소득세 감면과 같은 세제 혜택도 추가로 논의되고 있다. 또한 외국인들이 불편을 느끼는 각종 행정 절차도 개선할 계획이다. 예컨대 두바이는 일정 소득 이상의 외국인에게 일주일 내로 비자를 발급해주고, 신분증과 운전면허증, 통신·금융서비스 제공을 신속하게 처리하는 것으로 유명하다. 한국도 이 같은 사례를 참고해 외국 인력이 현장에서 체감할 수 있는 편의성을 지속적으로 높여갈 예정이다.

세 번째로는 사회통합정책이다. 이미 한국 내 공식 외국인 비중은 4.9%로, 국제기구에서 다인종·다민족 국가의 기준으로 삼는 5%에 근접하고 있다. 이제는 단순히 근로조건과 산업 안전을 내국인과 동등하게 보장하는 수준을 넘어, 함께 살아가는 사람들을 포용하는 사회적 정체성을 만들어나가야 한다. 지난달 독일연방 내무부를 방문했을 때, 독일은 오랜 기간 난민과 이주민을 받아들이며 "독일인이란 누구인가"라는 질문을 깊이 고민해왔다는 이야기를 들을 수 있었다. 한국 역시 이제는 국적의 법적 개념을 넘어 경제와 문화, 일상적 삶의 영역을 공유하는 새로운 '한국인' 정체성에 대해 사회적 논의를 시작하고 공감대를 형성해야 한다.

글로벌 인재 확보는 단순한 노동력 수급 차원의 과제가 아니라, 대한민국의 지속 가능성을 좌우하는 핵심 전략이다. 인재 유입과 정주, 사회통합까지 아우르는 종합적 접근이 뒷받침되어야만 변화하는 인구구조 속에서 미래 경쟁력을 지켜낼 수 있다. 정부가 준비하는 정책적 토대가 성공적으로 안착하기 위해서는 긴 호흡 속에서 흔들림 없는 추진력, 그리고 국민적 공감대가 필요하다.

SBS D포럼 강평(2024.11.12.)

5부

인구정책, 틀을 새롭게 하자

앞으로 5년,
인구 위기 대응의 전략적 창

01 '인구 위기',
대한민국의 최대 위협

압축성장에서 압축소멸의 위기로

'압축성장'으로 빠르게 선진국 반열에 오른 대한민국은 '압축소멸'이라고 부를 만큼 빠른 인구구조 변화로 위기 앞에 놓여 있다. 유엔개발계획(UNDP)은 우리나라의 경제발전 과정에서 인적자원이 핵심적인 역할을 했음을 강조한 바 있다. 1950년대 한국전쟁의 폐허를 딛고, 자원 빈국이라는 열악한 조건 속에서도 전 세계에서 유일하게 개발도상국에서 선진국으로 진입한 토대가 바로 인적자원이었던 것이다. 그러나 이제 '한강의 기적'부터 'K-컬처'의 높은 글로벌 위상을 가능케 한 인적자원이 절대적으로 부족해지는 인구 위기가 도래하였다.

위기의 출발은 출산율 하락부터다. 2024년도 합계출산율이 0.75명으로 9년 만에 반등했지만, 출생아는 23.8만 명으로 한 해

100만 명이 태어나던 1970년대의 1/5 수준에 불과하다. 출산의 선행 지표인 혼인 건수도 최근 10년 사이 40%가 줄었다. 그 결과 2040년이면 군 입대 가능한 인구가 지금의 1/3로 줄면서 적정 상비군 50만 명 유지에 차질 발생이 불가피하고, 전국 대학의 절반가량이 신입생을 채우지 못할 것으로 전망된다.

초고령화도 갈수록 심화되고 있다. 2024년 말 65세 이상 인구 비율이 20%를 넘는 초고령사회에 진입한 한국은 가파르게 고령자가 늘어 2070년에는 47.5%로 급증할 전망이다. 생산가능인구(15~64세) 대비 65세 이상의 비율을 나타내는 노인부양 비율도 2025년 29.3%에서 2070년 103.3%로 폭증한다. 청년 한 명이 노인 한 명 이상을 떠받치는 사회의 도래다.

이러한 변화는 결국 인구의 압축적 소멸을 불러온다. 2020년 5,184만 명을 정점으로 감소세에 접어든 한국의 인구는 2070년 3,718만 명 수준으로 줄어들 전망이다. 불과 50년 만에 대한민국 국민 10명 중 3명 이상이 사라지는 셈이다. 이미 2023년 기준 228개 지자체의 절반이 넘는 118개 지역이 소멸 위험지역이며, 이들 지역 대부분은 분만 의료 취약지로 분류되는 등 의료와 교통 같은 기본 인프라조차 유지하기 어려운 상황이다.

이렇듯 급격한 인구 감소와 인구구조의 변화는 경제·사회·복지 전반에 걸쳐 복합적 위기를 초래한다. 2019년 3,763만 명으로 정점에 도달한 생산가능인구는 2020년대에는 연평균 약 33만 명씩 줄고, 2030년대에는 감소 폭이 연평균 52만 명 수준으로 커지면서, 2100년에는 1/3 수준인 1,183만 명이 될 것으로 예측된다. 이러한 영향으로 한국은행은 2040년대 잠재성장률이 0%대에 머물 것으로 전망했다.

급속한 고령화로 인한 연금, 의료·요양비 등 사회보장지출 증가와 이에 따른 국가 재정의 위기도 이미 현실화되고 있다. 국민연금은 총지출이 2025년 50조 3,000억 원에서 2050년 322조 2,000억 원으로 5.4배 늘어나면서 약 200조 원대 적자가 예상된다. 장기요양보험 역시 2025년 16조 4,000억 원에서 2050년 138조 2,000억 원으로 급증하고, 건강보험도 2050년 44조 원 이상의 적자를 기록할 것이라는 전망이다. 이러한 재정 부담은 사회보장의 축소나 세금 인상은 물론 세대 간 형평성과 사회적 신뢰를 흔드는 구조적 위험으로 작용할 가능성이 매우 크다.

결국 한국의 인구 문제는 경제성장 둔화, 세대 간 부양 구조 붕괴, 지방 공동화, 복지 재정 압박을 동시에 초래하며, 그 끝에는 국가 생존과 지속 가능성 자체가 걸려 있는 국가적 위기인 것이다.

인구 위기 대응, 국정 비전 실현의 필수조건

이러한 위기에 중·장기적으로 대응하기 위한 국가 전략이 「저출산·고령사회 기본계획」이다. 2006년 제1차 계획수립 이래 5년 단위로 추진되어왔으며, 현재는 제4차 기본계획(2021-2025)이 시행 중이다.

그리고 지금, 대한민국의 인구정책은 중요한 전환점을 앞두고 있다. 2026년 발표될 제5차 기본계획은 역대 처음으로 대통령 임기와 정확히 일치하는 시기에 추진되며, 국정의 비전과 인구정책의 방향이 동시에 구현될 수 있는 드문 기회를 맞이했다.

인구정책은 영·유아기부터 고령기까지 생애 전반을 포괄하는 중장기 과제인 만큼, 국정 운영의 청사진과 결합할 때 정책의 연속성과 효과성을 극대화할 수 있다. 그런 의미에서 지금 수립 중인 「제5차 저출산·고령사회 기본계획」은 국정 목표와 인구정책을 정합적으로 추진할 기회의 시점, 중요한 전략적 창(Strategic Window)이다.

이번 정부는 '국민이 주인인 나라, 함께 행복한 대한민국'을 국가 비전으로 내걸고, 아동과 청소년, 청년, 어르신, 여성 등 전 생애 대상별 과제를 제시하며, 모든 국민의 삶의 질을 더 나은 방향으로 변화시키겠다는 의지를 분명하게 보여주고 있다.

다양한 조사에서 저출생은 현재 삶에 대한 낮은 만족도와 미래에 대한 높은 불안에서 비롯된 선택임이 확인된다. 초고령화 역시 수명은 길어졌으나 자원은 한정된 구조 속에서 고령자의 삶의 질이 저하될 가능성이 크다. 결국 '모든 국민의 더 나은 삶'으로 귀결되는 국정 목표를 실현하자면, 인구 위기 대응은 선택이 아닌 필수 과제이며, 제5차 기본계획은 국정의 핵심 과제가 되어야 한다.

이러한 점에서 제5차 기본계획은 기존의 지원을 확대하고 제도를 강화하는 차원을 넘어, 한국 사회의 일하는 방식 등 분야별 체질 개선과 삶의 질 전반을 전면적으로 재설계하는 전환점이 되어야 한다. 청년이 결혼과 출산을 합리적 선택으로 받아들일 수 있는 환경, 고령자가 존엄을 지키며 사회적 기여를 이어갈 수 있는 구조, 인구 감소 속에서도 교육·의료·교통 등 생활의 어려움 없이 공동체가 제대로 기능하고 지속 가능한 성장을 가능하게 하는 사회체계를 동시에 마련해야 한다.

향후 인구정책 방향, 사회 운영체계의 혁신으로 연결

이를 위해 앞으로의 인구정책은 초저출생·초고령화·인구 감소라는 세 가지 도전에 맞서, 기존 정책의 보완이나 확대를 넘어 삶과 사회구조를 근본적으로 바꾸는 차원이어야 한다. 이른바 '인구정책, 3대 혁신'이 필요하다.

첫째, 초저출생 대응과 관련해 '단기처방식 정책지원'을 넘어, 문제의 원인을 해소하는 '사회구조 혁신'이다. 출산율 반등의 모멘텀을 구조적 상승으로 이어가자면 육아휴직의 기간과 급여를 확대하는 차원을 넘어 일·가정 양립을 뒷받침하는 노동환경 혁신이 근본 처방이다. 마찬가지로 직장 내 성평등과 가정 내 맞돌봄이 동시에 구현되는 성평등 구축, 아동수당의 단계적 확대와 공백 없는 돌봄체계를 통한 국가 공동육아 체계 마련, 세제부터 주거까지 결혼과 출산의 경로 확대가 가능한 사회시스템 구축을 준비해야 할 때다.

둘째, 초고령사회에 맞춘 '돌봄·일자리·산업구조 혁신'으로, 고령화가 사회적 부담이 아니라 경제성장의 새로운 엔진이 되도록 하는 방향 전환이 핵심이다. 시설 기반의 돌봄이 아닌 재가 중심의 지역사회 통합돌봄체계와 정부 지원 노인 일자리를 벗어나 계속고용을 토대로 한 양질의 고령자 일자리 구축, 고령 친화 주거와 산업으로 새로운 성장 동력을 확보하는 산업구조 혁신 등이다. 이를 위해서는 AI 기반의 에이지테크의 역할이 중요하다. 그리고 정년 연장, 노인 기준 연령의 조정, 퇴직·개인연금을 포함한 연금체계 개편 등에 대한 사회적 대타협과 재설계가 필요하다.

셋째, 인구 감소 시대의 도래에 따라 이민정책을 인구정책으로 포괄하는 '인구 역동성 혁신'이다. 단기적 인력 부족을 채우던 기존 이민정책의 방식에서 벗어나 앞으로는 인구정책의 핵심축으로 재편해야 한다. 첨단·중숙련·돌봄 인력 등을 중심으로 유입부터 정착·사회통합까지 전 주기 체계를 구축하고, 다문화 사회로의 전환에 대비한 제도적 기반을 마련해야 한다. 동시에 여성과 고령자의 경제활동 참여를 확대하면서 평생교육과 직무 전환 지원으로 이를 뒷받침하는 구조를 마련해 인구정책이 지속 가능한 성장과 포용적 사회를 위한 기틀을 제공해야 한다.

이러한 3대 혁신은 상호보완적으로 설계되어야 하며, 결혼과 출산을 희망하는 청년들의 불안을 가중시키는 일자리 부족, 노동시장 이중구조 문제, 수도권 집중 등 구조적 문제에 대한 적극적인 해결 노력이 뒷받침되어야 한다. 이를 통해 새 정부의 인구정책은 산업화·발전 시대의 낡은 제도적 틀을 넘어 새로운 시대 요구에 맞도록 사회 운영체계를 근본적으로 혁신하는 출발점이자 기준점으로서의 역할을 하게 될 것이다. 이 과정에서 '모두가 행복한 대한민국'이라는 국정 비전 실현과 국민 삶의 질 향상을 동시에 추구할 수 있다.

향후 인구 대응, 분야별 각론

이러한 정책 방향에 따라 초저출생·초고령화·인구 감소 분야별로 주요 핵심 과제를 정리하자면 다음과 같다.

1) 초저출생 대응: 청년의 미래를 여는 사회 혁신

한국의 저출생 문제는 단순히 출산율이 낮다는 현상을 넘어, 청년들이 결혼과 출산을 희망함에도 불구하고 의사결정 과정에서 실제 결혼·출산 선택으로 이어지지 못하게 제약하는 구조적 장벽에서 비롯된다. 따라서 단기적 지원을 넘어 일하는 방식의 혁신, 국가 공동 육아의 완성, 결혼과 출산의 경로가 되어줄 주거 안정화를 통해 청년의 삶의 질과 선택의 자유를 보장해주어야 한다.

먼저 대한민국의 일하는 부모들 모두에게 육아휴직 또는 이에 준하는 급여를 보장할 수 있어야 한다. 이를 위해 육아휴직급여를 고용 형태와 무관하게 특수고용직, 자영업자까지 모두 포괄하는 보편적 지원제도로 개편하는 한편, 비정규직과 중소기업 근로자 등 현실적인 여건상 제도 혜택을 누리지 못하는 부모들에게 여전히 존재하고 있는 사각지대 또한 해소해나가야 한다. 육아휴직과 육아기 근로시간 단축을 활성화하는 한편, 이를 통합하여 1일 단위로 사용 가능한 육아휴가를 신설하는 것도 고려해야 한다.

그렇지만 보다 근본적으로 일·가정 양립이 말뿐인 구호에 그치는 것이 아님을 부모들이 체감하기 위해서는 갑작스러운 돌봄 공백을 방지하도록 시간을 확보해주어야 한다. 가정 내 맞돌봄과 직장 내

성평등 구현을 목표로, 모든 근로자가 유연한 환경에서 일할 수 있는 '일하는 방식의 혁신'이 필요한 것이다. 부모들이 자유롭게 유연근무를 활용할 수 있도록 유연근무 신청권과 함께, 최근 확산되고 있는 AI을 활용한 원격근무 플랫폼을 도입해 전 직군에서 재택근무와 시차출퇴근제를 쓸 수 있는 유연하고 포용성 있는 노동환경을 구축해야 한다. 임신·육아기 근로자의 유연근무를 제대로 보장할 수 있다면 일하는 부모들의 커리어 유지를 가능하게 하여 'M-curve'로 대표되는 숙련 여성 인력의 경력단절을 줄일 것으로 기대된다.

이와 동시에 직무 만족도도 제고하면서 업무집중도를 높여 생산성을 향상시킬 수 있을 것이다. 한편 일·가정 양립을 위해서는 고용의 주체인 기업 차원의 변화가 없으면 불가능하다. 기업의 가족 친화 경영을 촉진하기 위해 EFG(환경·가족·성평등) 경영을 장려하고, 일·생활 우수 기업에 대한 법인세 감면 등 인센티브를 확대하면, 사회적 확산 효과를 거둘 수 있을 것이다.

국가 공동 육아는 양육 부담을 덜어주는 것이 핵심이다. 아이를 낳으면 영유아부터 고등학생 시기인, 0세부터 18세까지 국가에서 교육 및 보육을 무상으로 지원한다는 원칙으로 접근해야 한다. 국공립 어린이집을 확충하여 현재 10개월에 달하는 대기시간을 3개월 수준으로 줄이고, 3~5세 무상교육·보육을 차질 없이 실현하면서 초등학생 전 학년을 대상으로 방학 중에도 돌봄 서비스를 보장하는 한편, 어린이집 교사 확충, 전문가 등을 활용하여 늘봄학교 서비스 질을 개선해나가야 한다. 이를 통해 대기·비용·공백·불안 걱정 없는 영유아·초등 교육·돌봄을 제공할 수 있게 될 것이다.

또한 부모들이 정말 필요로 하는 출퇴근시간대에도 원활하게 아이 돌봄 서비스를 받을 수 있도록 수요가 집중되는 시간대 차등 지원을 통해 인력 공급을 확대하고, 공공·민간 서비스를 선택할 수 있도록 통합 바우처를 도입해야 한다. 특히 24시간 돌봄기관 확대 및 지자체와 연계한 지역 돌봄 네트워크 확충을 통해 부모에게만 집중된 양육 부담을 공동체가 분담함으로써 돌봄체계를 빈틈없이 더욱 촘촘하게 만드는 노력이 필요하다.

한편 돌봄에 있어서도 AI 등 신기술 확산을 계기로 해외 AI 보육·스마트 돌봄 시스템 사례를 참조하여 한국형 AI 돌봄 시스템을 구축한다면 대한민국이 주도하는 아동 돌봄의 획기적 모델 창출도 가능할 것으로 기대된다.

그리고 아동수당은 향후 5년간 13세 미만까지 차질 없이 확대하여 양육 부담을 낮추면서, EBS 콘텐츠 강화 및 무료 제공 등을 통해 학생 스스로 공부할 수 있는 여건을 보장하여 저출생의 구조적 원인 중 하나인 사교육비 부담 또한 줄여나가야 한다.

결혼·출산에 있어 주거 안정성은 매우 중요하다. 따라서 향후 주택시장 안정 추이를 보아가며 신혼·다자녀 가구에 대해서는 예외적으로 실수요 자격을 인정하여 6억 원으로 일괄 제한된 주택담보대출 한도를 높여주는 것이 필요하다. 또한 서울시 '미리내집'처럼 장기 거주형 공공임대를 늘리면서 다자녀 우선권을 보장해 대상별 맞춤 정책으로 주거 불안을 줄이는 한편, 젊은 층이 선호하는 지역에 양질의 임대주택이 공급될 수 있도록 관련 제도를 정비해야 한다.

결혼·출산에 대한 세제 혜택은 자녀 유무에 따른 생활비 차이를 줄여주면서 다자녀 가구일수록 더 두터운 혜택을 받을 수 있도록 소득·부가가치세 등 세제 전반으로 확대해야 한다. 아울러 대한민국 국적을 가진 아이라면 누구에게나 18세 이후의 삶에 있어 최소한의 경제적 기반이 마련되도록 청년미래적금 등의 지원을 제공하고 결혼·출산을 선택하는 데 수반되는 경제적 고민을 덜어주는 정책적 노력이 요구된다.

초저출생 대응에 있어 예비 부모들이 임신·출산 과정에서 건강상 이유로 아이 갖기를 포기하는 일이 없도록 지원하는 것 또한 중요하다. 가임력 검사 등 생식 건강관리 및 난임 치료에 대한 재정 지원을 지속하는 한편, AI와 디지털 기술을 적극 활용하여 난임 치료에 AI 진단을 도입하는 경우 가임기 전체의 건강관리와 임신 성공률 향상에 기여할 것으로 기대된다.

최근 이슈화되고 있는 비혼 출산에 대해서도 대한민국 국적의 출생아는 모두 부모의 혼인 여부와 관계없이 아이로서의 직간접적 권리를 향유할 수 있도록 한다는 원칙과 사회적 공론화를 기반으로, 임신, 출산, 육아 등에 있어 법률혼을 전제로 한 차별적 요소들을 정비해나가는 전향적인 접근이 필요하다.

청년들의 결혼·출산 선택을 제약하는 구조적 장벽인 양질의 일자리 부족, 노동시장 이중구조 문제 해결에도 적극 노력해야 한다. 과거 대비 줄어든 민간기업 중심의 공채를 늘리면서 청년들이 조기에 사회에 진출할 수 있도록 지원을 강화하는 것이 요구된다. 우리 노동시장의 고질적인 문제점으로 줄곧 지적된 노동시장 이중구조 문제 해결은 우리 사회의 포용성을 높임과 동시에 저출생 문제 해결에도 직결된다는 인식하에 비정규직 권리 보장 확대 등에 적극 나서야한다.

2) 초고령화 대응: 존엄과 상생을 위한 돌봄·일자리·산업 혁신

초고령화는 유례없이 빠른 속도, 그럼에도 불구하고 낮은 수준의 국민적 공감대라는 도전과제를 안고 있다. 2030년대 후반까지는 세계 최고 수준으로 빠르게 진행되는 고령화에도 불구하고, 총인구 차원의 감소 규모는 연평균 10만 명 수준으로 크지 않다. 하지만 우리에게 아직 시간적 여유가 주어진 것으로 낙관해서는 안 된다. 문제는 인구구조상 구성이다. 단적으로 15~64세 생산가능인구는 향후 5년간 연평균 35만 명씩 감소할 것이며 그 감소 폭은 시간이 지날수록 더욱 커질 것이 이미 예정되어 있다.

고령화로 인한 생산가능인구 감소는 경제 전체 차원에서 문제지만, 국민 개개인 차원에서도 고령화 대비에 있어 빈틈이 많은 실정이다. 이미 OECD 최고 수준의 노인 빈곤율(2022년 38.1%, OECD 평균 14.2%)은 우리나라가 처한 현실을 여실히 보여준다. 이에 정부는 초고령화의 심각성이 저출생에 못지않음을 명확히 인식하고, 고용·소득, 돌봄·주거, 기술·산업을 중심으로 고령화가 사회적 부담이 아닌 성장의 동력으로 작용할 수 있도록 혁신해야 한다. 핵심 전략은 세대 상생 지향의 고용체계 개편, 돌봄과 주거가 만난 통합적 안전망 구축, 에이지테크 산업 육성, 사회적 대타협으로 요약할 수 있다.

먼저 고용체계를 세대 상생을 지향하는 방향으로 개편해야 한다. 세대 상생을 지향하는 고령자 고용체계는 고령자의 경험과 전문성을 활용하여 생산성을 높이는 동시에 세대 갈등을 완화하는 전략이다. 우리 사회는 고령화 속도가 점차 빨라지고 있음에도 아직 은퇴 후 65세 연금 수급 개시 전까지 발생할 소득절벽에 대한 대비가 부족하다. 이 문제를 해결하기 위해서는 일자리 및 노후소득을 안정적으로 보장하는 것이 필요하다.

우선 주된 일자리에서 계속 일할 수 있도록 선택적 재고용을 확산시켜야 한다. 다만 직무·능력 중심 임금체계 개편과 연계해야만 기업의 부담을 완화하면서 청년층 고용 기회도 보장하는 세대 상생이 가능해질 것이다. 이후 의무적으로 재고용할지 여부는 65세로 정년을 연장하는 논의와 함께 검토하는 등 단계적 접근 전략이 필요하다. 아울러 다른 일자리로의 이직이 원활히 이루어지도록 수급 미스매치를 줄일 수 있는 재취업 지원 서비스 확충 또한 매우 중요하다. 한편 생계 걱정을 줄여주도록 노후소득을 보장하기 위해서는 우선 공·사적연금에 기반한 다층 노후소득 보장체계가 강화되어야 한다. 이를 위해 기초연금 대상의 합리화와 지원 강화, 퇴직연금의 도입 대상 확대 및 기금화 추진이 요구된다. 국민연금의 지속 가능성을 위해 기금 수익률을 제고하고, 현재 60세인 의무 가입 상한 연령의 상향 조정, 노인복지주택과 연계한 현물급여 지급 등을 도입하는 방안도 고려해야 한다.

돌봄과 주거를 결합하는 '통합적 안전망'은 기존에 거주하던 주거공간에서 간호와 간병, 식사와 생활 지원 등을 모두 이용할 수 있도록 하는 것이 주요 골자다. 이를 위해 무엇보다 2026년 3월부터 시행 예정인 지역사회 통합돌봄체계를 향후 5년간 확실하게 정착시켜야 하며, 지자체 권한과 재원을 확대해 지역 맞춤형 돌봄을 제공할 수 있도록 중앙과 지방정부 간 역할을 재정립해야 할 것이다. 한편 사전예방 중심으로 재택의료를 강화하기 위해서는 수가 조정 등을 통해 방문 진료를 활성화하고, 비대면 진료도 전면 제도화하는 것이 필요하다. 또한 고령자가 원하면 집에서도 편안한 임종을 맞이할 수 있도록 돌봄 종사자들의 임종 돌봄 교육을 지원하며, 일본·영국 등 해외 사례를 참고하여 의료·돌봄이 통합 지원되도록 생애 말기 케어를 강화해야 한다. 향후 5년간 재가 중심 돌봄체계를 확실히 뿌리내려 사전 예방 단계부터 생애 말기까지 포괄하는 '생애 주기별 고령층 돌봄체계'의 전국화를 통해 고령층의 존엄을 지킬 수 있도록 해야 할 것이다.

한편 고령인구가 급증하면서 의료·돌봄 수요는 폭발적으로 늘어날 것이기 때문에 돌봄 인력 수급 관련 이슈가 지속적으로 제기될 수 있는 만큼, 경력 관리 시스템을 통해 자격을 갖춘 인력을 안정적으로 관리하고, 장기 근로 및 신규 유입을 유도하기 위해 근무환경과 처우 등을 개선할 필요가 있다.

치매 관련 이슈를 대비함에 있어서도 미리 만전을 기해야 한다. 앞으로 증가세가 두드러지며 2030년 179만 명에 달할 것으로 예상되는 치매 노인 문제는 우리 경제·사회 안정에 중대한 잠재적 뇌관으로 작용할 우려가 있다. 특히 2023년 말 기준 154조 원에 달하는 치매머니가 해당 노인들의 의료·돌봄 비용 부담 경감에 잘 활용될 수 있도록 법·제도적 기반을 정비하는 것이 시급하다.

우선 치매 발병 이전에 본인이나 가족이 미리 대비할 수 있도록 고령자 대상 후견과 신탁 등 재산관리 방안 교육 및 홍보를 강화해야 한다. 아울러 현재 7개로 제한된 수탁 가능한 재산 범위 확대 등을 통해 유언대용신탁·후견지원신탁 등 민간신탁을 활성화하면서, 저소득층을 대상으로 수수료 등 운용비용 부담을 낮출 수 있는 공공신탁을 도입하는 방안이 필요하다.

한편 치매 발병 이후에 대해서는 대상자에게 적절한 후견 및 신탁제도가 연결될 수 있는 체계를 구축하기 위해 치매 공공후견 또는 민간법인후견 확대 및 공공신탁 도입과 함께, 성년후견지원신탁 등 민간신탁과 연계하는 방안을 추진할 필요가 있다. 또한 1981년 노인복지법 제정 이후 45년여간 논의가 진전되지 못하고 있는 노인 기준 연령 조정은 우선 사회적 공론화를 통해 각계각층의 합의를 이끌어내는 것에 먼저 집중해야 할 것이다.

주택과 복지가 중첩되는 영역에 놓인 고령층 주거 문제도 중요하다. 고령자 주거 문제의 핵심은 고령자에게 안전과 돌봄을 안정적으로 제공하고 사회적 고립을 막는 것이다. 우리나라의 경우 세계적으로 드물게 아파트에 거주하는 비율이 높아, 밀집된 주거문화를 가지고 있다. 아파트는 보안 시스템, 관리시설 등 고령 친화적 주거환경 조성을 위한 기본적인 기반을 갖추고 있기에 이를 적극 활용한다면 고령자 주거 문제를 개선할 중요한 기회 요인이 될 수 있다.

따라서 신규 단지 건설시 또는 기존 단지라 할지라도 무장애설계 적용과 함께, AI, IoT 등 첨단기술 기반의 스마트 돌봄을 접목하고, 세대와 이웃 간 교류를 촉진할 수 있는 다양한 커뮤니티 시설 운영을 유도한다면 75세 이상 후기 고령자들이 안전하게 생활하고, 사회적 고립을 예방·완화할 수 있는 미래 지향적 고령 친화 주택으로 전환이 보다 용이할 것으로 기대된다. 이를 위해서는 민간이 적극적으로 참여할 수 있도록 인센티브를 제공하여야 하며, 국토부와 복지부 간 통합 거버넌스 체계를 구축하는 노력도 필요하다.

에이지테크(Age-Tech) 산업은 단순한 산업을 넘어 초고령사회에 걸맞는 돌봄·일자리·산업구조 혁신의 핵심이면서 미래의 성장 동력이다. 고령인구 증가를 기회로 삼아 성장 모델로 전환하기 위해서는 이제 막 시작의 단추를 끼운, AI 활용 돌봄로봇, 스마트 홈케어 등을 집중적으로 육성해야 한다. 이를 위해서는 R&D를 2030년까지 1조 원 규모로 확대하는 한편, 초기 시장 수요 기반을 확충하는 등 공공 부문의 적극적 역할이 필요하다. 이를 통해 노인 돌봄 인력난을 해소할 뿐만 아니라, 나아가 미래 유망산업의 한 축으로서 자리매김이 기대된다.

또한 우리나라의 기대수명이 2012년 80.9세에서 2022년 82.7세로 10년 만에 1.8세가 늘어났음에도 건강수명은 65.7세에서 65.8세로 0.1세 증가하는 것에 그치는 등 유병기간이 길어지는 상황에서 바이오, 헬스케어 기술은 고령자의 건강수명 연장에도 크게 기여할 수 있다. 이들 분야에 대해 초기 기술 개발부터 창업, 성장까지 전 주기적 지원을 통해 기술 개발이 실증을 거쳐 시장 형성 및 산업 성장으로 끊임없이 이어질 수 있는 생태계를 조성해야 할 것이다.

이러한 초고령화에 대한 분야별 대응 과제를 관통하는 핵심 열쇠이자 출발점은 사회적 공론화와 이를 통한 세대 간·구성원 간 대타협에 있다. 정부는 초고령화가 우리 미래에 가져올 사회·경제적 부작용에 대한 국민의 문제의식을 고취하는 한편, 문제 해결 필요성에 대해 연대·책임의식에 기반한 국민적 공감대를 이끌어내는 데 전력을 다해야 한다.

3) 인구 감소 대응: 인구 역동성 혁신, 불가피성을 기회로

9년 만에 반등한 출산율 흐름이 앞으로도 이어지며 출생아 수가 늘어난다 하더라도, 이들 연령이 15세에 접어들기 전까지는 생산가능인구 감소세는 지속 확대될 수밖에 없다. 또한 출생아 수 대비 고령층 인구 규모가 더 크기 때문에 총인구 감소는 여전히 피할 수 없는 것이 현실이다. 따라서 새 정부의 인구전략은 인구 축소의 영향을 완화(mitigation)해나가면서, 생산성과 포용성을 높여 사회를 지속가능하게 만들 수 있도록 적응(adaptation)하는 것에도 초점을 맞춰야 한다.

우선, 여성과 고령자의 경제활동 참여 확대가 핵심이다. 여성 고용률을 OECD 평균 수준으로 끌어올리고, 고령자의 일자리 질을 개선함으로써 노동력 감소를 완화해야 한다. 2023년 기준 여성 경제활동 참가율은 59.5%로 OECD 평균 64.5%에 미치지 못한다. 2024년 기준 55~64세 고령층 고용률은 69.9%로 OECD 평균 64.6% 대비 높은 수준이지만 우리나라의 높은 노인 빈곤율과 은퇴 전 주된 일자리와 관련이 없는 비정규직·단순 노동에 재취업하는 경향이 큰 점 등을 고려한다면 이는 부족한 노후소득 보충을 위해 불가피한 노동임을 짐작할 수 있다. 결국 국가 차원의 인적자원 활용이 효율적이지 못한 상황이다.

앞서 제시한 바 있는 근로환경 유연화 등 일하는 방식 혁신 및 고령층이 주된 일자리에서 계속 근로할 수 있는 여건 조성 등 초저출생·초고령화 문제에 대응하기 위한 정책과제들은 결과적으로 여성 및 장년·고령층의 경제활동 참여를 확대하여 경제 전체의 성장 잠재력을 높이는 해법이 될 것이다. 이 과정에서 직무 능력 향상(Upskilling)과 직무 전환(Reskilling) 등 교육훈련 강화를 통해 원활한 노동시장 재참여와 미스매치 해소를 추진해나간다면 인적자원 활용의 효율성을 더욱 높일 수 있다. 아울러 이미 경쟁력이 낮아진 산업 부문에 있어서는 과감한 구조조정을 추진하면서, AI·디지털 기술 등 첨단기술 활용을 산업 전반에 확산시킨다면 인력 부족을 생산성 향상으로 보완하면서 인구 규모 축소에도 높은 부가가치를 창출할 수 있다. 이러한 기술적 혁신은 장기적 인구 감소 대응의 핵심 전략이다.

한편 앞으로는 이민정책의 재설계가 필수적이다. 인구 감소와 노동력 부족을 동시에 해결하기 위해서는 기존의 저숙련 인력 중심에서 벗어나 첨단기술 분야와 돌봄 산업을 타깃으로 인력 유입부터 정착, 사회통합까지 전 주기에 걸쳐 종합적으로 재설계해야 한다. 이를 위해 그간 단기·비숙련 인력의 양적 확대에 치우쳤던 외국 인력 활용을, 국내 유입 전에 기업 수요 맞춤형으로 사전 인력 양성을 강화하는 한편, 숙련·정주형으로 전환될 수 있도록 비자 관련 제도 등을 전면 개편할 필요가 있다.

또한 현재 비자 유형별로 분산된 외국인 정책 의사결정 구조를 외국 인력 활용뿐만 아니라 이주 배경 아동 정책 등까지 총괄 조정할 수 있도록 거버넌스를 체계화해야 한다. 장기 체류와 가족 정주 지원을 강화한 제도는 두바이의 '골든 비자'(10년 비자, 가족 혜택) 모델에서 참고할 수 있다. 실제로 2023년 두바이의 외국인 인구 비율은 90%에 달하며, 경제 활성화와 인력 공급 측면에서 성공적인 사례로 평가된다. 다만 정책 시행 과정에서 내국인 일자리 우려와 사회적 수용성을 확보하는 것이 매우 중요하다. 이를 위해 국민 공론화와 사회적 대화를 통해 정책 목적과 필요성을 충분히 설명하고, 내국인 고용 보호 장치에 대한 심도깊은 고민이 필요하다.

지역 인구 불균형 완화 또한 중요하다. 이는 저출생의 대표적 구조적 원인 중 하나인 수도권 집중 문제를 해소해나감과 동시에 대한민국의 지속 가능성을 높이는 길이다. 지역으로 인구유입을 이끌고 경쟁력을 높이는 핵심 동력은 결국 양질의 일자리이기에 기업들의 지역 투자 및 이전 지원을 더욱 강화해야 한다. 아울러 원활한 인력 확보를 위해 지역 거점국립대학을 지역 전략산업과 연계하여 육성하는 등 지역 교육 혁신을 통한 지역 인재 양성에도 힘써야 한다. 다만, 이 과정에서 기계적인 균형발전의 틀에서 벗어나 '선택과 집중' 방식으로 접근할 필요가 있다. 아울러 지역 생활 인구 활성화를 위해 수도권에 거주하면서 지역에 연고를 둔 440만 명의 베이비붐 세대가 지역으로 내려가는 경우 세제 인센티브를 주는 방안을 고려하고 도시철도·광역교통망 등 교통 인프라 확충에도 적극 노력해야 한다.

정리하면 인구 감소 대응전략은 세 축으로 구성된다. 첫째, 여성과 고령자의 경제활동 참여 확대와 교육훈련 강화로 노동력 기반을 유지한다. 둘째, AI·디지털 기술과 자동화를 활용한 산업 생산성 제고로 경제구조를 혁신한다. 셋째, 전략적 이민정책과 정주 여건 개선으로 인적자원을 확보하고 지역 경제와 산업 균형을 유지한다. 이러한 통합 전략을 통해 인구 감소에도 불구하고 잠재성장률 하락세를 완화하여 우리 경제·사회의 지속 가능성을 제고할 수 있을 것으로 기대한다.

삶의 질 중심 인구정책, 미래 50년의 전략적 선택

대한민국의 인구 문제는 단순한 출산율이나 고령화 지표의 문제가 아니다. 이는 국가의 지속 가능성과 사회적 신뢰, 세대 간 상생을 결정짓는 근본적 과제이며, 국민 모두의 삶의 질과 직결된다. 저출생과 초고령화, 인구 감소라는 현실은 피할 수 없지만, 이를 어떻게 관리하고 대응하느냐에 따라 대한민국의 미래는 전혀 달라질 수 있다.

인구정책의 핵심은 숫자가 아니라 사람, 삶의 질에 중심을 두는 접근이다. 정책은 단기적 성과를 쫓기보다, 구조적 문제를 장기적 관점에서 해결해야 하며, 이를 위해 국민의 선택과 사회적 합의를 존중하는 철학적 기반이 필수적이다. 국민이 체감할 수 있는 정책과 실질적 변화가 결합될 때, 출산과 양육, 고령자의 삶과 경제활동 참여 모두 현실적인 선택이 될 수 있다.

향후 50년 대한민국의 지속 가능성을 확보하기 위해서는 정책 연속성과 실행력이 무엇보다 중요하다. 정부는 단기적 통계 수치에 집중하기보다, 세대와 계층, 지역을 아우르는 통합적 전략을 꾸준히 추진해야 한다. 동시에 사회 구성원 모두가 정책의 필요성과 방향성을 이해하고 참여할 때, 인구 위기는 단순한 위험이 아니라 국가 혁신과 사회적 신뢰를 강화하는 기회가 될 수 있다.

결국 인구정책은 대한민국이 나아갈 사회의 모습과 직결된다. 삶의 질 중심, 세대 간 상생, 지속 가능성을 지향하는 정책 철학에 기반한 전략적 선택만이 인구 감소와 고령화라는 현실 속에서도 국민 모두가 함께 행복한 사회를 실현할 길이다. 인구정책에 있어, 지금 우리의 결정과 행동이 향후 50년 대한민국의 기초를 세우는 책임 있는 선택임을 명확히 인식해야 한다.

02 인구 위기 대응, 충분한 재원 확보가 먼저다

꼭대기에서 잠시 멈춰선 롤러코스터처럼 지금 대한민국의 인구는 가파른 하강을 앞두고 있다. 2020년 5,184만 명을 정점으로 하락세로 전환된 이후 외국인 유입이 가파른 하락을 막고는 있지만 23년간 지속된 초저출생과 세계에서 가장 빠른 고령화로 인구 감소는 피할 수 없는 미래가 됐다.

특히 전체 인구의 32%를 차지하는 1,660만 명의 베이비붐 세대가 고령층에 본격 진입하면서, 2022년 898만 명이던 고령인구는 2040년이 되면 1,715만 명에 이를 것으로 추산된다. 하루 평균 약 1,200명씩 고령자가 늘어나는 셈이다. 반면 같은 기간 생산가능인구는 3,674만 명에서 2,903만 명으로 줄어든다. 2072년이 되면 고령인구가 전체 인구의 47.7%에 이르면서 생산가능인구 1명당 고령층 1명 이상을 부양하게 될 것으로 보인다.

인구 문제는 부모가 될 연령 인구의 규모에 영향을 받기 때문에 대응의 골든타임이 정해져 있다. 작금의 인구 상황은 지금 대응하지 않으면 더 이상 기회가 없는 골든타임이다. 이 문제를 해결하지 못한다면 대한민국의 지속 가능성 자체가 흔들릴 수 있다.

이러한 위기에 대응하고자 새 정부는 아동수당 확대, 자동 육아휴직제도 도입, 일하는 어르신에 대한 연금감액 축소, 지역사회 통합돌봄체계 구축 등 인구 위기 극복을 위한 다양한 공약을 제시하고 정책 역량을 집중해나갈 것을 국민에게 약속하였다.

문제는 인구 문제 해결은 의지만으로 가능하지 않으며 예산이 좌우한다는 점이다. OECD에 따르면 2021년 기준 한국의 가족 분야 지출은 GDP 대비 1.6%로 OECD 평균 2.3%에 비해 크게 낮다. OECD 출산율 꼴찌인 우리나라가 저출생 대응에 소요하는 예산은 이를 반전시키기에는 턱없이 모자란 것이다. 인구 위기의 심각성에 부합하는 정책을 제대로 추진하고, 공약 사항을 빈틈없이 이행하자면 예산이 충분히 뒷받침될 필요가 있다. 인구 위기 대응의 성패가 '재원'에 달려 있다고 해도 과언이 아니다. 지금은 인구 위기 대응에 총력을 기하기 위해 과감하게 재원을 확보해야 할 때다.

재원 확보 방안은 크게 두 가지다.

첫째, 기존 예산에 대한 과감한 구조조정과 효과적인 예산 집행이다. 유사·중복 사업을 통폐합하고, 관행적이거나 효율성이 떨어지는 낭비성 지출을 과감히 정비해야 한다. 이렇게 절감된 예산은 정책 효과성과 수요도가 높은 사업에 집중 투입함으로써 효과적인 예산 집행이 이뤄지게 해야 한다.

저출산고령사회위원회는 이를 위해 지난해 인구정책평가센터를 신설하고 합계출산율 제고에 필수불가결한 주요 과제별로 남녀 육아휴직 사용률, 유연근무제 활용률, 아이 돌봄 서비스 평균 대기 일수, 난임 시술 지원 건수 등 15개의 핵심 성과 지표를 마련한 바 있다. 이를 더욱 확대하여 인구 문제 전반에 대한 구체적 성과 지표를 도출하여 엄밀하게 평가하고, 그 결과를 향후 사업의 지속과 통·폐합, 주요 사업별 예산의 증액 및 감액 등에 반영하는 환류 시스템을 본격화해야 효과적인 예산 집행이 가능해진다.

둘째, 인구 위기 대응을 위한 새로운 재원을 확보해야 한다. 우리나라의 저출생 대응 예산은 OECD 평균보다 크게 모자란 형편으로 선진국 수준으로 재원을 확대하자면 새로운 재원이 필요하다. 이는 증세 여부로 나눠 안을 마련해볼 수 있다.

먼저 증세 없이 기존 재원을 재배분하는 방안으로 연간 약 3조 원에 달하는 복권 수입금을 활용하는 안이다. 현재 복권 수입금의 약 12%는 과학기술진흥기금, 약 10%는 국민체육진흥기금으로 배분된다. 여기에 인구 위기 대응 사업을 추가하여 우선 배분 비율을 10%로 설정한 후 단계적으로 20%까지 확대한다면 연간 최대 6,400억 원 정도의 재원 마련이 가능해진다.

기존 세금의 일정 비율을 인구 대응에 쓰는 방안도 있다. 학령인구는 감소하지만 지방교육재정교부금은 매년 증가하여 학령인구 1인당 교부금 규모는 2024년 약 1,263만 원에서 2030년 2,373만 원으로 두 배 가까이 증가할 전망이다. 따라서 효율적인 자원 배분을 위해 내국세 수입 중 지방교육재정교부금으로 자동 배분되는 비율(20.79%)을 인하하고, 인하분을 인구 위기 대응 재원으로 활용하는 것을 고려해볼 수 있다.

또 교통·에너지·환경세에서 68%를 차지하는 교통 분야의 배분 비중을 더 낮춰 최근 신설된 기후대응기금 배분 비중(7%)에 준하는 수준으로 '인구대응기금'을 신설해 활용하는 것도 대안이 될 수 있다.

필요하다면 국민적 공감대에 기반한 증세 방안도 검토해야 한다. 가장 먼저 생각해볼 수 있는 것은 담배가격의 인상이다. 담배가격의 제세부담금에 인구 위기 대응 부담금 항목을 추가하고 그 부담금만큼 담배가격을 인상하는 방안이다. 예컨대 담배가격 1,000원 인상 후 부가세를 제외한 인상분의 80%를 인구 위기 대응 부담금으로 설정한다면 2024년 국내 담배 판매량(35.3억 갑) 기준으로 연간 2.6조 원의 수입을 얻을 수 있다.

OECD 평균(19.2%)의 절반 수준인 10%의 부가가치세를 인상하는 방안도 가능하다. 일본은 2012년 노인 의료 재정 등을 확보하기 위해 소비세율을 5%p 인상했다. 대신 식료품 등은 경감세율을 적용하고 증세로 마련한 재원은 사회보장 분야에만 한정해 국민의 반발을 최소화했다. 우리도 일본처럼 부가가치세율을 소폭 인상하여 저출생 문제뿐 아니라 건강보험 등 고령화 대응 차원에서도 활용하는 방안을 열어두고 고민해야 한다. OECD도 「20024 한국 경제 보고서」에서 우리나라에 고령화 대응 등을 위해 부가가치세율 인상을 제언하기도 했다.

다만 증세를 수반한 재원 마련은 국민이 납득할 수 있도록 용도와 효과를 명확히 하고 저소득층의 부담은 줄이는 제도가 병행되어야 한다.

강력하고 일관된 정책만이 인구 위기 대응의 성패를 가를 수 있다. 그리고 그 정책의 실현을 위해 가장 먼저 갖춰야 할 것이 충분한 재정이다. 인구 위기가 현실화된 지금, 사회 전체가 경각심을 갖고 재원 확보를 위한 논의를 시작해야 한다. 국민적 공감대 위에 재정적 기반을 튼튼히 마련할 때 지속 가능한 대한민국의 토대가 구축될 수 있다.

2장

인구전담부에서 APEC까지, 지속 가능한 미래의 설계

01 정책이 시작되는 자리

취미란에 '독서'라고 쓰던 시절이 있었다. 놀거리라는 게 마땅히 없어 누구나 독서를 취미로 적어 내던 그런 시절이었다. 그 후 일을 하면서는 '보고서'가 독서의 전부이기도 했다.

그렇게 독서는 한참 동안 요식행위였지만, 그럼에도 길을 잃을 때마다 나를 다시 길 위로 올려놓고, 멍해진 머리를 깨우며 '도끼'가 되어준 건 역시 책이었다. 책 속 문장은 종종 인생의 길라잡이가 되어주었다.

미국 고등교육에서 가장 영향력 있는 인물로 선정된 바 있는 교육학자이자 작가인 파커 J. 파머의 책 『비통한 자들을 위한 정치학』에 나오는 문장도 그랬다.

"정치라는 것이 사람을 위한 연민과 정의의 직물을 짜는 것이라는 점을 잊어버릴 때, 우리 가운데 가장 취약한 이들이 맨 먼저 고통을 받는다."

읽을 때는 너무 거창한 제목과 문장이라는 생각에 한참을 마음속에 방치해두었지만 행정가로서 난관에 봉착할 때, 어떤 선택의 순간마다 이 문장을 다시 만난다. 그리고 주어의 자리에 '정책'을 넣어본다.

사람의 모든 생애 과정에 정책이 개입한다. 사실 우리가 만들어내는 모든 정책은 가장 취약한 이들이 맨 먼저 받게 될 고통을 덜어내기 위해 마련된다고 해도 과언이 아니다. 당장 결혼과 출산을 위한 정책은 미래를 꿈꾸지 못하는 현실 속에서 '지금, 여기'밖에 없는 듯 살아가는 청년들의 마음에서 시작한다. 아이 낳길 포기하게 만드는 양육 환경에서 시작하는 일·가정 양립 정책 또한 마찬가지다.

현재 사회생활의 첫발을 내딛고 결혼으로 새로운 가정을 꾸리려 하는 청년들이 처한 상황은, 육상선수가 제대로 된 러닝화도 갖추지 못하고 평탄하지 못한 출발선에 선 것과 비슷하다. 이들이 인생이라는 긴 마라톤에서 원하는 미래를 그려나갈 수 있도록 결혼의 최대 걸림돌이 되고 있는 일자리 문제를 해결하여 '좋은 일자리'를 늘려야 하고, 출산과 양육에 꼭 필요한 주거 안정과 양육 부담 줄이기도 강화해야 한다.

또 육아휴직 등 일·가정 양립 정책을 보완하고 눈치 보지 않고 제도를 사용하도록 돕는 방식을 넘어, 시차출퇴근제와 재택근무, 하이브리드 워크 등 일하는 방식 자체를 유연하게 근본적으로 바꿔야 한다. 이는 단순히 '있으면 좋은'이 아니라 가족과 함께하는 모두의 미래를 위해 '없으면 안 되는 것'이다.

더 나은 노후를 보낼 수 있게 하는 고령화 정책도 사람을 위한 연민과 정의의 직물을 짜는 식으로 이뤄져야 한다. 얼마 전 한 노인요양원을 다녀온 후 마음이 한참을 4인실 침실 위에 머물렀다. 많은 요양시설이 충분한 1인실을 갖추지 못해 다인실로 운영되는 경우가 많고, 그나마 낫다는 4인실도 인권을 보장하기에는 충분치 않다는 걸 실감했다. 그들이 생각한 노후는 몸 하나 겨우 누일 작은 침대칸은 아니었을 것이다.

바로 이런 지점, 원하는 미래를 꿈꾸지 못하는 취약한 이들이 느끼는 일상의 고통에서부터 정책은 시작되어야 한다. 국가는 누구에게나 '기댈 언덕'이 되어야 한다. 그리고 그 자리에서 시작된 정책은 모든 사회 주체의 도움을 받을 때 더욱 강하게 뿌리내릴 수 있다.

《서울경제》(2024. 10. 14.)

02 인구전담부처 신설, 선택 아닌 필수다

"왜 한국은 죽어가고 있는가(Why South Korea is dying out)?"

구독자 2,400만 명이 넘는 독일의 과학 유튜브 채널 '쿠르츠게작트(Kurzgesagt)'가 올린 한국의 저출생 문제를 다룬 영상의 첫 질문이다. 미국 캘리포니아대 조앤 윌리엄스 교수는 머리를 부여잡으며 "한국 망했네요"라고 말했고, 일론 머스크는 "인구 붕괴(Population collapse)"라고 표현했다.

세계가 주목하는 한국의 저출생 위기에 정작 당사자인 우리가 더 조용하다. 한국의 인구 문제는 서서히 데워지는 찬물에서 다가올 위험을 인지 못 해 죽음에 이르게 되는 '삶은 개구리 증후군'과 같다. 위기 체감도가 낮다 보니 조기 대응이 늦었고 정부에서 여러 대책을 내놓고 있지만 이를 총괄하는 부처가 없어 총력 대응도 미흡했다.

한국은 2018년 출산율 0.98명을 기록한 후 7년 연속 세계 최저를 경신하고 있다. 2024년 말에는 전체 인구의 20%가 65세 이상인 초고령사회에 진입했고 2045년에는 그 비율이 37.6%까지 치솟는다.

저출생·고령화로 인한 생산가능인구 감소의 충격은 이미 시작되었다. KDI는 2040년 이후 성장률 0%대 진입을, 한국은행은 마이너스 성장 가능성을 경고하고 있다. 지금부터 출산율이 오른다고 해도 생산가능인구가 되기까지 20년가량 시간이 걸린다. 이 때문에 이민과 여성·고령자 고용 확대, 노동시장 미스매치 해소 등 단기 대응도 시급하지만, 이민과 고용 등이 얽힌 복잡한 문제에 총괄부처가 없다 보니 대응책 마련과 실행이 미진할 수밖에 없다.

대한민국을 집어삼킬 폭풍으로 커진 인구 문제의 현재 컨트롤타워는 인력과 자원이 부족한 저출산고령사회위원회다. 위원회 직원이 정원 기준 총 42명, 보건복지부 한 개 국인 인구아동정책관실(68명)보다 적다. 그나마 1년 단위 파견 공무원과 민간에서 채용된 소수의 임기제로 구성되어 있다. 정책 투입과 효과 간 시차가 큰 인구 문제의 특성상 지속성이 필수지만 파견직 중심 구조로는 지속성 담보가 어렵다. 부위원장으로 1년 3개월째 일하고 있는 내가 파견직 중 두 번째 장기근속자다. 일할 사람도 없고 일할 만하면 떠나는 셈이다.

우리보다 인구 위기가 심각하지 않은 나라들도 일원화된 조직 대응에 힘을 쏟고 있다. 2022년 출산율 1.26명에 위기감을 느낀 일본은 2023년 아동가정청을 신설했다. 싱가포르는 국가인구재능부(NPTD, National Population and Talent Division)가 지속 가능한 인구전략을 수립하고 조정하며, 독일은 연방 가족·노인·여성·청소년부가 인구 보고서를 발간하며 체계적으로 대응한다.

인구전담부처 신설은 생존의 문제다. 초저출생·초고령화는 경제와 노동, 지역 균형까지 연결된 종합 위기로 중앙과 지자체, 기업, 학계, 종교계 등 전 사회 주체의 협력이 요구된다. 복잡한 인구 문제이기 때문에 각 주체와의 조율과 조정 등을 통해 협력을 유도하고 가능한 모든 자원을 동원하기 위해 전담 조직은 필수다.

조직의 성공은 인사와 예산에서 나온다. 신설 인구부는 우수인재로 충원하고 저출생은 물론 고령화와 이민정책의 기획·조정·평가 권한과 관련 예산을 사전 심의하고 조정하여 재정 당국에 제출할 수 있는 예산 조정권을 가져야 한다. 또한, 통합적 정책을 지속 추진하기 위해 대통령이 직접 책임지는 체제를 구축해야 한다.

현재 추세라면 2070년 한국 인구는 3,600만 명으로 급감한다. 쿠르츠게작트는 "한국은 끝났다"라고 단언했고, 일론 머스크는 "2~3세대 만에 국가가 사라질 수 있다"고 말했다. 그러나 우리는 역전의 드라마를 만들어내는 국가다. 힘 있는 인구전담부처를 신설해 그들의 예상이 틀렸음을 보여주자.

《**한국경제**》(2025. 05. 08.)

03 인구 위기 극복, 전문 연구기관부터 시작하자

    한국은 세계에서 가장 빠른 고령화와 최저 출생률을 동시에 겪고 있다. 2018년부터 이어진 세계 최저 출산율은 고령화를 가속화해 2045년에는 전체 인구 10명 중 4명이 65세 이상인 세계에서 '가장 늙은 나라'가 된다. 부정적 연쇄작용이다.

    이런 상황인데도 한국에는 프랑스, 독일, 일본 등이 운영하는 인구 전문 연구기관조차 없다. 이는 인구 위기 대응을 위한 과학적 분석과 실효성 있는 정책 수립이 부재했다는 뜻이다. 지금 우리는 국가 소멸 위기에 맞서 모든 자원을 동원하여 최대한의 효과를 낼 수 있는 정책을 수립해야 할 때다. 그러자면 다각적인 분석이 가능하고 글로벌하며 협업 중심으로 움직이는 인구 문제 전담 연구기관이 필수다.

    인구 전문 연구기관의 핵심은 데이터 기반 분석에 있다. 매년 20여 조 원이 저출생 대응에 투입되지만, 첫 아이 출산 지원과 둘째

자녀 이상 추가 출산 지원 시 무엇이 더 효과적인지 투입 시점과 방식에 따른 예측 가능 데이터와 그에 맞춘 정책 의사결정 모델이 부족하다. 고령화로 늘어나는 연금·의료·돌봄 등 재정 수요를 예측할 통합 시뮬레이션도 없다. 정책 효과와 수요자 체감도를 높이기 위해서는 막연한 추정이 아닌 과학적 분석과 연구가 정책의 토대가 되어야 한다.

협업 중심의 연구 방식도 중요하다. 인구 문제는 노동, 주거, 교육, 복지, 의료 등 전 영역에 걸친 퍼즐이다. 따라서 연구기관은 분야 간 융합적 접근과 협력을 이끌어낼 수 있도록 전문가 그룹을 네트워크화하고, 연구 과정을 개방하여 다양한 인력을 포괄하는 협업 형태로 운영되어야 한다. 소수의 책임 연구자를 중심으로 국내외 전문가를 조직해 심층 연구를 진행하는 미국의 피터슨국제경제연구소 모델을 참고할 만하다.

한국의 인구 위기는 세계가 곧 마주할 미래다. 최저 출산율, 급속한 고령화, 생산가능인구의 급감 등 우리가 먼저 맞은 이 위기를 정밀 분석하고 해법을 축적한다면, 국제사회에 중요한 교훈과 대안을 제시할 수 있다. 내가 인구 문제를 '2025 APEC' 핵심 의제로 제안한 것도 이 때문이다. 이는 전 세계 인구 위기의 해법 모색을 위한 협력 방안이자, 한국이 세계 인구정책 발전에 기여하며 글로벌 리더십을 발휘할 기회이기도 하다.

정책의 출발점은 정확한 분석에 있다. 제대로 된 분석 없는 정책은 방향을 잃고, 준비 없는 대응은 골든타임마저 놓치게 한다. 인구 문제의 다면성과 복합성, 정책 투입과 효과 간 시차까지 고려한 데이터 분석과 정밀한 타깃팅, 사회·경제적 파급효과에 대한 통합적 분석은 전문 연구기관만이 해낼 수 있다. 바쁠수록 돌아간다는 말처럼 인구 위기에 제대로 대응할 수 있는 전문 연구기관부터 시작하자.

《**한국일보**》(2025. 05. 15.)

04 APEC 정상회의, 인구 문제 논의의 장으로

2025년 10월 말 경주에서 '우리가 만들어가는 지속 가능한 내일'을 주제로 아시아태평양경제협력체(APEC) 정상회의가 개최된다. 동아시아 국가를 중심으로 APEC 회원국이 공통적으로 당면한 가장 큰 문제 중 하나가 저출생·고령화로 인한 인구구조 변화다. 세계에서 출산율이 가장 낮고, 고령화도 가장 빠른 속도로 진행 중인 우리나라에서 열리는 APEC 정상회의에서 지속 가능한 발전을 위해 반드시 극복해야 하는 과제인 인구 문제를 주요 의제로 다루는 걸 적극 고려할 필요가 있다.

APEC 회원국들이 저출생·고령화에 따른 인구구조 변화를 공통의 도전과제로 인식하고 해법을 모색할 수 있도록, 아태지역 공동의 구체적이고 명확한 목표와 지향점을 담은 '인구구조 변화 공동 대응을 위한 경주 선언'을 정상회의 결과물로 도출할 것을 제안하고자 한다.

이를 위해 실무 레벨의 워킹그룹을 조속히 구성하고, 회원국 연구기관들의 공동 연구와 각료회의 등을 통해 일·가정 양립과 돌봄·육아, 지속 가능한 연금 개혁, 계속고용··이민 등 노동시장 문제, 교육, 양성평등, 실버경제 등 인구 문제와 관련된 다양한 논의 주제들을 구체화해나갈 필요가 있다. 이철우 경북지사, 주낙영 경주시장 모두 저출생·고령화 문제에 관심이 많으므로 생생한 사례 공유를 통해 생산적 논의를 펼쳐나갈 수 있을 것이다.

APEC 정상회의를 계기로 열리는 APEC CEO Summit 등 경제인 행사에서도 인구 문제를 주요 주제로 논의를 진행할 수 있다. 특히 "한국은 세대마다 인구의 3분의 2가 사라지게 된다"며 우리나라의 인구 문제에 관심을 표명해온 일론 머스크를 연사로 특별 초청하여 대담을 진행하는 방안도 검토해볼 만하다.

정상회의 부대행사로 회원국 모두가 참여하는 '에이지테크(Age-Tech) 박람회' 개최도 제안한다. 최근 인공지능, IoT, 로봇, 바이오 등의 첨단기술이 고령 친화 산업과 융합하며 돌봄로봇, 독거노인 원격 모니터링, 보행 보조 웨어러블 기기, 재생의학 등 에이지테크로 발전하고 있다. 전 세계적으로 고령화가 진행되는 만큼 에이지테크 산업은 우리가 신성장 동력으로 육성해야 할 미래 유망 산업이며, 박람회는 각국 정상과 기업인들에게 한국의 기술을 선보일 자리이자 더 큰 발전의 계기가 될 것이다.

인구 문제에 대한 회원국 간 협력을 뒷받침하고, 개도국의 저출생·고령화 문제를 지원할 '저출생·고령화 대응 공동 펀드'를 조성하는 방안도 검토할 수 있다. 우리는 이미 녹색 성장 전략을 뒷받침하기 위한 녹색기후기금(GCF)과 글로벌녹색성장기구(GGGI)를 주도적으로 설립한 경험이 있는 만큼 APEC 의장국으로서 리더십을 갖고 추진이 가능하다.

20년 만에 우리나라에서 개최되는 APEC 정상회의는 한국 경제 재도약을 위한 소중한 기회이며 반드시 성공시켜야 할 행사이다. 이를 위해서는 글로벌 트렌드에 걸맞고 회원국 모두에게 도움이 되는 이니셔티브를 정하는 것이 무엇보다 중요하다. 천년고도 '경주'를 인구 문제 논의의 장으로 만들고, 글로벌 인구 문제 극복의 실마리를 찾는다면 '2025 APEC 정상회의'는 역대 가장 성공적인 정상회의로 기억될 것이다.

《한국경제》(2025. 02. 05.)

05 고령화·저출산 위기, 한·일이 함께 풀면 기회가 된다

일본은 고령사회에 진입한 지 12년 만인 2006년, 세계 최초로 65세 이상 인구가 전체 인구의 20%를 넘는 초고령사회에 진입했다. 초고령사회에 가장 먼저 진입한 일본은 지금도 OECD 기준 세계 최고령 국가다.

한국은 고령화사회 진입 7년 만인 2024년 초고령사회에 도달하면서 일본보다 빠른 속도로 뒤를 잇고 있다. 이 추세라면 2045년 고령인구가 전체 인구의 37.3%에 이르러 일본을 추월한 세계 최고령 국가가 될 전망이다. 반면 합계출산율은 2024년 기준 한국 0.75명, 일본 1.15명으로 한국이 먼저 심각한 저출생 국면에 접어들었다. 양국은 생산가능인구의 감소와 돌봄·의료비 폭증, 재정 압박이라는 동일한 위기를 겪고 있다.

한국에게는 일본이 '고령화의 미래', 일본에겐 한국이 '저출생의 미래'라는 뜻이다. 두 나라의 '시간 차'는 협력의 자산으로, 양국이 머리를 맞댄다면 더 좋은 해법을 만들 수 있다. 일본은 20여 년 앞서 초고령사회를 경험하며 축적한 노하우, 한국은 저출생 대응과 디지털 역량이 있기에 협력의 물꼬를 틀 수 있다.

특히 흔히 위기로만 규정되는 고령화에 있어, 양국의 협력은 새로운 기술과 산업, 돌봄체계, 노동시장 혁신을 촉진하면서 국가 성장의 새 동력을 만들어낼 수 있다. 두 나라가 서로의 경험과 강점을 나누고 보완한다면 인구 위기가 아닌 국가 성장의 동력으로 만들 수 있다.

우선, 고령자의 안전과 생활 편의를 높이는 돌봄 로봇, 낙상 예방 기술, 스마트홈 서비스는 양국이 함께 연구·개발하고 공동으로 해외 시장을 개척할 수 있는 분야다. 양국이 에이지테크(Age-Tech)에 대한 공동 연구부터 안전·기술 표준 등을 상호 인정하는 전 주기적 협력체계를 구축하면 글로벌 시장 진출의 기반을 마련할 수 있다. 또 일본의 로봇 기술과 커뮤니티 케어 경험, 한국의 AI·센서·디지털 플랫폼 역량을 결합한다면 세계 최고 수준의 실버산업 생태계 구축도 가능하다.

돌봄과 치매 문제에서도 두 나라는 장기요양보험의 재정 지속성, 치매 환자 급증, 돌봄 인력 부족이라는 공통의 과제를 안고 있다. 재정 구조와 본인 부담 체계에 대한 비교를 통해 재원 확보와 지출 효율화를 위한 공동 개선 방안을 찾는 것은 물론, 치매 고령자의 안전한 자산관리를 위한 양국 금융 기업 간 세미나 등 협업도 확대될 필요가 있다. 또 커뮤니티 케어 모델을 공유하고 외국인 돌봄 인력을 체계적으로 도입·활용한다면 양국 모두에 도움이 될 것이다.

노동시장 역시 핵심 과제다. 일본은 정년 후 재고용과 정년 연장, 임금체계 조정 등에서 축적된 경험을 가지고 있어 유사한 논의를 진행하는 한국에 중요한 참고가 될 수 있다. 여기에 한국이 강점을 가진 AI 기반 직무 재설계, 디지털 재훈련 플랫폼, 일·가정 양립 정책을 더한다면 생산성과 지속 가능성 제고에 기여할 것이다.

지역소멸 문제에 있어서도 컴팩트 시티 전략이나 고령층 이동성 확보, 학교·병원·대중교통 재구조화 등에 대한 양국의 우수 사례를 공유해 각국에 맞는 해법 모색에 활용하는 것도 필요하다.

한일 양국의 협력에 있어 무엇보다 중요한 것은 정부의 제도적 협력을 넘어, 일·가정 양립의 우수 기업 모델을 공유하는 등 민간의 활발한 협력이 뒷받침돼야 한다는 점이다.

고령화와 저출생은 한 나라의 노력만으로는 해결하기 어려운 구조적 문제다. 가장 먼저 늙은 일본과 가장 빠르게 늙어가는 한국이 '축적된 경험'과 '정책적 실험'들을 교차 적용하며 결합한다면 서로의 약점을 보완하고 새로운 기회를 만들어낼 수 있다.

《**조선일보**》(2025. 12. 28.)

KI신서 16180

추락에서 반등으로
인구정책 대전환 700일의 기록

1판 1쇄 인쇄 2026년 3월 10일
1판 1쇄 발행 2026년 3월 20일

지은이 주형환
펴낸이 김영곤
펴낸곳 ㈜북이십일 21세기북스

출판1본부 본부장 장미희
서가명강팀 팀장 양으녕   **책임편집** 김아영   **마케팅** 김주현
디자인 푸른나무디자인
출판1본부 마케팅팀 남정한 김윤
마케팅영업부문 정지은
영업팀 김지윤 강경남 김도연
e-커머스팀 장철용 명인수 황성진
제작팀 이영민 권경민

출판등록 2000년 5월 6일 제406-2003-061호
주소 (10881) 경기도 파주시 회동길 201(문발동)
대표전화 031-955-2100   **팩스** 031-955-2151   **이메일** book21@book21.co.kr

ⓒ 주형환, 2026

ISBN 979-11-7357-880-9 (03340)

(주)북이십일 경계를 허무는 콘텐츠 리더

21세기북스 채널에서 도서 정보와 다양한 영상자료, 이벤트를 만나세요!
페이스북 facebook.com/21cbooks   포스트 post.naver.com/21c_editors
인스타그램 instagram.com/jiinpill21   홈페이지 www.book21.com
유튜브 youtube.com/book21pub

서울대 가지 않아도 들을 수 있는 명강의! 〈서가명강〉
유튜브, 네이버, 팟캐스트에서 '서가명강'을 검색해 보세요!